Das Kind – Die Entwicklung zwischen drei und sechs Jahren

Psychologie für pädagogische Fachkräfte

Katrin Hille,

Petra Evanschitzky,

Agnes Bauer

2., durchgesehene Auflage

Handwerk und Technik • Hamburg

ISBN 978-3-582-10842-5   Best.-Nr. 4799

Verlag Handwerk und Technik GmbH,
Lademannbogen 135, 22339 Hamburg; Postfach 63 05 00, 22331 Hamburg – 2019
E-Mail: info@handwerk-technik.de – Internet: www.handwerk-technik.de

Satz: CMS – Cross Media Solutions GmbH, 97082 Würzburg
Umschlagsmotiv: Dach, Martina, Ulm (Fotos: Städtische Kindertageseinrichtung Kinder-Welt-Entdecker, Ruländerweg, Ulm)
Layout und Illustrationen: Hannes Saxer, Bern
Druck: Himmer GmbH Druckerei & Verlag, 86167 Augsburg

Zusatzmaterialien zu diesem Buch:
www.handwerk-technik.de/links/4799

Nutzen Sie unser kostenloses digitales Zusatzangebot!

An diesem Symbol erkennen Sie, dass Zusatzmaterialien angeboten werden.

Geben Sie in Ihrem Browserfenster folgenden Weblink ein:

handwerk-technik.de/links/XXXX ***(fügen Sie für XXXX die Bestell-Nr. von der Rückseite des Buches ein).***

Anschließend wählen Sie das gewünschte Zusatzmaterial aus.

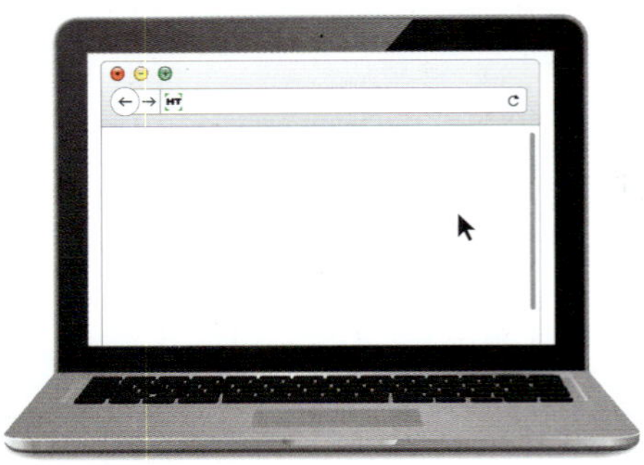

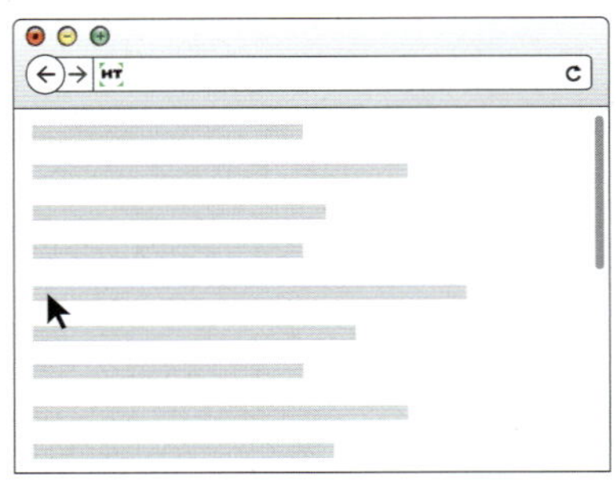

Vorab

In einem Buch für pädagogische Fachkräfte sollte der Kindergarten vorkommen. Dies war unser Anspruch. Deshalb haben wir Spuren aus der Kindergartenpraxis in dieses Buch einfließen lassen: Geschichten und Fotos von Kindern, Fotos und Zitate von pädagogischen Fachkräften sowie Erzählungen und Beobachtungen von Eltern. **Danke** den Eltern und pädagogischen Fachkräften für ihre Bereitschaft und ihre unkomplizierte Unterstützung. **Danke** der Elternbeiratsvorsitzenden. **Danke** der Fotografin. **Danke** den Kindern, dass wir fotografieren durften. Ihr habt Euch ganz schön für uns ins Zeug gelegt. Das haben wir nicht erst gemerkt, als wir hörten, dass einer von Euch extra für den Fototag vom Papa Deo geborgt hatte. **Danke** auch den Kindern, deren Geschichten oder sprachliche Äußerungen in dieses Buch aufgenommen werden durften.

Ein Buch über die Entwicklungen von Kindern zwischen drei und sechs Jahren sollte auch wissenschaftlich fundiert sein. Da wir nicht in allen diesen Entwicklungsbereichen selber forschen, haben wir die Expertise unserer Kolleginnen aus dem ZNL TransferZentrum für Neurowissenschaften und Lernen der Universität Ulm mit eingebunden. Wir haben von den Literaturtipps, Anregungen und Korrekturen profitiert. Das Buch auch. Weil Schokolade allein das nicht aufwiegt: hier unser offizielles **Danke**.

Ein Buch, das Erzieherinnen einen Einstieg in die Psychologie des Kindes geben soll, profitiert auch von der Blickrichtung der Ausbildung. Wir haben all unsere Texte zur kritischen Prüfung einem Dozenten aus einer Fachschule für Sozialpädagogik zum Gegenlesen gegeben. Deshalb gibt es in diesem Buch jetzt ein paar wichtige Abschnitte, die wir sonst übersehen hätten. Deshalb gibt es in dem Buch auch weniger Klischees. **Danke** dafür.

Dankbar sind wir auch für die Arbeit und das Sprachgefühl unserer Lektorin. Glücklicherweise (wenn auch für uns unverständlich) macht es ihr Freude, nach Fehlern und abwesenden Strichchen zu suchen. **Danke** dafür, dass der Text sprachlich und formal gewonnen hat.

Unsere Partner ließen sich jeweils bereitwillig in Diskussionen um die kindliche Entwicklung verwickeln. Auch ihnen und allen anderen unerwähnten Mitwirkenden sagen wir: **Dankeschön!**

Die Autorinnen stellen sich vor

Katrin Hille, Diplom-Psychologin, Jahrgang 1968

Ich erinnere mich gern an meine Kindergartenzeit. Dort gab es diesen Roller – größer als ich! Der fuhr so schnell, dass ich meinte zu fliegen. Es gab die schönsten Spielzeuge: Ich konnte damit Türme bauen und Schmuck herstellen. Und ich lernte sogar schon ein bisschen Rechnen. Auf die Schule habe ich mich sehr gefreut. Dort durfte ich endlich lesen lernen und habe viel Spannendes erfahren. Neues zu entdecken gab es dann auch für mich im Psychologiestudium, bei der Promotion, während meiner Zeit als Postdoc in Neuseeland, im ZNL TransferZentrum für Neurowissenschaften und Lernen und jetzt an der experimenta, Deutschlands großem Science Center in Heilbronn. Das ist es, was mich antreibt: Neues lernen und das Wissen für die Praxis nutzbar machen.

Petra Evanschitzky, Diplom-Sozialpädagogin, Jahrgang 1970

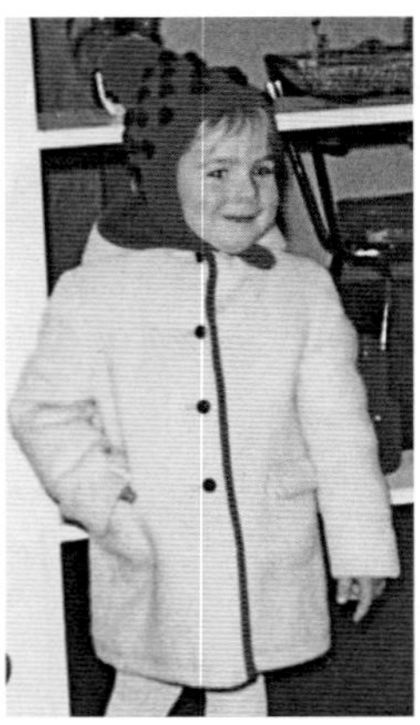

Meine Kindergartenzeit ist mit einem Knet-Trauma verbunden: Ich sitze wie alle anderen Kinder am Tisch, vor mir ein paar harte Klumpen Knetmasse, und soll eine Figur nach Vorgabe formen … «Ich krieg's nicht hin!» Dieses *zur gleichen Zeit am gleichen Ort die gleiche Aufgabe erfüllen* hat mich an meinem Kindergarten immer gestört … Was tut Kindern gut? Was brauchen sie, um das Beste aus sich herauszuholen? Diesen Fragen ging ich später beruflich nach. Als Sozialpädagogin lernte und spielte ich mit Kindern und Jugendlichen im Kinderheim und in Tagesgruppen. Durch die Arbeit am ZNL kam der Aspekt hinzu, den Dingen auf den Grund zu gehen und mein Erfahrungswissen mit wissenschaftlichen Erkenntnissen zu verbinden. Mit diesem Reisegepäck begleite ich als Fortbildnerin inzwischen Kitas bei ihrer Entwicklung.

Agnes Bauer, Diplom-Psychologin, Jahrgang 1981

Wenn ich an meine Kindergartenjahre denke, fällt mir als Erstes eine kleine Theateraufführung ein, in der ich einen Marienkäfer gespielt habe. Und „rot-rot-gelb-grün" habe ich manchmal noch heute im Ohr, wenn es um Flötentöne geht. Dann gab es noch Monsieur Philippe, einen französischen Herren mit Bart, der uns spielerisch Französisch beigebracht hat. Spielen und Lernen miteinander zu verbinden fand ich wohl damals schon gut – genauso die Vielfalt, mich in unterschiedlichen Dingen auszuprobieren. Wie gut, dass ich nach meinem Psychologiestudium im ZNL auch beruflich eine bunte „Spielwiese" gefunden habe, auf der ich gerne lerne und arbeite.

Inhalt

Kindliche Entwicklung

Zu diesem Buch

Dies ist ein Buch über die kindliche Entwicklung. Ein Psychologiebuch. Aber wer bei Psychologie jetzt an Pawlows Hund und Skinners Ratten denkt, liegt falsch. Hier geht es um kleine Kinder – und ihre optimale Unterstützung und Begleitung.

Die Psychologie hat mehr zu bieten als Theorien losgelöst vom Praxisalltag. Wir haben unser Fach auf Praxistauglichkeit für den Kindergarten geprüft. Und wir haben es durch die Brille unserer langjährigen Zusammenarbeit mit Fachkräften der Frühpädagogik betrachtet. Das Ergebnis ist eine Zusammenstellung von psychologischen Theorien und empirischen Befunden, die der Erzieherin helfen soll, ihre beruflichen Aufgaben zu bewältigen.

Vieles davon ist relativ neu. Vieles davon stützt sich auf Erkenntnisse, die (noch) nicht Teil unseres eigenen Studiums waren. Viele Befunde wurden erst in den letzten Jahren durch die Forschung aufgezeigt oder erst vor Kurzem wiederentdeckt. Die Wissenschaft der kindlichen Entwicklung hat sich in den letzten Jahrzehnten rasant entwickelt. Und sie ist, auch unter Berücksichtigung der internationalen Literatur, angewandter geworden. Von diesem Fortschritt sollte auch die frühkindliche Erziehung profitieren. Darum haben wir dieses Buch geschrieben.

«Böse Zungen behaupten, die Psychologie sei eine Wissenschaft, die Fragen beantworte, die niemand gestellt hat, da entweder die Antworten längst bekannt sind oder die Fragen niemanden interessieren.» *(Dietrich Dörner, Psychologe)*

Die Ausbildung zur Erzieherin soll dazu befähigen, auch Kinder im Alter von drei bis sechs Jahren professionell zu fördern. Unser Buch dient dabei als Einstieg in die relevanten Themen der Entwicklung des Kindes in diesem Alter. Die Altersgrenzen sind dabei der Institution Kindergarten geschuldet. Traditionell werden in einem Kindergarten Drei- bis Sechsjährige gefördert. Zwar ist die Erziehung, Bildung und Betreuung der Kinder unter drei Jahren in letzter Zeit in den Fokus der Einrichtungen gerückt; beide Altersspannen haben aber eigene Fachbücher verdient. In diesem Buch für Drei- bis Sechsjährige wird diese Trennung aber nicht immer aufrechterhalten. In manchen Bereichen sind Entwicklungsverläufe nur mit einem Blick auf jüngere Kinder zu verstehen. Dort betrachten wir dann auch diese Entwicklungen.

Erzieherinnen und Erzieher bekommen durch das Buch Zugang zu einem strukturierten Wissensbestand, auf den sie im weiteren Verlauf ihrer beruflichen Aus- und Weiterbildung aufbauen können. Gedacht als Einstieg, haben wir in dem Buch mehr Befunde, Theorien und Namen weggelassen als aufgenommen. Die Altvorderen, die sich einen Platz in der Geschichte der Psychologie erworben haben, wurden nicht zwangsläufig nur deshalb mit aufgenommen, weil sie eben bekannt sind. Theorien, deren praktische Anwendung im Kindergarten selbst uns verschlossen blieb, sucht man hier auch vergeblich. Aufgenommen wurden hingegen Befunde aus Studien, die praktisches Handeln zu leiten vermögen, und natürlich auch solche Studien, die dazu beitragen, ein Verständnis der zugrundeliegenden kindlichen Entwicklungsprozesse zu legen und zu festigen. Einerseits fiel uns das Einschränken nicht immer leicht. Andererseits gibt es jedoch bereits eine Fülle empfehlenswerter Spezialliteratur, die vertiefende Einblicke ermöglicht. Was wir bisher vermisst haben, ist ein Einstiegswerk. Auch darum haben wir dieses Buch geschrieben.

«Schade, dass man das im 21. Jahrhundert noch erwähnen muss. Vielleicht erlebe ich ja noch das Gegenteil!»
(Nils M., 27 Jahre, Erzieher)

Aus Gründen der Lesbarkeit verzichten wir auf das Nennen der weiblichen und männlichen Formen. Wir wählen stattdessen meist die weibliche Form. Im Elementarbereich dominieren ohnehin die weiblichen pädagogischen Fachkräfte. Die männlichen mögen uns das verzeihen.

Das Buch gliedert sich in drei Teile: Im ersten Teil befinden sich die **Grundlagen**, aufgeteilt in die drei Kapitel: Lernen, Selbststeuerung und Motivation. Der zweite Teil widmet sich der **kindlichen Entwicklung** mit den Kapiteln: motorische, sprachliche, kognitive sowie sozio-emotionale Entwicklung. Der dritte Teil bietet mit seinem Fokus auf die Begleitung der Entwicklung einen **Brückenschlag zur Pädagogik**.

Jedes der Kapitel beginnt mit einem **Appetizer**, der Appetit auf das Thema machen soll. Dies sind kleine Geschichten, die Neugier wecken, schmunzeln lassen oder vielleicht auch irritieren. Sie sind als emotionale Türöffner für die darauffolgenden Ausführungen gedacht. Oft, aber nicht immer, werden sie im Kapitel wieder aufgegriffen.

Der breite Rand des Buches wird vielfältig genutzt. Zum einen werden hier Fachbegriffe erläutert, die im nebenstehenden Text hervorgehoben sind. Zum anderen finden sich dort immer wieder Zitate oder Angaben, die das Thema des Kapitels metaphorisch aufgreifen, untermalen oder weiterführen.

«Glaube denen, die die Wahrheit suchen, und zweifle an denen, die sie gefunden haben.»
(André Gide, Schriftsteller)

Innerhalb des Buches werden diverse **Studien** beschrieben. Studien sind die Bausteine wissenschaftlicher Erkenntnisse. Über das Verständnis von Studien gelangt man zu einem Verständnis der Wissenschaft. Die Erzieherin soll mit diesem Buch nicht zur Wissenschaftlerin ausgebildet werden. Aber es ist uns wichtig, dass sie sich mit einzelnen Studien auseinandersetzt. Die Erzieherin sollte Studien und wissenschaftliche Erkenntnisse verstehen, um sie in ihren Grenzen und Aussagemöglichkeiten einschätzen zu können.

Die alte Debatte von Erbe und Umwelt, die sich in den letzten Jahren noch einmal verändert hat, verschwindet nicht. Auch dann nicht, wenn man so tut, als gäbe es sie nicht. Wir haben ihr aber kein eigenständiges Kapitel gewidmet. Wir greifen nach einer kurzen Einführung den Faden in jedem Kapitel wieder auf. Es finden sich jeweils Hinweise, durch welche biologischen, familiären und familienunabhängigen Faktoren die Entwicklungsbereiche beeinflusst werden.

Jedes Kapitel enthält eine Themenlandkarte, auch **Concept Map** genannt. Sie gibt einen Überblick über die Inhalte des Kapitels, indem sie die wichtigen Begriffe benennt und zueinander in Beziehung setzt. Diese Themenlandkarte kann damit auch zur Selbstkontrolle genutzt werden: Kann ich mit allen Begriffen etwas anfangen? Kann ich sie genauer erläutern? Verstehe ich, warum die Beziehungen untereinander so und nicht anders dargestellt sind?
Die Concept Maps zum Buch finden Sie als Dateien auch unter www.handwerk-technik.de/links/4799

Eine Concept Map visualisiert ein Konzept. Mit ihr lässt sich Wissen grafisch darstellen. Sie dient auch der Gedankenordnung und -reflexion.

Zur Selbstkontrolle sind am Ende einzelner Unterkapitel auch **Fragen** angegeben. Sie sollen helfen, das Gelesene zu verinnerlichen. Es kann damit geprüft werden, was schon verstanden wurde. Am Ende eines Kapitels stehen **Transferfragen**. Das sind Fragen und Aufgaben, die über die Sachinformationen des Kapitels hinausgehen. Hier wird dazu angeregt, sich vertiefter mit der Thematik auseinanderzusetzen und eigene Erfahrungen mit dem Gelesenen zu verbinden.

Weil das Buch nur ein Einstieg in die kindliche Entwicklung zwischen drei und sechs Jahren sein will, endet jedes Kapitel mit kommentierten **Literaturtipps**. Wer noch mehr erfahren will – und wir hoffen, mit diesem Buch das Interesse von Vielen an Vielem zu wecken –, findet hier Verweise auf Literatur zur Vertiefung und Weiterführung. Die Literaturtipps und das gesamte Literaturverzeichnis sind auch auf der Webseite des Verlags unter www.handwerk-technik.de/links/4799 zu finden. Das erleichtert Ihnen die eigene Recherche im Internet.

Grundlagen

1

Lernen

«Ich hab was Tolles!» Der fünfjährige Tim beobachtet, wie die junge Frau an einem Spielzeug zieht, das dabei quietscht. «Hast du das gesehen?» Sie zieht noch einmal und es quietscht wieder. Tims Augen werden groß. Jetzt darf er sogar damit spielen.

Tim und andere Kinder nehmen an einer Studie teil. Die Wissenschaftler beobachten, wie lange die Kinder mit dem Spielzeug spielen und wie viele der tollen Funktionen sie herausfinden. Das Spielzeug kann nämlich nicht nur quietschen: Es spielt auch Töne, lässt Lämpchen leuchten und hat versteckte Spiegel, mit denen man sein Gesicht verkehrt herum sieht.

Tim wird eher wenig mit dem Spielzeug spielen und nicht so viel herausfinden. Er wird einige Male am Spielzeug ziehen, so wie er es gesehen hat. Bald wird das Quietschen langweilig. Max macht auch bei der Studie mit – bekommt aber nichts von den Funktionen des Spielzeugs gezeigt. Er und die Kinder, die das Spielzeug selber entdeckten, spielten länger und fanden mehr interessante Funktionen. Anweisungen und Vormachen können offensichtlich das Erforschen und Entdecken behindern, wie diese Studie belegt.

Bonawitz, E. et al. (2011), 322–330.

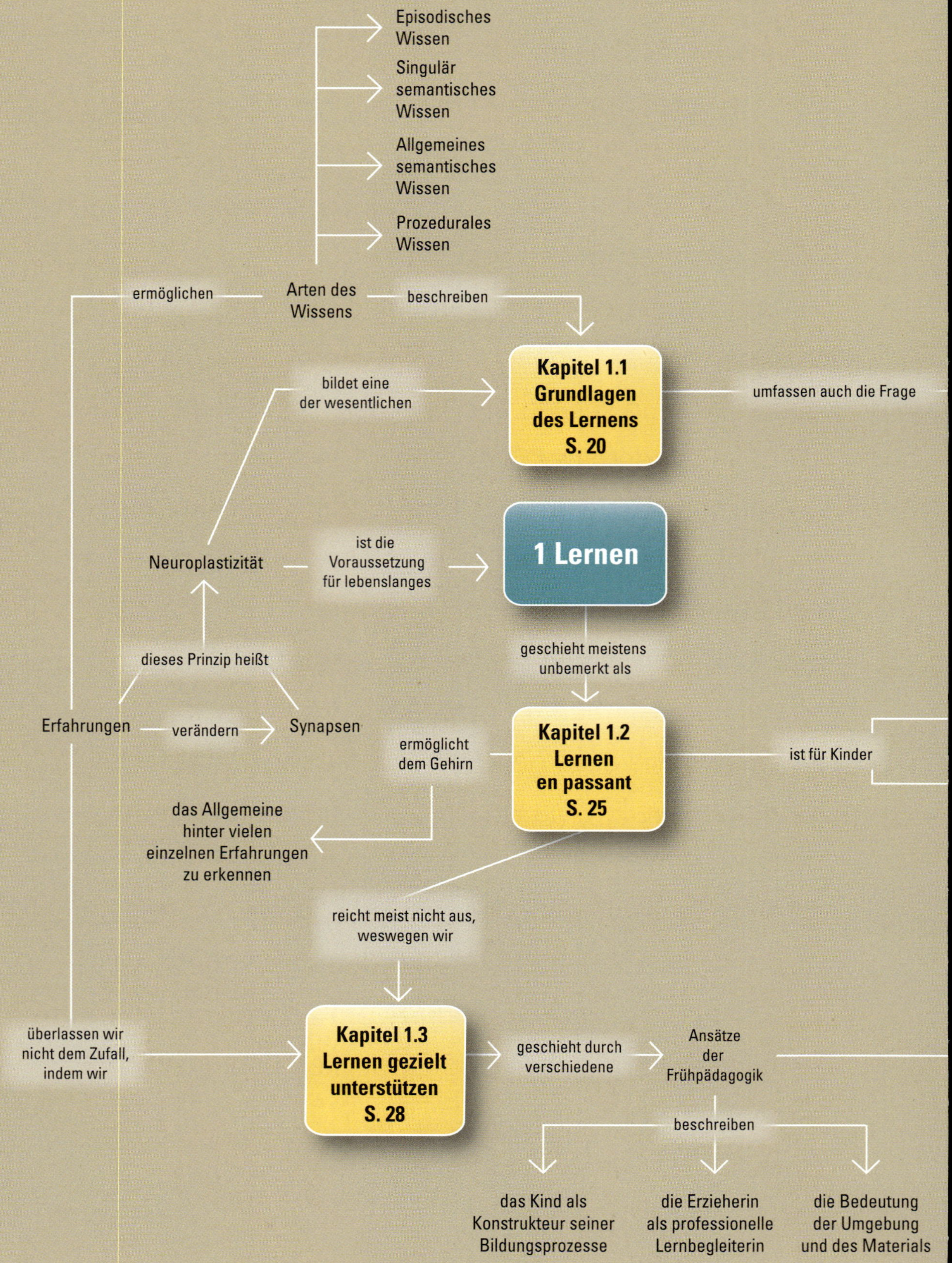
Episodisches Wissen
Singulär semantisches Wissen
Allgemeines semantisches Wissen
Prozedurales Wissen
ermöglichen
Arten des Wissens
beschreiben
Kapitel 1.1 Grundlagen des Lernens S. 20
umfassen auch die Frage
bildet eine der wesentlichen
Neuroplastizität
ist die Voraussetzung für lebenslanges
1 Lernen
geschieht meistens unbemerkt als
dieses Prinzip heißt
Erfahrungen
verändern
Synapsen
ermöglicht dem Gehirn
Kapitel 1.2 Lernen en passant S. 25
ist für Kinder
das Allgemeine hinter vielen einzelnen Erfahrungen zu erkennen
reicht meist nicht aus, weswegen wir
überlassen wir nicht dem Zufall, indem wir
Kapitel 1.3 Lernen gezielt unterstützen S. 28
geschieht durch verschiedene
Ansätze der Frühpädagogik
beschreiben
das Kind als Konstrukteur seiner Bildungsprozesse
die Erzieherin als professionelle Lernbegleiterin
die Bedeutung der Umgebung und des Materials

Warum muss der Mensch im Gegensatz zu vielen Tieren so viel lernen?

meist ins Spielen eingebettet

die wichtigste Lernform

basierend z. B. auf

- Friedrich Fröbel
- Maria Montessori
- Waldorf/ Rudolf Steiner
- Reggio-Pädagogik/ Loris Malaguzzi
- Situationsansatz/ Jürgen Zimmer

In diesem Kapitel erfahren Sie:

- was grundlegend für unser Lernen ist
- dass und warum wir ständig, en passant, lernen
- wie das Lernen von Kindern in unterschiedlichen frühpädagogischen Konzepten gezielt unterstützt wird

1.1 Grundlagen des Lernens

Warum lernen wir?

Unter Lernen versteht man den Erwerb von Kenntnissen, Fähigkeiten und Fertigkeiten.

Immer wenn ein Kind etwas kann, was es vorher noch nicht konnte (zum Beispiel einen Purzelbaum), oder wenn es etwas weiß, was es vorher noch nicht wusste (z. B. dass der Neue Tom heißt), dann hat es etwas gelernt.

Wir als Menschen sind von der Natur für das Lernen perfektioniert. Der Delfin ist Weltmeister im Schwimmen, die Fledermaus Weltmeister der Echolokation (also der Orientierung mit den Ohren), der Mensch aber ist Weltmeister im Lernen. Kein anderes Lebewesen unserer Erde kann so gut lernen wie wir.

Herkunft des Wortes lernen vom indogermanischen lais~: Spur, Bahn, Furche, Spuren hinterlassen, nachspüren.

Warum können und müssen wir Menschen eigentlich so viel lernen? Zecken müssen das nicht. Alles was sie können müssen, ist warten, krabbeln und zupacken. Damit kommen sie durchs Leben. Ganz anders bei uns Menschen. Wir müssen viel mehr können. Und: Wir müssen das alles auch noch lernen. Anders als Zecken werden wir nicht mit einem vollständigen Verhaltensrepertoire geboren. Und schwieriger noch: Wir müssen lernen, wann welches Verhalten angemessen und zielführend ist. Quengeln z. B. führt nicht immer zum Ziel. Im Kindergarten funktioniert es kaum. Aber bei der Mama klappt es häufig – außer im Auto im dichten Straßenverkehr. Die Natur hat uns zwar nicht mit einem vollständigen Verhaltensrepertoire ausgestattet wie die Zecken, dafür jedoch mit etwas viel Besserem: mit Genen für Lernmechanismen, die uns ein maßgeschneidertes Verhaltensrepertoire erwerben lassen. Es gibt viel zu lernen, bis im kindlichen Kopf ein Bild von der Welt, von seiner Welt, entstanden ist.

Arten von Wissen und Lernen

Lernen kann man viele Dinge. So z. B. (1) dass am Spielplatz ein Vogeljunges aus dem Nest gefallen ist oder wie das mit der Schultüte zum Schulanfang war; (2) dass man auf Stühlen sitzen kann oder dass es an der Fleischtheke eine Scheibe Wurst für Kinder gibt; (3) dass der Neue Tom heißt oder dass die eigene Adresse «Mühlsteige 21» ist. Außerdem kann man (4) Purzelbäume oder das Treppensteigen lernen.

Wissenschaftler unterscheiden diese Arten von erworbenem Wissen. Zum einen gibt es das **episodische Wissen**. Es ist ganz einfach zu erlernen. Dazu reicht die Anwesenheit bei einem Geschehen (einer Episode), das einen großen Eindruck bei uns hinterlässt. Das kann ein Vogeljunges sein, das aus dem Nest gefallen ist und hilflos mit den Flügeln schlägt und vor einer gefräßigen Katze geschützt werden muss. Ein Kind, dem das Geschehen nahegeht, wird sich daran erinnern können. Es hat sich gemerkt, was passiert ist – es hat eine Episode gelernt, eine Erinnerung ist entstanden.

Eine weitere Art des Wissens wird als **semantisches Wissen** bezeichnet. Davon lassen sich zwei Arten unterscheiden. Zum einen gibt es das allgemeine semantische Wissen, also das Wissen über die Eigenschaften von Dingen. Tomaten sind rot. Auf Stühlen kann man sitzen. An der Wursttheke bekommen Kinder eine Scheibe Wurst. Lernen allgemein-semantischer Wissensinhalte geschieht über die Interaktion mit diesen Dingen und in diesen Situationen. Das Gehirn extrahiert das Allgemeine von allen Tomaten, Stühlen und Kindern an Wursttheken, die uns begegnen. Das allgemeine semantische Wissen wird so über Erfahrungen gelernt.

Die zweite Art des semantischen Wissens wird als singulär semantisches Wissen bezeichnet. Hier geht es nicht um Verallgemeinerungen, sondern um spezielle Einzelfälle. Dieses spezielle neue Kind heißt Tom. Singulär semantisch ist das Wissen um Namen, Daten, Fakten und Einzelheiten. Auch beim Memoryspiel wird das singulär semantische Wissen aufgebaut. Solche Wissensinhalte müssen „eingebimst" werden. Lernen erfolgt über pauken, assoziieren und Eselsbrücken. Im besten Fall unterstützt das episodische Wissen bei persönlicher Bedeutsamkeit.

Das Wissen, *wie* man etwas macht, wird als **prozedurales Wissen** bezeichnet. Lernen kann man es durch üben, üben und nochmals üben. Das kann durch ein bewusstes Training geschehen: «Jetzt übe ich Purzelbäume.» Das kann aber auch nebenbei passieren: Wenn man immer wieder die Treppe zu seiner Wohnung heraufsteigt, lernt man das Treppensteigen, auch wenn man sich das Lernen des Treppensteigens nicht vorgenommen hat.

Folgende Tabelle gibt einen Überblick über die Arten des Wissens und darüber, wie es erworben, d. h. gelernt, wird.

Arten des Wissens			**Beispiel**	**Lernen erfolgt durch ...**
Episodisches Wissen	Wissen was	Einzelnes	Die eigene Schultüte zum Schulanfang	persönliche Bedeutsamkeit
Singulär semantisches Wissen			Das neue Kind heißt Tom, die passende Memorykarte ist links oben	pauken, assoziieren, Eselsbrücken
Allgemeines semantisches Wissen		Verallgemeinertes	Stühle haben vier Beine und eine Lehne und man kann darauf sitzen	Erfahrungen mit vielen Objekten dieser Gruppe
Prozedurales Wissen	Wissen wie		Treppensteigen oder Tischtennis spielen	üben, beiläufig oder absichtlich

Arten des Wissens und wie es erworben wird

Wie funktioniert Lernen?

Synapsen heißen die Kontaktstellen zwischen den Nervenzellen. Sie übertragen Signale.

Egal was gelernt wird, Lernen manifestiert sich im Gehirn immer auf dieselbe Art: durch die Veränderung von Synapsen. Synapsen sind die Kontaktstellen, durch die die Nervenzellen miteinander verbunden sind. Über diese Kontaktstellen hinweg werden Impulse weitergeleitet. Aber eine solche Kontaktstelle ist nicht vergleichbar mit Stecker und Steckdose, die eine feste Verbindung bilden und immerzu alles weiterleiten. Die Verbindung zur nächsten Nervenzelle ist keinesfalls so fest, dass auch wirklich in jedem Fall eine Weiterleitung stattfindet. Vielmehr gibt es eine Lücke, den sogenannten synaptischen Spalt. In dieser Lücke entscheidet sich, ob die Impulse weitergeleitet werden oder nicht. Wenn ein Impuls, der früher nie übermittelt wurde, ab sofort weitergeleitet wird («An Wursttheken bekommen Kinder eine Scheibe Wurst.»), wurde etwas gelernt. Auch wenn ein Impuls, der früher weitergegeben wurde («Bei Mama hilft Quengeln.»), ab sofort nicht mehr weitergeleitet wird («Bloß nicht, wenn sie im Auto sitzt.»), wurde gelernt. Lernen bedeutet im Kern eine Veränderung der Wahrscheinlichkeit der Impulsweiterleitung.

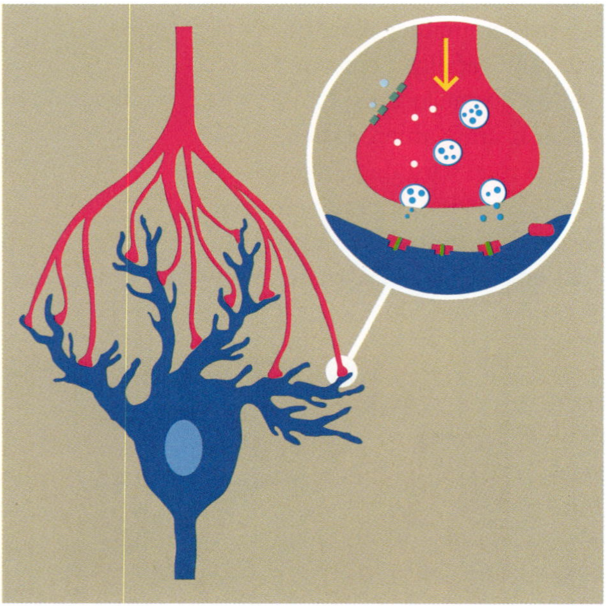

Neuroplastizität bezeichnet die Eigenschaft des Gehirns, sich gebrauchsabhängig zu verändern.

Diese Veränderbarkeit des Gehirns bzw. seiner Synapsen wird auch als Neuroplastizität bezeichnet. Plastizität ist ein Begriff aus der Werkstoffkunde, wo elastische und plastische Materialien unterschieden werden. Elastisches, wie ein Gummiband oder ein Tennisball, kann man dehnen oder stauchen, doch nach Ende der Krafteinwirkung kehrt es schnell wieder in den Ausgangszustand zurück. Dem Gummiband und Tennisball sieht man nicht an, was damit passierte. Anders bei plastischem Material: Nach Ende einer Krafteinwirkung springt es nicht wieder in seinen Ausgangszustand zurück, es bleibt verformt. Es ist verformbar. Entsprechend diesem Sinne spricht man auch von Neuroplastizität: Das Gehirn verändert sich (verformt sich lernend) und behält diese Veränderung zunächst bei.

Früher nahm man an, dass sich das Gehirn ab dem Zeitpunkt der Geburt kaum noch verändert. Heute weiß man, dass man falscher hätte nicht liegen können. Die Veränderbarkeit des Gehirns, die Neuroplastizität, ist die Grundlage des Lernens und der Entwicklung: Je nachdem, welche Anforderungen das Leben stellt oder welche Erfahrungen gemacht werden, verändert sich das Gehirn kontinuierlich mit seinem Gebrauch (vgl. Box: Beispiele für Neuroplastizität).

Beispiele für Neuroplastizität

Erfahrungsabhängig

- Bei Erwachsenen, die fünf Tage lang für zwei Stunden täglich am Klavier eine Tastenfolge übten, vergrößerte sich die Gehirnregion, die für die Finger zuständig ist.
- Wer anschließend nicht weiterübte, verlor diese Vergrößerung innerhalb einer Woche.
- Bei Londoner Taxifahrern, die sich tagtäglich in der Millionenstadt zurechtfinden, fand man die Gehirnregion vergrößert, die für räumliche Orientierung zuständig ist.
- Bei jungen Erwachsenen, die über drei Monate hinweg Jonglieren übten, vergrößerten sich die Gehirnregionen, die für die Auge-Hand-Koordination zuständig sind.
- Junge Erwachsene, die fünf Tage lang ihre Augen verbunden hatten und Braille-Schrift übten, begannen vorübergehend den Teil des Gehirns für das Tasten zu nutzen, der normalerweise für das Sehen zuständig ist.
- Jungen Erwachsenen wurden die Finger einer Hand betäubt. In den nachfolgenden drei Stunden schrumpften ihre Gehirnregionen, die für die Tastempfindungen an diesen Fingern zuständig waren. Gleichzeitig wurde die Tastempfindung im Gesicht besser.

Nach Hirnverletzungen

- Einem dreijährigen Mädchen wurde wegen einer Gehirnentzündung die betroffene linke Gehirnhälfte entnommen. Damit wurden die Sprachzentren und die Regionen, die die Bewegungen der rechten Körperhälfte steuern, entfernt. Trotzdem konnte sich das Mädchen mit sieben Jahren normal bewegen und sprach zwei Sprachen. Andere Regionen des Gehirns hatten diese Funktionen übernommen.
- Nico wurde im Alter von drei Jahren seine rechte Gehirnhälfte entfernt, weil er schwere epileptische Anfälle hatte. Elf Jahre später ging er auf eine normale Schule. In seiner Freizeit singt er im Schulchor, fechtet und zeichnet Comics.
- Brooke war elf Jahre, als seine linke Gehirnhälfte entfernt wurde. Man ging davon aus, dass er dadurch seine Sprache verliert. Doch mit 18 sprach er nicht nur, er hatte seinen Schulabschluss gemacht und neben seinem Job mit einem Studium angefangen.
- Menschen, die einen Schlaganfall erleiden, verlieren häufig zunächst ihre Sprache. Die dafür zuständigen Gehirnbereiche sind nicht mehr funktionstüchtig. Das Wiedererlangen der Sprache gelingt (häufig), weil angrenzende Regionen lernen, Sprache zu verarbeiten.

Das Leben eines Kindes ist wie ein Stück Papier, auf dem jeder Passant eine Spur hinterlässt.
(Altes chinesisches Sprichwort)

Plastisch, also formbar, ist das Gehirn ein Leben lang. Aber während der Kindheit ist die Formbarkeit des Gehirns besonders groß. Das lässt sich an den folgenden Grafiken ablesen: Grafik A zeigt, wie schnell Nerven wieder nachwachsen – in Abhängigkeit des Lebensalters. Grafik B zeigt, wie gut Einwanderer die englische Grammatik beherrschen – in Abhängigkeit des Alters zur Zeit der Einwanderung. Grafik C zeigt den Einfluss von medialer Gewalt – je jünger der Zuschauer, desto eher schlägt mediale in reale Gewalt um.

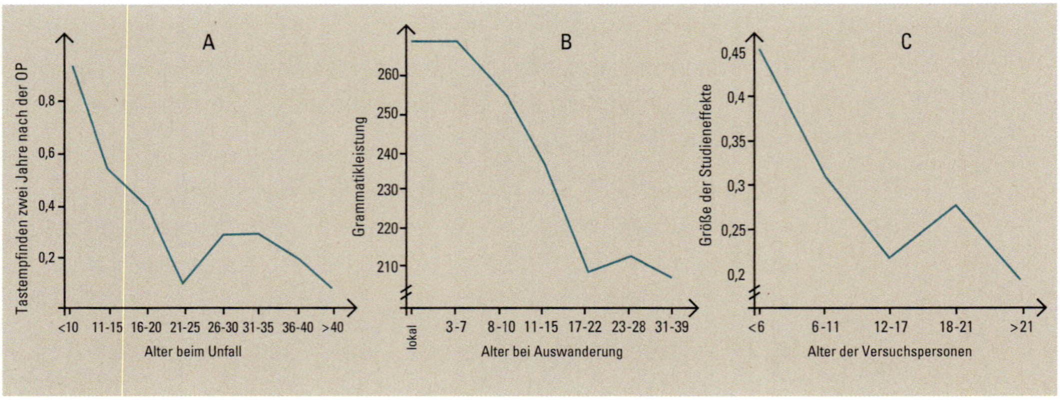

Alle drei Grafiken bilden Formen des Lernens ab: das Wiedererlernen des Tastens nach einer Nervdurchtrennung (A), die Verinnerlichung der Regeln einer Fremdsprache (B) und das allgemein-semantische Wissen über die Konsequenzen von Gewalt (C). All dieses Lernen ist effektiver, je jünger der Lerner ist. Schon im zweiten Lebensjahrzehnt nimmt hier die Lerngeschwindigkeit drastisch ab. Es wird davon ausgegangen, dass dieser Abnahme ein Rückgang der Neuroplastizität zugrunde liegt.

Prüfen Sie Ihr Wissen:

1. Welche vier Arten des Wissens werden unterschieden und wie erfolgt der dazugehörige Wissenserwerb?
2. Beschreiben Sie zwei Beispiele von Neuroplastizität.
3. Welche Daten sprechen dafür, dass die Neuroplastizität mit dem Lebensalter abnimmt?
4. Nach welcher Art von Wissen wird in den drei vorangegangenen Fragen gefragt? Begründen Sie Ihre Entscheidung.
5. Welche andere Art des Wissens und des Wissenserwerbs kann Ihnen möglicherweise bei der Beantwortung der Fragen 1 bis 3 helfen? Wie?

1.2 Lernen en passant

Kleine Kinder lernen laufen, ohne dass sie überhaupt wissen, was lernen ist. Sie lernen sprechen, ohne dass sie es sich vornehmen: Tausende von Wörtern und die Regeln ihrer Benutzung. Wenn ein Kind einen Turm baut, lernt es etwas über statische Gesetze, wenn er einstürzt, etwas über Gravitation. Im Umgang mit Gegenständen verschiedener Größe lernt es etwas über den Zusammenhang von Größe und Gewicht. Im Rollenspiel übt und erwirbt ein Kind soziale Kompetenzen und das Wissen über soziale Rollen, soziale Regeln und Konventionen. Das alles lernen die Kinder – nebenbei und beiläufig.

Oli und Florian bauen mit Holzklötzen

Oli: «Jetzt brauch ich den Stein dahinten.» *(Gemeint ist der Würfel.)*

Florian reicht ihm einen Quader.

Oli: «Nein, einen kurzen!»

Florian: «Aber der ist doch kurz, guck.» *(Er deutet auf die quadratische Fläche des Quaders.)*

Oli: «Aber hier ist er wieder lang. *(Oli deutet auf die zweite rechteckige Fläche des Quadrats.)* Ich meine so einen, guck! *(Er nimmt einen Würfel und zeigt ihn Florian.)* Der ist kurz. Überall kurz. *(Er hält ihn zum Beweis neben den Quader.)* Und der da ist lang.»

Florian (dreht die beiden Steine): «Aber guck so, so sind sie beide kurz.»

Oli: «Also haben wir beide recht.»

Florian: «Ja. Also der hier heißt der Ganz-Kurze *(zeigt auf den Würfel)* und das hier ist der Halb-kurze-halb-Lange *(zeigt auf den Quader)*. Du musst immer genau sagen, welchen du meinst.»

Oli: «Gut. Ich brauch jetzt den Ganz-Kurzen. Nein, am besten gleich zwei.»

Beiläufiges Lernen steht im Gegensatz zum intentionalen (planmäßigen) Lernen, das bewusst und zielgerichtet stattfindet. **Implizites (beiläufiges) Lernen** versteht sich als vom Kind nicht beabsichtigter Erwerb von Wissen und Fähigkeiten. Das bewusste Handeln des Kindes richtet sich in diesen Situationen auf etwas anderes: Es versucht nicht zu laufen, um das Laufen zu lernen, sondern um an einen anderen Ort zu kommen; es versucht zu sprechen, um sich mit seinen Wünschen verständlich zu machen; es übt sich in sozialen Kompetenzen, um nicht in Konflikte zu geraten.

Experten schätzen, dass wir Erwachsene 70 bis 80 % unseres gesamten Wissens nebenher und beiläufig erworben haben. Wird das prozedurale Wissen dazugerechnet, liegt der Prozentsatz noch höher.

Erfahrungen vererben sich nicht, jeder muss sie allein machen.
(Kurt Tucholsky, Schriftsteller)

Die meisten Lernprozesse, die in unserem Gehirn stattgefunden haben und ständig stattfinden, sind uns weder bewusst noch von uns beabsichtigt. Auch wenn keine pädagogische Fachkraft anwesend ist oder das Setting gestaltet hat, wird gelernt. Lernen ist nicht die Folge von Lehren. Oft geschieht Lernen ohne Lehren. Und allzu oft vollzieht sich auch Lehren ohne Lernen. Trotzdem: Unser Gehirn lernt immer. Aber vielleicht nicht immer das, was andere wollen.

Lernen am Modell

Wer hat ihm das beigebracht? Niemand. Er hat es sich abgeschaut. Der kleine Fußballfan hat gelernt, wie man sich auf der Fantribüne verhält, indem er dort Rollenmodelle beobachtet hat. Das Gehirn als Regelextraktor extrahiert nicht nur das Allgemeine hinter Tomaten und Stühlen, sondern auch das an den Tag gelegte Verhalten in einem Fußballstadion. Der Regelextraktor macht auch dann nicht halt, wenn etwas gelernt werden kann, das nach der Meinung anderer lieber nicht gelernt werden sollte. Und: Der Regelextraktor speichert besser, wenn die erlebte Episode persönlich bedeutsam ist («Ganz klar ein Tor! Das Tor, das *uns* vorm Abstieg rettet.»).

Wer seinen Kindern Liebe predigt, macht sie nicht zu Liebenden, sondern zu Predigern.

Die Macht des sozialen Vorbilds hat Bandura mit seinen Untersuchungen eindrücklich belegt. In einem Experiment sahen vierjährige Kinder einen fünfminütigen Film, in dem ein Mann eine große

Puppe malträtierte. Die Kinder ahmten das Verhalten nach – insbesondere dann, wenn das Verhalten des Mannes im Film keine Konsequenzen für ihn hatte oder sogar belohnt wurde.

Was lernt ein Kind durch Beobachtung? Es lernt, *wie* ein anderer etwas macht. Dadurch bekommt es eine Vorstellung, was es selber in dieser oder einer ähnlichen Situation tun kann. Es lernt, was normalerweise gemacht wird. Dadurch bekommt es eine Vorstellung, was man tun sollte, wenn man sich «normal» benehmen möchte. Es lernt, welches Verhalten welche Konsequenz hat. Dadurch bekommt es eine Vorstellung, was «gutes» Verhalten ist und welches Verhalten zu vermeiden ist (zumindest dann, wenn jemand zusieht).

Das Sozialverhalten der Kinder speist sich also aus den Beobachtungen, die sie in ihrer sozialen Umgebung machen. Zwar ist es auch möglich, einzelne Handlungen bewusst zu reflektieren («Was meinst du, wie sich die kleine Anika jetzt fühlt, nachdem du ihr die Schaufel auf den Kopf gehauen hast?»). Es ist auch möglich, Benimmratgeber zu zitieren («Pommes isst man nicht mit der Hand!»). Jedoch bleibt der Erfolg solcher Unternehmungen beschränkt, wie dies ein frecher Spruch auf den Punkt bringt: «Erziehung ist zwecklos. Die Kinder machen uns ja doch alles nach.»

Was Kinder sehen, das tun sie auch. Vor diesem Hintergrund mahnt eine australische Fernsehwerbung treffend und eindringlich: «Children see. Children do. Make your influence positive!»

Gehirne verändern sich in Abhängigkeit von der Umwelt. Gehirne speichern regelhafte Erfahrungen. Sie abstrahieren aus vielen einzelnen Erfahrungen Regeln: «Bei Mama hilft Quengeln.» Diese Regeln können selten verbalisiert werden, nicht von Erwachsenen und noch weniger von Kindern. Sie sind dennoch gelernt («Im Kindergarten quengeln bringt nichts.»). Mit den gelernten Regeln macht sich ein Kind ein Bild von seiner komplexen Welt und beginnt, sie mehr und mehr zu verstehen («Bloß nicht im Auto quengeln.»).

Wer Spiel nur als Spiel betrachtet und Ernst nur als Ernst, hat beides nicht verstanden!
(Dietrich Dörner, Psychologe)

Beiläufig wird während des gesamten Lebens gelernt. In den ersten sechs Lebensjahren ist es die Hauptform des Lernens. Schließlich steht hier das Lernen von prozeduralem und von allgemein semantischem Wissen (vgl. Tab. S. 21) im Vordergrund.

Beiläufiges Lernen ist in der Kindheit meist in Spielhandlungen eingebettet. Eine der wichtigsten Funktionen des Spiels wird daher im beiläufigen Lernen gesehen.

Bis heute gibt es viele Kulturen, die weder Schule noch Unterricht kennen. Das intentionale, explizite Lernen ist nicht nötig für das Überleben der Menschen. Doch wenn die Kinder später in der Schule auch anti-intuitives Wissen erwerben sollen, z. B. dass Blitz und Donner zu demselben Phänomen gehören, dann reicht beiläufiges Lernen nicht mehr aus.

Prüfen Sie Ihr Wissen:

1. Beschreiben Sie die Unterschiede und Gemeinsamkeiten von beiläufigem und intentionalem Wissenserwerb.
2. Nennen Sie drei Beispiele für Wissen, das beiläufig erworben wurde.
3. Welche Art des Wissenserwerbs hat für die ersten sechs Lebensjahre die größere Bedeutung? Begründen Sie Ihre Wahl.
4. Was lernen die beiden Kinder, die zusammen mit Holzklötzen spielen? Analysieren Sie den Text in der Box: Oli und Florian bauen mit Holzklötzen.

1.3 Lernen gezielt unterstützen

Es klingt so einfach: Lernen «geschieht immer» – «das Gehirn lernt immer». Und es verlockt dazu, die Kinder einfach ihren Weg gehen zu lassen und dabei auf «beiläufiges Lernen» zu vertrauen. Aber so einfach ist es nicht. Damit sich ein Kind Wissen, Fertigkeiten und Werte aneignen kann, braucht es Anregungen (Input) aus der Umwelt (vgl. nachfolgende Grafik). Die sich im Kind vollziehenden genetisch angelegten Lernprozesse können von äußeren Gegebenheiten angeregt und gefördert, aber auch negativ beeinflusst werden. Deshalb sollte dieser Input aus der Umwelt nicht dem Zufall überlassen werden. Und das haben die Erwachsenen in der Hand, so z. B., in welcher Umgebung die Kinder aufwachsen, mit welcher Haltung ihnen begegnet wird, welche Geschichten sie erleben und mit welchen Dingen sie in Berührung kommen.

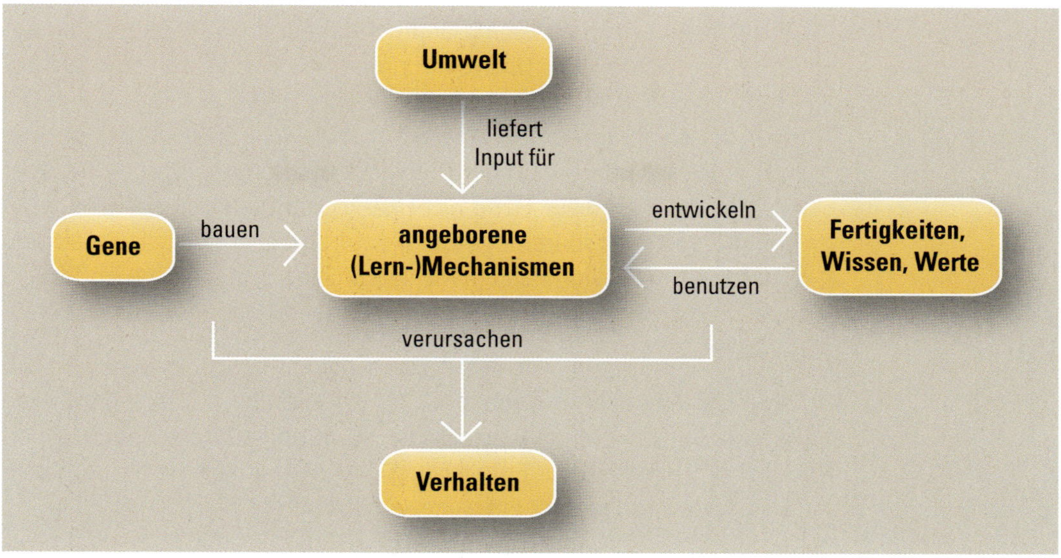

Nach Pinker (2007)

Die pädagogische Fachkraft: Zuschauer oder Akteur bei der kindlichen Entwicklung?

Ein Kind entwickelt sich unter dem Einfluss verschiedener Faktoren. Zum einen bestimmen die **Gene** des Kindes seine Entwicklung und letztendlich seine Persönlichkeit und sein Verhalten. Der große Einfluss der Gene ist durch Studien eindrücklich belegt. Zum zweiten bestimmt die Umwelt, in der das Kind seine Erfahrungen macht, was es für eine Entwicklung nimmt. Dieser Einfluss lässt sich unterteilen in den Umwelteinfluss des Elternhauses/der Familie einerseits und die **familienunabhängige Umwelt**, in der die Gleichaltrigen und Freunde des Kindes (die peers) das Sagen haben, andererseits. Es gibt viele Studien, die die Bedeutung des Elternhauses beschreiben. Leider wird dabei oft der genetische Einfluss (die leiblichen Eltern vererben ihre Gene) nicht vom Einfluss der elterlichen Umwelt getrennt. Dadurch sind Aussagen über die Stärke der Beeinflussung durch diese Umwelt unmöglich. Adoptionsstudien, die beides auseinanderhalten können, finden nur einen geringen Einfluss der elterlichen Umwelt auf Entwicklung, Persönlichkeit und Verhalten eines Kindes. Die Verhaltensmuster, die sich im Elternhaus entwickeln, bestimmen demnach nicht das Verhalten in anderen Situationen. Der zweite, stärkere Umwelteinfluss speist sich aus der Umwelt, die nichts mit dem Elternhaus zu tun hat: der **peer group**. In den peer groups werden die Kinder sozialisiert. Dieser prägende Einfluss kann es mit dem der Gene aufnehmen.

Und was können nun pädagogische Fachkräfte überhaupt beeinflussen? Sind sie letztlich nur passive Zuschauer oder doch mitgestaltende Akteure bei der Entwicklung des Kindes?

Die Gene eines Kindes lassen sich nicht von der Erzieherin beeinflussen. Aber selbst Gene müssen kein Schicksal sein. Vor allem dann nicht, wenn man sie kennt. Gene entfalten ihre Wirkung oft im Zusammenspiel mit der Umwelt. Ein Beispiel: Bei der Stoffwechselstörung Phenylketonurie liegt ein genetischer Defekt vor. Dabei wird das mit der Nahrung aufgenommene Phenylalanin nicht abgebaut, was zu einer schweren geistigen Entwicklungsstörung führt – das aber nur, wenn man diese Gene nicht kennt. Flächendeckende Neugeborenenscreenings spüren den Defekt auf und eine spezielle Ernährung ermöglicht eine normale Entwicklung. Gene sind nicht gleich Schicksal, ihre Auswirkungen lassen sich unter Umständen leicht beeinflussen.

Auf die **elterliche Umwelt** bzw. auf die **Familie** hat eine Erzieherin kaum Einfluss. Sie kann jedoch die Eltern unterstützen, indem sie als Expertin Hinweise zur Entwicklung gibt oder indem sie ihr Verhalten mit dem Verhalten der Eltern gezielt abstimmt.

Kann die Erzieherin die **peer group** eines Kindes beeinflussen? Wenn es einer kann, dann sie. Eine gute Erzieherin orchestriert das Verhalten der peer group, setzt Rituale, überwacht die Einhaltung von Regeln und Grenzen, ist bedacht, dass nicht das Gesetz des Stärkeren, Missgunst oder Ausgrenzung herrschen.

Eine Erzieherin ist nicht in vollem Umfang verantwortlich für die Entwicklung, die Persönlichkeit und das Verhalten eines Kindes. Sie sollte sich nicht mit einer solchen Vorstellung überfordern. Aber die Erzieherin ist auch keine passive Zuschauerin. Die gute pädagogische Fachkraft ist ein wichtiger Akteur der kindlichen Entwicklung.

Welche Faktoren beeinflussen die kindliche Entwicklung?

Biologie	Elternhaus/Familie	Familienunabhängige Umwelt
• Alter • andere genetische Anlagen	Eltern und Familie beeinflussen • das Verhalten zu Hause • das Wissen der Kinder	• Peer groups • Pädagogische Fachkräfte und andere Erwachsene mit Einfluss auf die peer groups

Die Relevanz der äußeren Gegebenheiten für das Lernen griffen bereits die Pioniere der Frühpädagogik auf. Friedrich Fröbel, Maria Montessori und Rudolf Steiner legten erste Grundsteine, die vom Situationsansatz und der Reggio-Pädagogik aufgegriffen und weiterentwickelt wurden. Heutige frühpädagogische Konzepte haben ihre Wurzeln in diesen Klassikern.

Das Kind als Konstrukteur seiner Bildungsprozesse

Lernen ist ein aktiver Prozess. Die Vorstellung, dass Wissen und Können wie durch einen Trichter in den Kopf des Kindes fließen, war noch nie ernst zu nehmen. Das Kind setzt sich selbst mit seiner Umgebung auseinander und eignet sich Wissen und Können an und entwickelt ein eigenes Weltverständnis.

Die Kunst des Lehrens ist die Kunst, entdecken zu helfen.

Das Verdienst **Friedrich Fröbels** (1782–1852) ist es, das Kind nicht länger als einen kleinen Erwachsenen zu sehen, sondern als ein eigenständiges Wesen mit eigenen Lernbedürfnissen. Er spricht von der Kindheit als Bildungszeit. Dabei stellt er die Bedeutung des Spiels heraus: Im freien selbsttätigen Spiel erlangt das Kind einen Zugang zur Welt.

Maria Montessori (1870–1952) verfolgt diesen Ansatz der Selbsttätigkeit konsequent weiter. Sie sieht das Kind als ein Wesen, das die Eindrücke der Umgebung wie ein Schwamm aufsaugt. Sie entwickelt die Gedankengänge Fröbels weiter, indem sie sie über systematisierte Beobachtungen und Dokumentationen ausdifferenziert und empirisch absichert. Sie integriert dabei die kindlichen Sinneserfahrungen in die Entwicklung des Denkens. Über das selbsttätige Handeln setzt sich das Kind mit der äußeren Ordnung der Welt auseinander und schafft sich somit eine innere Ordnung. Es entnimmt der Umgebung genau das, was es gerade benötigt.

Verstehen heißt Einordnen.

Auch **Rudolf Steiner** (1861–1925) entwirft das Bild des Kindes, das seine Bildung selbst gestaltet. Er geht allerdings stärker von Prozessen der Selbstentfaltung aus, die bestimmten Rhythmen und Stufen unterliegen. Sein Konzept ist stark von einem kosmisch-spiritualistischen Gesamtbild geprägt.

Das Konzept der **Reggio-Pädagogik** von **Loris Malaguzzi** (1920–1994) beinhaltet, dass sich Kinder über ihre vielfältigen Erfahrungen entwickeln und neugierig forschend an ihre Umgebung herantasten. Dabei ist jedes Kind nicht nur ein Produkt seiner Selbstkonstruktion, sondern auch seiner sozialen Umwelt. Der persönliche Kontext und die Kultur beeinflussen das Kind in seiner Entfaltung und der permanenten Veränderung seines Weltverständnisses. Damit ist Bildung ein lebenslanger Prozess. Die Metapher «die hundert Sprachen der Kinder» steht für die Vielfalt der Ausdrucks- und Aneignungsformen der Kinder. Der Wunsch, Probleme zu lösen, treibt das Kind in diesem Aneignungsprozess an.

Der **Situationsansatz** von **Jürgen Zimmer** (geb. 1938) geht zusätzlich zu den beschriebenen Gedanken der anderen Pädagogen davon aus, dass das Kind die Möglichkeit hat, seine Entwicklung selbst zu steuern. Das Kind ist neugierig, will wissen, verstehen und mitgestalten. Es ist von Beginn an ein kompetenter Akteur. Das Kind muss nicht erst auf das Leben vorbereitet werden. Es setzt sich von Anfang an mit komplexen Situationen auseinander. Jedes Kind geht dabei seinen eigenen Weg.

Die Erzieherin als professionelle Lernbegleiterin

Der Erzieherin kommt in allen oben beschriebenen Ansätzen eine Schlüsselrolle zu: Sie ist diejenige, die den Kindern die Umgebung anbietet und diese maßgeblich gestaltet. Im Kindergarten bestimmt sie mit, welche Erfahrungsräume den Kindern zugetraut werden. Das fängt bei der Ausstattung der Einrichtung an, führt weiter über das Einbeziehen der näheren Umgebung und endet sicher nicht bei den verschiedenen Aktivitäten.

Fröbel betonte die Bedeutung der zwischenmenschlichen Beziehung. Aufgabe der Erwachsenen ist es, das Kind beobachtend, abwartend, beschützend und unterstützend zu begleiten.

Hilf mir, es allein zu tun./ Hilf mir, es selbst zu tun.

Montessori, die sich systematisch mit der Beziehungsgestaltung beschäftigte, formuliert die Hilfe des Erwachsenen als Hilfe zur Selbsthilfe: «Aiuta-mi a fare da solo» ist der Leitgedanke, mit dem die Montessori-Pädagogik verbunden wird. Die gute Erzieherin erkennt die Signale der Kinder und weiß, wann sie welche Unterstützung in welcher Form brauchen.

Bei Rudolf Steiner findet sich weniger eine Rollenbeschreibung als vielmehr Ausführungen zur «Gesinnung» der Erzieherin, die sich am Steiner`schen Menschenbild ausrichten soll.

In dir muss brennen, was du in anderen entzünden willst.
(Augustinus Aurelius)

In der Reggio-Pädagogik hat das Wirkungsgefüge aus Kind, Eltern und Erzieherinnen große Bedeutung. Die Erzieherin ist dabei die Forscherin, Zeugin und Begleiterin der kindlichen Lernprozesse.

Ähnlich formuliert es auch der Situationsansatz. Die Erzieherin braucht den forschenden neugierigen Blick, um Schlüsselsituationen zu erkennen und sie zu analysieren. Sie ist Anregerin, Entwicklungsbegleiterin, Forscherin, Moderatorin und Mitlernende.

Die Bedeutung der Umgebung und des Materials für das Lernen

Übrigens: Im Niederländischen gibt es das Verb «fröbelen» oder «freubelen». Es bedeutet, kreativ tätig zu sein, zu basteln.

Das Kind setzt sich nicht nur mit sich und den Menschen in seiner Umgebung auseinander. Es nutzt auch Räume und Materialien, um zu lernen.

Fröbel entwickelte Spielgaben, Fingerspiele und Singspiele. Das Kind kann sich damit einen Zugang zur mathematischen Ordnung der Welt verschaffen und dabei auch autodidaktisch, sich selbst belehrend, damit agieren.

Auch Maria Montessori entwickelte Materialien mit dem Ziel, dem Kind die selbstständige Auseinandersetzung mit Herausforderungen zu ermöglichen. Dabei werden Lernsituation aus dem sozialen Kontext herausgelöst: Zum Beispiel bekommt das Kind zum Lernen des Schuhebindens einen «Übeschuh», mit dem es quasi wissenschaftlich strukturiert über eine eigene Fehlerkontrolle die Fertigkeit besser erlangt. Das Material soll dabei keineswegs ein Ersatz für Sinneserfahrungen in natürlicher Umgebung sein, sondern eine Ergänzung und Unterstützung. Die Auseinandersetzung mit Sinnesmaterialien führt das Kind in eine Auseinandersetzung mit der äußeren Ordnung. Damit integriert Montessori Sinneserfahrung und Denken.

Der Situationsansatz betont sachbezogenes Lernen in sozialen Sinnzusammenhängen: Der Erwerb von Wissen, Fähigkeiten, Fertigkeiten geschieht in für die Kinder bedeutsamen, sinnvollen sozialen Zusammenhängen. Es geht weniger darum, «künstliche Laborsituationen» zu kreieren, als vielmehr darum, reale Lebenssituationen als Lernsituationen zu erkennen und daran anzuknüpfen. Die pädagogische Fachkraft unterstützt eine vertiefte Auseinandersetzung der Kinder.

In der Reggio-Pädagogik wurde der Begriff «Der Raum als dritter Erzieher» geprägt. Reggio-Räume laden ein Kind ein, sein Lernen autonom mit allen Sinnen zu gestalten. Diese Räume sind offene Lernorte, die die Kinder nach ihren Vorstellungen umgestalten können. Der Begriff Raum bezieht sich dabei nicht nur auf die Kita. Es geht auch um den sozialen Raum, in dem die Kinder aufwachsen, den sie sich selbst erschließen und der ihre Entwicklung genauso mitbestimmt.

Ansatz	Das Kind	Die pädagogische Fachkraft	Material/Umgebung
Fröbel	Hat eigenen Stellenwert, ist nicht nur ein kleiner Erwachsener; kindliche Eigenaktivität gilt es wertzuschätzen	Ist abwartend, beobachtend, nachgehend, unterstützend; sie begegnet dem Kind im Spiel und regt es soweit an, dass es seine Kräfte zur Entfaltung bringen kann	Spielgaben, Materialien unterstützen das selbsttätige Spiel; eine innere Ordnung wird geschaffen
Montessori	Im Kind sind alle Kräfte verborgen, es setzt sich mit der Welt handelnd auseinander und kommt so zu seiner inneren Ordnung	Beobachtet, begleitet und weckt Kräfte; sie erzieht zur Selbstständigkeit und Selbsttätigkeit	Materialien als sinnvolle Ergänzung zu Erfahrungen in natürlicher Umgebung; eigene Fehlerkontrolle, Unterstützung der Selbstständigkeit
Waldorf/ Steiner	Das Kind entfaltet sich in Stufen selbst; diese Selbstentfaltung entspricht den Rhythmen der organischen Natur	Lebt in ihrer Gesinnung und ihrem Handeln als Vorbild und Modell	Spiele vor allem aus natürlichen Materialien
Reggio/ Malaguzzi	Das neugierig forschende Kind, das sich mit all seinen Sinnen die Welt zu eigen macht	Ist Zeugin, Forscherin und Begleiterin	«Raum als dritter Erzieher», Räume als offene Lernorte mit Werkstattcharakter
Situationsansatz/Zimmer	Das kompetente, selbstbestimmte Kind, das seinen individuellen Weg der Auseinandersetzung geht	Ist Entwicklungsbegleiterin und Mitlernende	Sachbezogenes Lernen in sozialen Sinnzusammenhängen

Prüfen Sie Ihr Wissen:

1. Wie kann eine pädagogische Fachkraft das Lernen von Kindern unterstützen? Erläutern Sie drei Beispiele.
2. Was verstehen Sie unter selbsttätiger Auseinandersetzung?
3. Welchen der vorgestellten frühpädagogischen Ansätze favorisieren Sie? Begründen Sie, warum.

Vertiefung und Transfer

1. Begründen Sie anhand Ihres Wissens, warum das Spiel für Kindergartenkinder die besonders geeignete Form des Lernens ist.
2. Wie unterscheiden sich die Ansätze der Frühpädagogik in ihren Auswirkungen auf die Tätigkeit und Haltung der Erzieherin? Worin bestehen Gemeinsamkeiten?
3. Versuchen Sie anhand der Begriffe dieses Kapitels zu erklären, wie es zu Unterschieden zwischen verschiedenen Kindern kommt.
4. Reflektieren Sie Ihr eigenes Wissen und Lernen: Mit welcher Art des Lernens haben Sie welches Wissen erworben, das für Sie heute wichtig im Beruf ist?
5. Dieses Kapitel behandelt sehr unterschiedliche Dinge: naturwissenschaftliche Erkenntnisse zur Funktion von Synapsen, das beiläufige Lernen sowie unterschiedliche Ansätze der Frühpädagogik. Versuchen Sie jemand anderem nun zu beschreiben, was Sie unter Lernen verstehen.
6. Diskutieren Sie: Wenn Kinder sowieso viele Dinge beiläufig lernen, dann brauchen sie doch keine Erzieherin – oder etwa doch?

Weiterführende Literatur

Bildungspläne für Kindertagesstätten

Andres, B., & Laewen, H.-J. (2002). *Bildung und Erziehung in der frühen Kindheit: Bausteine zum Bildungsauftrag von Kindertageseinrichtungen.* Berlin: Cornelsen Scriptor.

- Zusammenfassung der Ergebnisse des ersten Bundesmodellprojektes zum Bildungsauftrag für Kindertagesstätten 1997–2000.
- Hilft bei der Auseinandersetzung mit dem Bildungsbegriff und dem Verständnis für das kindliche Lernen.

Senatsverwaltung für Bildung, Jugend und Sport (2004). *Berliner Bildungsprogramm für die Bildung, Erziehung und Betreuung von Kindern in Tageseinrichtungen bis zu ihrem Schuleintritt.* Berlin: verlag das netz.

- Rahmenprogramm für Berliner Kindertageseinrichtungen.
- Bietet anschauliche und praktische Ausführungen zum Bildungsverständnis.
- Gute Verknüpfung der Bildungsbereiche mit den Aufgaben für die pädagogischen Fachkräfte.

Ministerium für Kultus, Jugend und Sport Baden-Württemberg (2011). *Orientierungsplan für Bildung und Erziehung in baden-württembergischen Kindergärten und weiteren Kindertageseinrichtungen.* Freiburg: Herder.

- Rahmenplan für die baden-württembergischen Kindergärten und Kindertageseinrichtungen.
- Kapitel 1.3 und 1.4 gehen ausführlich auf das kindliche Lernen ein und schlagen die Brücke zum Spielen.
- Im B-Teil des Buches finden sich anregende Fragen zur Unterstützung der kindlichen Entwicklung.

Spielen und Lernen

Oerter, R. (2012). Lernen en passant: Wie und warum Kinder spielend lernen. *Diskurs Kindheits- und Jugendforschung, 7*(4), 389–403.

- Ein Artikel zum beiläufigen Lernen als Hauptform des Lernens in den ersten sechs Lebensjahren.
- Der Fokus liegt auf dem Spiel als bestimmendes Verhalten des Kindes.
- Es wird aufgezeigt, wie und was im Spiel beiläufig gelernt werden kann.

Spitzer, M. (2008). Spielen und Lernen. Friedrich Schiller und der Wachstumsfaktor BDNF. *Nervenheilkunde, 27*(5), 458–462.

- Amüsant geschrieben.
- Philosophische, historische, zoologische, neurowissenschaftliche und wirtschaftliche Betrachtungen zum Thema Spielen und Lernen auf fünf Seiten inklusive Bildern.

Neurowissenschaftliche Betrachtungen des Lernens

Braun, A. K. (2012). *Früh übt sich, wer ein Meister werden will – Neurobiologie des kindlichen Lernens.* München: Deutsches Jugendinstitut.

- Eine Expertise für Weiterbildner und pädagogische Fachkräfte im Kindergarten mit einem Überblick über die Funktionsweise des Gehirns und die neurowissenschaftliche Lernforschung auch im Tierbereich.
- Übersichtliche kapitelweise Hinweise auf Literatur: Wer sich tiefer mit der Materie beschäftigen will, findet die Originalstudien nach dem jeweiligen Kapitel angegeben.

Breitenstein, C. (2012). Lernen aus neurowissenschaftlicher Sicht: Von der Assoziation zur Kognition. *Diskurs Kindheits- und Jugendforschung, 7*(4), 405–418.

- Ein Artikel zum Thema «Lernen aus neurowissenschaftlicher Sicht».
- Geschrieben für den Wissenschaftler oder die pädagogische Fachkraft, die vor medizinischen Fachbegriffen nicht zurückschreckt.

Spitzer, M. (2002). ***Lernen: Gehirnforschung und die Schule des Lebens.*** **Heidelberg: Spektrum.**

- 500 Seiten zu den neurowissenschaftlichen Grundlagen des Lernens, wobei einzelne Kapitel auch für sich gelesen werden können.
- Wichtige einzelne Studien werden beschrieben, die die Funktionsweise des Gehirns verstehen lassen.
- Lehrreich, verständlich und amüsant geschrieben.

2

Selbst-steuerung/ Exekutive Funktionen

Ein Vormittag wie viele andere. Der Frühstückstisch bei Familie Fischer ist gerade gedeckt. Der Vater ruft die Kinder. Lina, drei Jahre, stürmt herein, klettert auf ihren Stuhl und ehe die Mutter noch etwas sagen kann, hat Lina schon die erste Käsescheibe im Mund, während ihre andere Hand nach den Brötchen greift. Sebastian, ihr sechsjähriger Bruder, setzt sich neben sie, schaut sie ernst an und ermahnt sie: «Halt Lina, wir sitzen noch nicht alle! Du musst warten!» Etwas später, alle sitzen gemütlich beim Essen, ruft Lina laut: «Lina Schokolade haben!» Doch leider ist die Nougatcreme leer. Sie müsste sich mit Marmelade zufriedengeben, was ihr gar nicht passt. Sie protestiert, schlägt mit der Faust auf den Tisch und lehnt sich trotzig zurück. Sebastian, der auch gerne Nougatcreme gehabt hätte, jammert zuerst etwas, meint aber dann: «Na gut, dann ess ich halt Honig.»

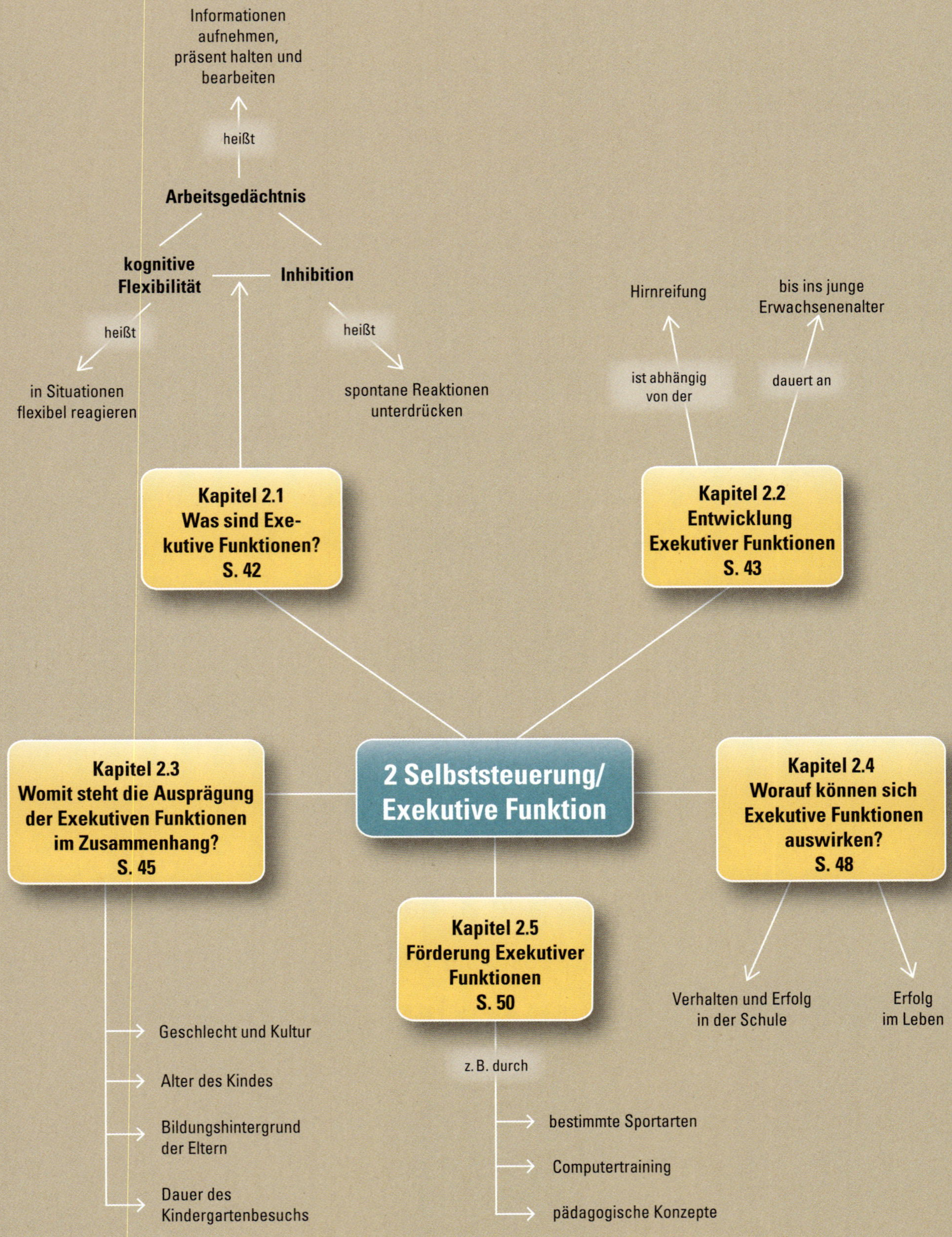
Informationen aufnehmen, präsent halten und bearbeiten
heißt
Arbeitsgedächtnis
kognitive Flexibilität
Inhibition
heißt
in Situationen flexibel reagieren
heißt
spontane Reaktionen unterdrücken
Hirnreifung
bis ins junge Erwachsenenalter
ist abhängig von der
dauert an
Kapitel 2.1
Was sind Exekutive Funktionen?
S. 42
Kapitel 2.2
Entwicklung Exekutiver Funktionen
S. 43
2 Selbststeuerung/ Exekutive Funktion
Kapitel 2.3
Womit steht die Ausprägung der Exekutiven Funktionen im Zusammenhang?
S. 45
Kapitel 2.4
Worauf können sich Exekutive Funktionen auswirken?
S. 48
Kapitel 2.5
Förderung Exekutiver Funktionen
S. 50
Verhalten und Erfolg in der Schule
Erfolg im Leben
Geschlecht und Kultur
Alter des Kindes
Bildungshintergrund der Eltern
Dauer des Kindergartenbesuchs
z. B. durch
bestimmte Sportarten
Computertraining
pädagogische Konzepte

In diesem Kapitel erfahren Sie:

- was Exekutive Funktionen sind und wie diese sich entwickeln
- was die Ausbildung von Exekutiven Funktionen beeinflusst
- auf welche Lebensbereiche die Exekutiven Funktionen einen Einfluss haben
- wie Exekutive Funktionen gefördert werden können

2.1 Was sind Exekutive Funktionen?

Gibt es etwas in Ihrem Leben, was Sie tun sollten, wozu Sie aber keine Lust haben? Nicht einmal ein bisschen Lust? So etwas, was Sie schon seit einer, zwei, drei oder 47 Wochen vor sich herschieben?

«Ein richtiger Steuermann fährt mit zerrissenem Segel, und wenn er die Takelage verloren hat, zwingt er dennoch den entmasteten Rumpf des Schiffes an den Kurs.» *(Seneca, Philosoph)*

Vielleicht. Aber sicher nicht oft. Denn Sie haben sich im Griff. Sie besitzen Exekutive Funktionen, das heißt: die Fähigkeit zur Selbstregulation.

Als Exekutive Funktionen bezeichnen wir geistige Fähigkeiten, die wir benötigen, um unser Denken und Handeln zu steuern. Wenn wir ein Kind dazu anhalten, nicht jetzt, sondern erst später zu naschen, fordern wir damit Verhaltensweisen ein, die ein gut funktionierendes exekutives System voraussetzen.

Im Englischen werden Exekutive Funktionen daher auch als «cognitive control» (kognitive Steuerung) bezeichnet. Sie bilden die Grundlage dafür, dass man «sich selbst im Griff» hat.

Im engeren Sinne umfassen die Exekutiven Funktionen drei Kernbereiche:

- Arbeitsgedächtnis: Informationen aufnehmen, präsent halten und bearbeiten
- kognitive Flexibilität: in Situationen flexibel reagieren
- Inhibition: spontane Reaktionen unterdrücken

«Wenn ein achtjähriges Kind gebeten wird, Bleistift, Radiergummi, Mathebuch und Aufgabenheft zu holen und mit den Aufgaben auf Seite 25 zu beginnen, ist die Chance, dass es eine Minute später mit den Sachen dasitzt und die richtige Seite aufgeschlagen hat, ziemlich gering.» *(Torkel Klingberg, Neurowissenschaftler)*

Unser **Arbeitsgedächtnis** benötigen wir, um uns Dinge merken und damit planen sowie handeln zu können. Wenn wir zum Beispiel sehr lange Sätze hören oder lesen, die mit Nebensätzen bestückt sind, welche sich auf verschiedene Aspekte des Hauptsatzes beziehen, brauchen wir unser Arbeitsgedächtnis, damit wir am Ende des Satzes noch den Anfang zumindest in seinem Sinngehalt präsent haben, um ihn verstanden zu haben. – Alles klar?

Die **Fähigkeit, flexibel zu sein**, brauchen wir, wenn Situationen sich ändern und wir uns entsprechend umstellen müssen. Wir weichen vom ursprünglichen Vorhaben ab und passen uns an. Diese Flexibilität ermöglicht uns auch, einen gedanklichen Perspektivenwechsel vorzunehmen und so eine Situation aus verschiedenen Blickwinkeln zu betrachten.

«In einem schwankenden Schiff fällt um, wer still steht, nicht, wer sich bewegt.» *(Ludwig Börne, Journalist)*

Wichtig ist schließlich noch unsere **Fähigkeit, zu inhibieren**: Inhibition bezeichnet einen Unterdrückungsvorgang. Wir widerstehen einem spontanen Handlungsimpuls. Wir jammern eben nicht gleich los, wenn die Nougatcreme leer ist. Wir essen das zweite Stück Kuchen nicht, auch wenn das erste noch so gut geschmeckt hat.

Die schwierigste sportliche Disziplin ist der Sprung über den eigenen Schatten.

Prüfen Sie Ihr Wissen:

1. Beschreiben Sie die drei Kernbereiche der Exekutiven Funktionen.
2. Beschreiben Sie eine Situation, in der Sie Ihre exekutiven Funktionen gebraucht haben.

2.2 Wie entwickeln sich Exekutive Funktionen?

Die Exekutiven Funktionen werden auch als Frontalhirnfunktionen bezeichnet, weil sie ihren Sitz im präfrontalen Cortex (siehe unten) haben. Die drei Kernbereiche sind in unterschiedlichen Teilbereichen des Frontalhirns verortet. Der präfrontale Cortex ist erst im Erwachsenenalter vollständig ausgereift.

Präfrontaler Cortex: der vorderste Teil des Gehirns, gleich hinter der Stirn

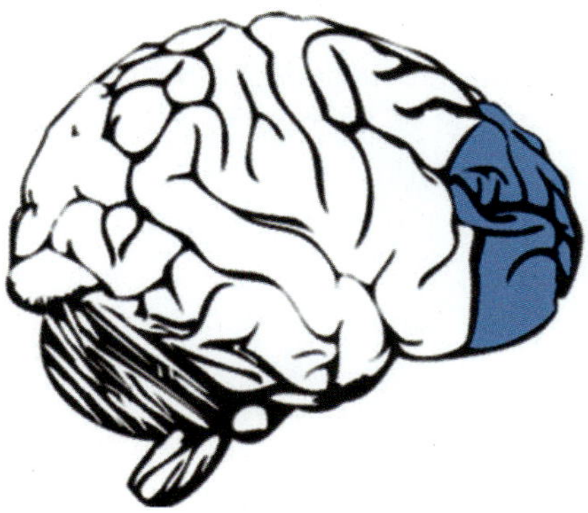

Hirnreifung:
Bei der Geburt ist das Gehirn noch nicht «fertig». Es reift, indem sich Fettschichten um die Neurone wickeln. Dadurch wird der Transport von Informationen beschleunigt.

Die Entwicklung der Exekutiven Funktionen geht mit der Hirnreifung einher. Sie reicht bis in das junge Erwachsenenalter hinein. Deshalb können Kinder ihr Verhalten mit zunehmendem Alter gezielter steuern.

Bisher konnte Folgendes herausgefunden werden:

- Die drei Kernbereiche folgen unterschiedlichen zeitlichen Entwicklungsverläufen. Das heißt, sie entwickeln sich nicht gleichmäßig schnell.
- Die Fähigkeit, zu inhibieren, entwickelt sich bis zur Pubertät. Im Alter von etwa zwölf Jahren erreichen Kinder das Niveau von Erwachsenen.
- Die kognitive Flexibilität entwickelt sich bis ins Jugendalter und hat dann das Niveau eines Erwachsenen erreicht.
- Das Arbeitsgedächtnis entwickelt sich bis ins junge Erwachsenenalter hinein.

Exekutive Funktionen messen

Um Exekutive Funktionen zu messen, haben Wissenschaftler verschiedene Tests entwickelt. Bei dem Computertest «Dots» (engl.: Punkte) sitzt das Kind vor einem Monitor, auf dem ein roter Punkt («dot») erscheint – entweder auf der linken Seite oder auf der rechten. Das Kind soll nun möglichst schnell den jeweils dazugehörigen rechten oder linken Knopf drücken. Das ist einfach. Aber so leicht bleibt es nicht. Im nächsten Durchgang erscheinen blaue Punkte. Bei den blauen Punkten soll das Kind jeweils den «anderen» Knopf drücken: Erscheint ein blauer Punkt links, soll rechts gedrückt werden und umgekehrt. Das ist schon etwas schwieriger. Aber ganz schwierig wird es im dritten Durchgang: Hier erscheinen rote und blaue Punkte nacheinander in zufälliger Reihenfolge. Aber es gelten immer noch dieselben Regeln: roter Punkt – auf der gleichen Seite drücken, blauer Punkt – auf der anderen Seite drücken. Die Kinder müssen sich also an die jeweils richtige Vorgabe erinnern und diese dann ausführen.

Je besser die Exekutiven Funktionen eines Kindes entwickelt sind, desto schneller drückt es im Durchschnitt die entsprechende Taste und desto weniger Fehler macht es. Wenn Kindern in der schwierigsten Variante Fehler unterlaufen, erinnern sie sich meistens sofort an die passende Regel. Das Arbeitsgedächtnis ist also schon gut ausgebildet. Es gelingt ihnen aber noch nicht, den Impuls, eine Taste zu bedienen, so lange zu unterdrücken, bis sie sicher wissen, welche Seite nun die richtige ist. Die Kinder können also noch nicht so gut inhibieren.

Prüfen Sie Ihr Wissen:

1. Wo sind die Exekutiven Funktionen im Gehirn zu finden?
2. In welchem Alter entwickeln sich diese Fähigkeiten?

2.3 Womit steht die Ausprägung der Exekutiven Funktionen im Zusammenhang?

Die Kinder sitzen im Kindergarten am Tisch und haben Spaß. «Alle Vögel fliegen ...» – «hoohooooch!» rufen die Kinder, recken ihre Arme in die Luft und glucksen dabei. «Alle Flugzeuge fliegen ...» – «hoohooch!» Wieder wird gerufen und gereckt und gegluckst! «Alle Teller fliegen ...» – gespannte Stille! Ein paar Kinder haben die Hände schon halb gehoben. Manche halten sich den Mund zu. Wieder andere haben die Handflächen auf dem Tisch liegen und schauen sich gespannt in der Runde um. Doch eine Stimme ruft selbstvergessen: «Hohooch!» Dabei können Teller gar nicht fliegen. Jemand ist reingefallen. Ganz klar, wer! Die Stimme gehört ...

Moment. Wir verraten noch nicht, wie die Geschichte weitergeht. Erst eine Frage an Sie: Was meinen Sie, wem könnte die Stimme gehören? Welche Kinder fallen öfter bei dem Spiel «Alle Vögel fliegen hoch!» rein?

Die Stimme gehört eher ...

einem Jungen ☐	☐ einem Mädchen
einem älteren Kind ☐	☐ einem jüngeren Kind

Die Stimme gehört eher einem Kind ...

aus «bildungsnahem» Elternhaus ☐	☐ aus «bildungsfernem» Elternhaus
das bisher zu Hause betreut wurde ☐	☐ das schon länger die Kita besucht

Head-to-Toe-Task: Wenn ich Kopf sage, fass' die Füße an! Und umgekehrt. Beim Jungen links hat es diesmal nicht geklappt.

Wie geht nun die Geschichte weiter? Wer hat auch beim dritten Mal «hohooch» gerufen? Wer nicht? Das dürfte wohl in jedem Kindergarten anders sein. Die Forschung zeigt, welche Kinder im Durchschnitt stärker ausgeprägte Exekutive Funktionen haben. Das sind

- die älteren eher als die jungen Kinder: Mit jedem Lebensjahr verbessern Kinder und Jugendliche ihre Exekutiven Funktionen.
- die Mädchen eher als die Jungen: Oft lassen sich Unterschiede zugunsten der Mädchen finden; besonders in unserer westlichen Kultur, weniger in asiatischen Ländern.
- Kinder aus «bildungsnahen» eher als diejenigen aus «bildungsfernen» Elternhäusern: Forschungsergebnisse aus den USA zeigen, dass die Kinder von Eltern mit einer höheren Schulbildung bessere Exekutive Funktionen zeigen als die Kinder, deren Eltern einen geringeren Bildungsstand haben.
- eher Kinder, die schon länger eine Kita besuchen als Kinder, die zu Hause betreut werden: US-amerikanische Forschungen zeigen, dass die Anzahl der Monate, die ein Kind in der Kita betreut wurde, im positiven Zusammenhang mit der Ausprägung Exekutiver Funktionen steht.

Was bedeutet das nun? Heißt es, dass Mädchen stets bessere Exekutive Funktionen haben als Jungen? Nein! (siehe Box: Gruppenunterschiede) Heißt es, dass der Besuch einer Kita gut ist für die Entwicklung der Exekutiven Funktionen? Vielleicht. Letztendlich lässt sich das durch den derzeitigen Stand der Forschung nicht eindeutig nachweisen. Zwar wurde eine Korrelation zwischen der Dauer des Kita-Besuchs in Monaten und der Höhe der Ausprägung der Exekutiven Funktionen gefunden. Aber eine Korrelation sagt noch nichts über die Ursache eines Zusammenhangs aus. Möglicherweise führt der Kita-Besuch zur Förderung der Exekutiven Funktionen. Aber es ist auch möglich, dass Kinder mit gut entwickelten Exekutiven Funktionen zeitiger in die Kita gegeben werden, z. B. weil die Mütter besser ausgebildet und damit vielleicht eher berufstätig sind.

Korrelation: statistischer Zusammenhang zwischen zwei Faktoren

Darüber hinaus hat sich gezeigt, dass Traurigkeit, Stress und Einsamkeit mit den Exekutiven Funktionen in Zusammenhang stehen. Ein gutes Klima zu Hause wie im Kindergarten ist damit auch ein erster Beitrag zur guten Entwicklung von Exekutiven Funktionen.

Gruppenunterschiede

Besitzen Mädchen bessere Exekutive Funktionen als Jungen? Einige Studien zeigen, dass die Gruppe der Mädchen besser abschneidet als die Gruppe der Jungen. Aber das heißt nicht, dass jedes Mädchen besser ist als jeder Junge.
Die deutschen Männer sind durchschnittlich 13 cm größer als die deutschen Frauen. Trotzdem gibt es Männer, die kleiner sind als Frauen. In diesem Sinne kann sich beispielsweise nicht jede Hanna besser selbst steuern als jeder Leon.

Wer seine Exekutiven Funktionen testen möchte, kann das Stichwort Stroop-Effekt oder Stroop-Test im Internet suchen. Dort finden sich Bilder mit vielen verschieden bunten Wörtern. Diese Wörter gilt es, schnell laut vorzulesen. Einfach? Nicht ganz! Denn die Wörter sind Farbwörter: Dort steht zum Beispiel das Wort ROT in Grün geschrieben. Also dann bloß nicht ROT sagen!

ROT

BLAU

GRÜN

Den Stroop-Test gibt es auch für Kindergartenkinder. Sie bekommen eine Reihe Bilder zu sehen. Wenn ihnen ein «Tagbild» mit einer Sonne gezeigt wird, sollen sie «Nacht» sagen. Wird ein «Nachtbild» mit Mond und Sternen gezeigt, sollen sie «Tag» sagen. Die folgende Grafik zeigt die Testleistungen der Jungen und Mädchen (Kinder im Alter von drei bis fünfeinhalb Jahren). Je älter die Kinder sind, desto besser schneiden sie bei dem Test ab!

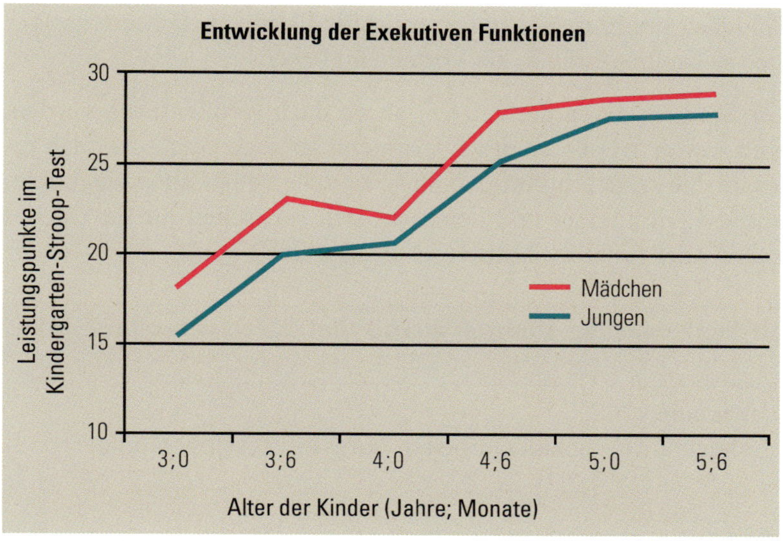

Welche Faktoren beeinflussen die Ausprägung der Exekutiven Funktionen?

Biologie	Elternhaus/Familie	Familienunabhängige Umwelt
• Alter • Geschlecht • Andere genetische Anlagen	• Bildung der Eltern • Traurigkeit, Stress, Einsamkeit	• Kindergartenbesuch • Kultur

Prüfen Sie Ihr Wissen:

1. Wissenschaftliche Studien haben untersucht, welche Faktoren die Ausprägung der Exekutiven Funktionen beeinflussen. Nennen Sie mindestens drei dieser Faktoren.
2. Besitzen Mädchen immer bessere Exekutive Funktionen als Jungen? Wenn ja, woher weiß man das?

2.4 Worauf können sich Exekutive Funktionen auswirken?

«Alle Vögel fliegen ...» – «hoohooooch!» rufen die Kinder, recken ihre Ärmchen in die Luft und glucksen. «Aller Teller fliegen ...» – niemand sagt ein Wort, alle Hände werden auf den Tisch gepresst. Prima! Alle Kinder beherrschen das Spiel. Aber ist das denn wirklich wichtig?

«Die Verantwortung für sich selbst ist die Wurzel jeder Verantwortung.» *(Mong Dsi, Philosoph)*

Nein – es ist nicht wichtig, das Spiel zu beherrschen. Letztlich bestimmt dieses Kinderspiel nicht über Schul- oder Lebenserfolg. Wer die Teller nicht hochfliegen lässt, hat keine Vorteile im Leben. Aber wer das Spiel erfolgreich beherrscht, nutzt dazu seine Exekutiven Funktionen. Und diese Exekutiven Funktionen bzw. das «Sich-im-Griff-haben» ist eine Fähigkeit, die wirklich wichtig ist. Diese Fähigkeit bestimmt sowohl über Schul- als auch Lebenserfolg. Wer sich selbst im Griff hat, hat Vorteile im Leben.

Die Studien, die in den letzten Jahren dazu veröffentlicht wurden, sind sowohl wissenschaftlich spannend als auch gesellschaftlich relevant. Sie zeigen Zusammenhänge zwischen gut ausgeprägten Exekutiven Funktionen und dem, was sich Menschen für ihr eigenes Leben oder das ihrer Mitmenschen erhoffen:

Gut ausgeprägte Exekutive Funktionen im Alter von drei bis fünf Jahren stehen im Zusammenhang mit ...
Verhalten und Erfolg in der Schule: • Positive Arbeitsgewohnheiten: Die Schüler arbeiten sorgsamer, selbstständiger und verlässlicher. • Engagement: Die Schüler engagieren sich mehr beim Lernen. • Lesefähigkeit: Die Schüler können besser lesen. • Wortschatz: Die Schüler haben einen reicheren Wortschatz. • Mathematik: Die Schüler zeigen bessere Leistungen in Mathematik. • Lernen: Die Schüler lernen leichter Schriftsprache und Mathematik.
Erfolg im Leben: • «Jugendsünden»: Die Jugendlichen geraten weniger auf die «schiefe Bahn», es gibt z. B. weniger Schulabbrüche, weniger ungewollte Schwangerschaften, weniger Jugendkriminalität. • Gesundheit: Die Erwachsenen sind gesünder, z. B. hinsichtlich der Zahngesundheit. • Suchtverhalten: Die Erwachsenen sind nicht so häufig von Nikotin, Alkohol oder Drogen abhängig. • Finanzen: Die Erwachsenen leben eher in finanziell gesicherten Situationen. • Kriminalität: Die Erwachsenen kommen weniger häufig mit dem Gesetz in Konflikt.

Die folgenden Grafiken verdeutlichen die Zusammenhänge. Dafür wurden die Studienteilnehmer nach dem Ausmaß der Ausbildung ihrer Exekutiven Funktionen im Kindesalter in fünf Gruppen eingeteilt: in eine Gruppe mit der geringsten Ausprägung an Exekutiven Funktionen (1), eine Gruppe mit der höchsten Ausprägung (5) und in jeweilige Gruppen dazwischen.

Erfolg ist das Ergebnis vieler kleiner Siege über sich selbst.

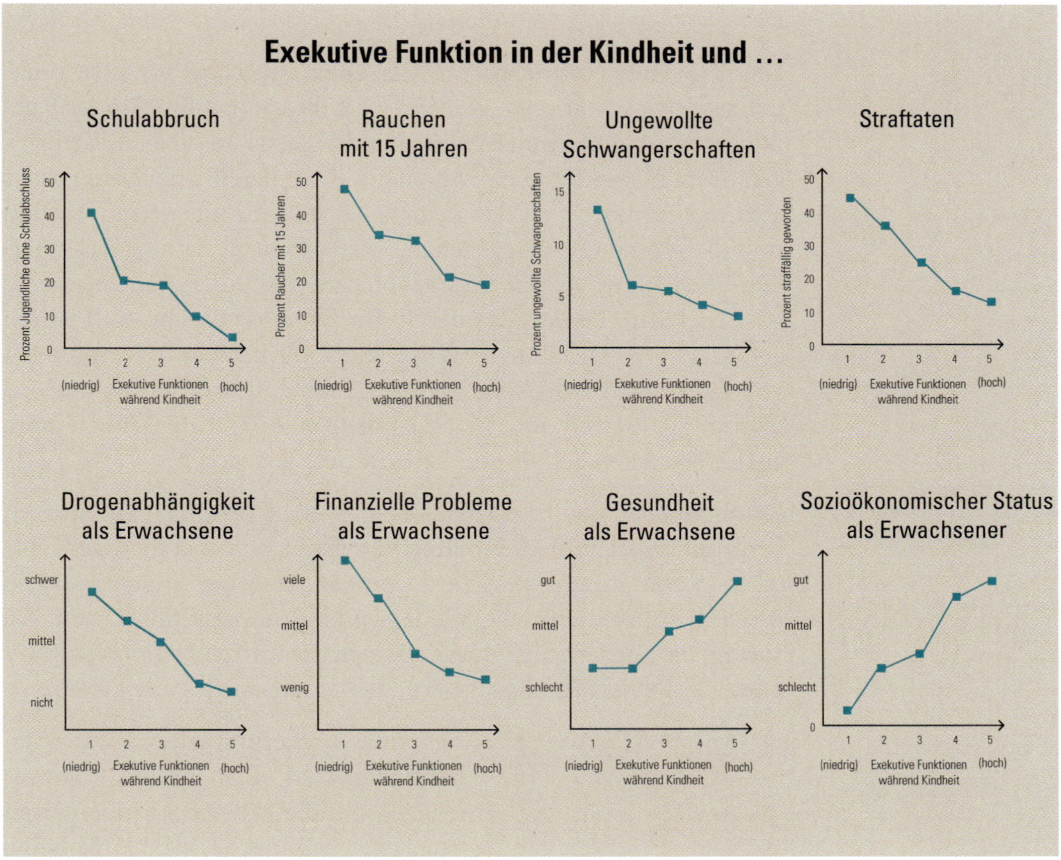

Prüfen Sie Ihr Wissen:

1. Gute Exekutive Funktionen wirken sich positiv in der Schule aus. Nennen Sie drei Bereiche, die mit Exekutiven Funktionen im Zusammenhang stehen.
2. Auf welche allgemeinen Lebensbereiche wirken sich Exekutive Funktionen im Kindesalter aus?

2.5 Förderung Exekutiver Funktionen

Ein Kindergarten mitten am Tag, es herrscht voller Betrieb. Alle Kinder sind konzentriert und zielstrebig in Spiele oder Aktivitäten vertieft. Keines der Kinder weint frustriert los. Keines der Kinder schlägt frustriert zu. Die Kinder gehen rücksichtsvoll miteinander um. Insgesamt ist es auffällig ruhig. Ein disziplinierendes Eingreifen durch Erziehungspersonen ist kaum nötig. Das hört sich an wie ein Traum …

Damit so etwas wahr wird, müssten alle Kinder über gut ausgeprägte Exekutive Funktionen verfügen. All diesen ‚Fantasiekindern' gelingt es auf wundersame Weise, bei der Sache zu bleiben; sie bringen immer wieder die Disziplin auf, anderen zuzuhören oder abzuwarten, bis sie an der Reihe sind, und die eigenen Ideen und Impulse solange zurückzustellen. Wie kommt es, dass sie das schaffen? Weil sie es gelernt und geübt haben. Studien haben gezeigt, dass Exekutive Funktionen bereits im Alter von drei bis fünf Jahren gefördert werden können. Wie Kapitel 1.4 zu den Auswirkungen von Exekutiven Funktionen aufzeigt, sollte die Förderung auch so frühzeitig ansetzen, weil sich die positiven Effekte der frühen Jahre auf den späteren Schul- und Lebenserfolg auswirken.

«Alle Hindernisse und Schwierigkeiten sind Stufen, auf denen wir in die Höhe steigen.» *(Friedrich Nietzsche)*

Es gibt unterschiedliche Möglichkeiten, die Exekutiven Funktionen bei Kindern zu entwickeln: Eine Verbesserung des Arbeitsgedächtnisses kann durch spezielles Computertraining erzielt werden. Außerdem profitieren die Kinder von bestimmten Sportarten, die sowohl die körperliche Fitness als auch die Konzentrationsfähigkeit und Selbstbeherrschung steigern (z. B. traditionelles Tae-kwon-do).

Aber zur Förderung der Exekutiven Funktionen sind nicht immer Programme nötig. Für die Arbeit im Kindergarten eignen sich zahlreiche kleine Elemente (von Begrüßungsritualen über Morgenkreislieder bis hin zu Partneraufgaben), bei denen Exekutive Funktionen zum Einsatz kommen. Pädagogische Konzepte wie beispielsweise das vom ZNL entwickelte Konzept EMIL – Emotionen regulieren lernen (siehe Box EMIL) oder auch das Konzept der Montessori-Pädagogik umfassen viele solche Elemente. Erfolgreiche Ansätze sind durch folgende Merkmale gekennzeichnet:

- Die Förderung der Exekutiven Funktionen ist in viele unterschiedliche Elemente im Kindergartenalltag eingeflochten, sie beschränkt sich nicht auf spezielle Trainingszeiten.

- Die Förderung erfolgt durch Aktivitäten, die den Kindern Freude bereiten. Konzepte, die viele Spielzeiten enthalten, sind wirksamer als Konzepte mit Unterrichtselementen. Besonders eignen sich auch Tätigkeiten, die durch ihre Beendigung erst so richtig Spaß machen (z. B. ein Lied singen, Kuchen backen oder Theater spielen).
- Ein Kind kann sich aus zwei verschiedenen Gründen gut im Griff haben: (1) weil es sich gut selbst steuern kann (durch Exekutive Funktionen) oder (2) weil es auf Fremdsteuerung (durch die Erzieherin oder die Eltern) folgsam reagiert. Exekutive Funktionen kann man nur in Freiräumen, die Selbststeuerung ermöglichen, fördern.
- Wichtig ist, dass mit wachsenden Fähigkeiten auch die Anforderungen angehoben werden. Nur wenn die Exekutiven Funktionen auf angemessenem Niveau gefordert werden, entstehen Zugewinne.
- Viele Übungsphasen, die über einen längeren Zeitraum stattfinden, sorgen für Nachhaltigkeit.

Emotionen regulieren lernen – das EMIL-Konzept

EMIL: Emotionen regulieren lernen

Ziel von EMIL ist es, die exekutiven Funktionen und Selbstregulation von Kindergartenkindern zu stärken. Dafür werden Fachkräfte qualifiziert, um im pädagogischen Alltag viele Gelegenheiten für selbstgesteuertes Tun und soziales Lernen zu erkennen und zu schaffen und so die Kinder in ihrer Selbstregulation zu unterstützen.

Das EMIL-Konzept ist/wird auf vier Handlungsebenen umgesetzt:

(1) die Haltung gegenüber den Kindern
(2) die Gestaltung von Dialogen und Interaktionen mit Kindern, die zum Mit- und Nachdenken anregen
(3) die räumlichen, zeitlichen und gruppenbezogenen Strukturen (z.B. Raumgestaltung, Einsatz von Regeln und Ritualen, Umgestaltung des Tagesablaufs)
(4) Gestaltung pädagogischer Angebote (z.B. Bewegung, Entspannung, Rollenspiel)

Ergänzend unterstützen „Kleine Helferlein" die Kinder auf allen Ebenen darin, Tätigkeiten, die sie ohne Hilfe noch nicht selbstständig ausführen können, zunehmend eigenständig zu bewältigen (z. B. durch Visualisierung von Abläufen beim Anziehen, Tisch decken ...). Kindergartenteams, die mit dem EMIL-Konzept arbeiten, bestimmen dabei selbst, an welchen Punkten sie ansetzen.
Die Grundlage von EMIL bilden zahlreiche empirische Erkenntnisse zur Förderung exekutiver Funktionen. Diese wurden um Selbstreflexionstools und Methoden der Organisationsentwicklung ergänzt.
EMIL wurde vom ZNL TransferZentrum für Neurowissenschaften und Lernen (Ulm) im Auftrag der Baden-Württemberg-Stiftung konzipiert. Die Wirksamkeit des Konzepts wurde wissenschaftlich bestätigt.

Alle Vögel fliegen hoch – alle Elefanten auch?

Wie bei vielen Trainingsprogrammen wirkt auch das Training Exekutiver Funktionen besonders bei den Kindern, die eher schlecht ausgeprägte Exekutive Funktionen haben. Dies sind zumeist Jungen, Kinder aus ärmeren Familien oder Kinder, die unter einer Aufmerksamkeitsschwäche leiden.

Prüfen Sie Ihr Wissen:

1. Welche Möglichkeiten zum Training Exekutiver Funktionen haben sich in Studien als wirksam erwiesen?
2. Welche vier Merkmale zeichnen erfolgreiche pädagogische Konzepte aus, die Exekutive Funktionen wirksam fördern?

Vertiefung und Transfer

1. Erklären Sie Exekutive Funktionen mit eigenen Worten, ohne die folgenden Begriffe zu benutzen: Selbstkontrolle, Selbstdisziplin, Selbstbeherrschung, sich im Griff haben.
2. Beschreiben Sie selbst drei Situationen aus Ihrem eigenen Alltag, in denen Sie selbst Exekutive Funktionen brauchen.
3. Beschreiben Sie Situationen, in denen Kindergartenkinder Exekutive Funktionen an den Tag legen müssen. Erstellen Sie eine Tabelle und halten Sie fest, welche Kernbereiche in welcher Situation gefordert sind.
4. Wie würde ein Tag in Ihrem Leben aussehen, an dem Sie sich nicht gut im Griff haben? Vergleichen Sie ihn mit einem Tag, an dem Sie sich noch besser als sonst steuern können.
5. Wie trägt das Konzept der Montessori-Pädagogik zur Förderung der Exekutiven Funktionen bei? Recherchieren Sie!

6. «Lasst doch Kinder Kinder sein! Man muss sich doch nicht immer nur im Griff haben.» Diskutieren Sie diesen Standpunkt.
7. Unter welchen Umständen untergräbt die Fremdsteuerung von Kindern eine Förderung der Selbststeuerung durch die Kinder selbst?

Weiterführende Literatur & Links

Walk, L. M. & Evers, W. F. (2013). *Förderung exekutiver Funktionen: Wissenschaft, Praxis, Förderspiele.* Bad Rodach: Wehrfritz.
- Ein Buch für Praktiker in Kindergarten und Grundschule, die sich dafür interessieren, was Exekutive Funktionen sind und wie sie auch spielerisch gefördert werden können.
- Auch für interessierte Eltern.

Spitzer, M. (2009). Selbstkontrolle. Die Rolle der Werte bei Entscheidungen. *Nervenheilkunde, 28,* 487–490.
- Wissenschaftliche Studie zur Lokalisation der Selbstkontrolle im Gehirn – für Nichtwissenschaftler lesbar aufbereitet.

Spitzer, M. (2011). Geld und Glück, Karies und Kriminalität. Selbstkontrolle fürs Leben und Überleben. *Nervenheilkunde, 30,* 649–655.
- Wissenschaftliche Studien zu Zusammenhängen zwischen Selbstkontrolle im Kindergartenalter und Faktoren im Erwachsenenalter – für Nichtwissenschaftler lesbar aufbereitet.

Kids Marshmallow Experiment.
- Unter diesen Suchbegriffen finden sich auf Youtube sehr sehenswerte Videos, die zeigen, wie schwer Inhibition für kleine Kinder ist, wenn sie einen Marshmallow, der vor ihnen liegt, nicht essen dürfen.
- Diese Videos gehen auf ein psychologisches Experiment von Walter Mischel zurück, das im Buch von Reto U. Schneider beschrieben wird. Vierjährigen wird ein Marshmallow vorgesetzt. Sie dürfen ihn essen. Wenn sie aber warten können und ihn nicht essen, bekommen sie einen zweiten. Kinder, die warten konnten, waren als Jugendliche z. B. erfolgreicher in der Schule.

Schneider, R. U. (2009). Das lange Warten auf zwei Marshmallows. In R. U. Schneider (Hrsg.), *Das neue Buch der verrückten Experimente,* 153–156. München: Bertelsmann.
- Unterhaltsame und informative Wissenschaft für Nichtwissenschaftler.

3

Motivation

«In jeder Zeit hat man das angewandt, was bekannt war. So baute man im 19. Jahrhundert weitgehend auf Zwang und Wiederholung. Dann stützte man sich auf die Erkenntnisse von Pawlow und seine Experimente zu Reiz-Reaktionen.
Inzwischen ist man um wesentliche Erkenntnisse reicher. Wir beschäftigen uns zu viel mit der Konditionierung und zu wenig damit, was emotional erlebt wird. Zuerst sollten wir unsere Aufmerksamkeit dem ‹Wollen› widmen! Der Motivation! Das Spiel ist als die zweifellos wichtigste Lern- und Aktionsform einzubringen. Aus dem freien Spiel, dem Spiel ohne vordergründige Leistungsabsichten, werden behutsam Lernspiele entwickelt.
War das Lernen bislang weitestgehend vom Prinzip der Verstärkung bestimmt, so stelle ich innerhalb ganzheitlicher Pädagogik konsequent die Freude am lustbetonten Tun in den Vordergrund. Übungen werden nicht nur von ihrer formalen Ausführung her gesehen, sondern im Hinblick auf ihren natürlichen Anteil an intrinsischer Motivation.»

Wer hier meint, es gehe um fortschrittliche Kindergärten oder Grundschulen, irrt. Es geht um Hundeschulen.

Zitate aus Lind, E. (2003).

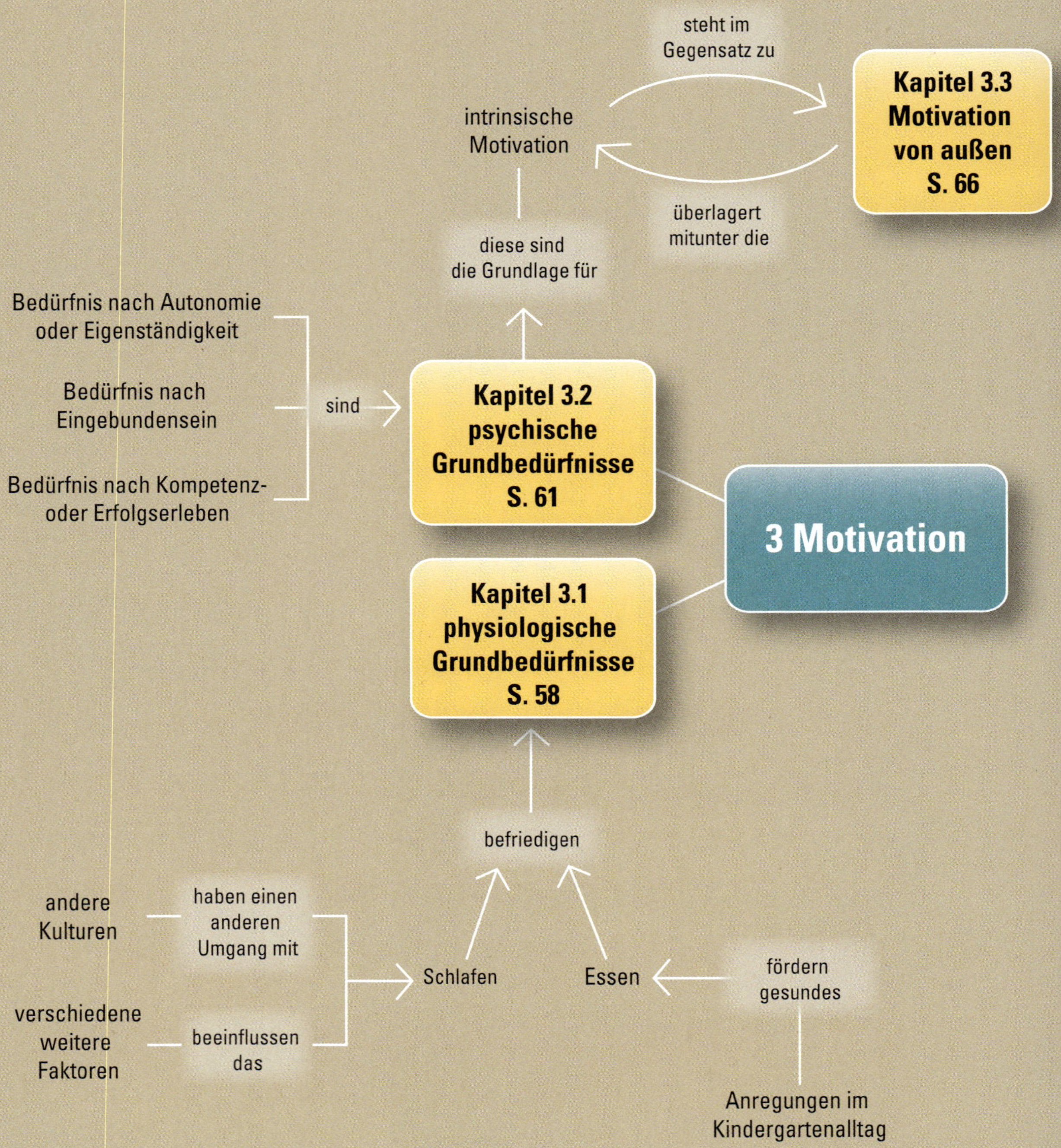
steht im Gegensatz zu
intrinsische Motivation
Kapitel 3.3 Motivation von außen S. 66
überlagert mitunter die
diese sind die Grundlage für
Bedürfnis nach Autonomie oder Eigenständigkeit
Bedürfnis nach Eingebundensein
Bedürfnis nach Kompetenz- oder Erfolgserleben
sind
Kapitel 3.2 psychische Grundbedürfnisse S. 61
3 Motivation
Kapitel 3.1 physiologische Grundbedürfnisse S. 58
befriedigen
andere Kulturen
haben einen anderen Umgang mit
verschiedene weitere Faktoren
beeinflussen das
Schlafen
Essen
fördern gesundes
Anregungen im Kindergartenalltag

In diesem Kapitel erfahren Sie:

- etwas über physiologische Bedürfnisse (Schlaf und Essen) im Kindergarten
- welche psychischen Grundbedürfnisse Menschen haben
- was daraus für den Kindergartenalltag folgt
- wie es sich mit der Motivation von außen verhält

3.1 Physiologische Grundbedürfnisse im Kindergartenalltag

Glukosespiegel oder auch Blutzuckerspiegel beschreibt, wie viel des wichtigsten Energielieferanten des Körpers (Glukose = Zucker) im Blut vorhanden ist. Mit der Nahrungsaufnahme erhöht sich der Wert.

Der Zirkadiane Rhythmus, auch «innere Uhr», stellt unseren Körper auf täglich wiederkehrende Phänomene ein.

Die Natur hat dafür gesorgt, dass wir Menschen auf uns selbst «aufpassen». Das gelingt uns mithilfe der Bedürfnisse. Wenn z.B. der Glukosespiegel im Blut sinkt, so verspüren wir Hunger. Sinkt der Wasseranteil im Körper oder kommt es zu einem Salzüberschuss, so verspüren wir Durst. In ungefähr täglichem, also: zirkadianem Rhythmus werden wir müde und wollen schlafen. Damit gönnen wir nicht nur dem Körper Erholung, sondern geben auch dem Gehirn die Möglichkeit, die Erlebnisse der Vergangenheit zu ordnen und aufzubewahren.

Die physiologischen Bedürfnisse nach Essen, Trinken und Schlaf sind in unserer heutigen Zeit zumindest in den entwickelten Ländern weitgehend gedeckt. Die Themen, die in unseren Kindergärten die Gemüter erhitzen, sind Essensvorschriften und Schlafroutinen. Doch auch diese Themen verlangen von der Erzieherin zuverlässiges Wissen und richtiges Verhalten. Sie sollen deshalb hier betrachtet werden.

Essen und Essensvorschriften

Sollte ein Kind sein Brot aufessen, auch wenn es die Leberwurst darauf nicht mag? Sollten Kinder alles einmal ausprobieren und auch einen Löffel Erbsensuppe hinunterschlucken? Sollte ein Kind nur Schokoladiges essen dürfen, weil es doch nichts anderes mag?

«Nicht Gemüse!»

Kinder im Kindergartenalter mögen Neues nur in begrenztem Umfang. Sie reagieren schüchtern bei unbekannten Personen. Unbekannte Situationen erleben sie lieber an der Hand der Mutter. Auch beim Essen sind ihrer Neugier enge Grenzen gesetzt: «Ich ess das lila Zeug nicht!», sagte meine Vierjährige zum Rotkohl ohne zu probieren. Das macht eine gesunde Ernährung manchmal schwierig.

Studien geben Hinweise auf empfehlenswertes Verhalten von Eltern und pädagogischen Fachkräften:

Sollte man die Kinder zwingen, Gemüse/Suppe/Leberwurst zu essen, oder sie bestechen, damit sie das tun?
Nein, denn selbst wenn man kurzfristig damit Erfolg hat, werden die Kinder diese Nahrungsmittel eher ablehnen.

Aber wie kann man dann dafür sorgen, dass auch Gesundes und nicht nur Süßes oder Salziges gegessen wird?
Dafür gibt es verschiedene Möglichkeiten. Kinder probieren öfter ihnen unbekannte Nahrungsmittel, wenn sie

- sehen, wie andere Kinder diese Nahrungsmittel essen,
- bei der Zubereitung mithelfen, z. B. beim Gemüse arrangieren,
- öfter Gelegenheit haben zu probieren,
- weder gezwungen noch gelobt werden, wenn es ums Essen geht.

Erwachsene sind nicht dafür verantwortlich, dass Kinder essen. Aber sie sind verantwortlich dafür, dass Kindern eine gesunde Auswahl an Lebensmitteln zur Verfügung steht.

Verantwortung für jemanden zu haben heißt, «Antwort zu geben auf die ausgesprochenen und unausgesprochenen Bedürfnisse eines anderen menschlichen Wesens.» *(Erich Fromm, Psychoanalytiker)*

Schlafen und Schlafroutinen

Nach vielen Jahren der Erforschung von Schlafverhalten zeigt sich noch immer keine beste Vorgabe für das Schlafen der Kinder. Vielleicht kann es auch gar keine Richtlinien dafür geben. Es gibt auch keinen besten Weg, ein Kind auf das Schlafen vorzubereiten. Es kann also nicht behauptet werden, dass eine Schlaf- und Einschlafgewohnheit besser ist als eine andere. Alle stehen in einem engen Zusammenhang zu der Kultur, in der das Kind lebt. Was zu dem einen Kind passt, muss nicht für das Geschwisterchen oder gar das Kind auf der anderen Seite der Erdkugel gut sein (vgl. nachfolgende Box: Andere Länder). Bei uns ist es normal, wenn Kinder in eigenen Betten und Räumen schlafen. Bei den Mayas beispielsweise grenzt es an Kindesmisshandlung, wenn ein Kind allein im Bett schlafen muss.

Die Fragen, die im Kindergarten rund um den Schlaf auftauchen, beziehen sich zumeist auf den Mittagsschlaf. Sollte ein Mittagsschlaf gehalten werden oder nicht? Bei einem Dreijährigen? Bei einer Fünfjährigen? Wie lange sollte ein Kind schlafen oder zumindest «mucksmäuschenstill» liegen?

Auch hier gilt: verschiedene Länder, verschiedene Sitten. In den Tropen ist der Mittagsschlaf für alle Altersgruppen normal. In Island machen Kinder ab drei Jahren keinen Mittagsschlaf mehr. Während sich in Italien weniger als 10 % der Vier- und Fünfjährigen mittags hinlegen, tut das in den USA immerhin die Hälfte der Kinder dieser Altersgruppe. Bei den Kung! bleibt jeder wach, solange etwas Interessantes passiert.

Andere Länder – andere (Schlaf-)Sitten

- Kinder aus Guatemala schlafen, wenn sie müde werden, im Arm einer anderen Person oder gehen mit den Eltern zu Bett.
- Mehr als 40 % der portugiesischen Kinder haben einen Elternteil bei sich, bis sie einschlafen.
- Italienische Kinder in ländlichen Regionen schlafen im Kinderwagen oder auf dem Schoß eines Erwachsenen ein.
- Weniger als die Hälfte der indischen Kinder haben bestimmte Zu-Bett-geh-Rituale, wie eine Gute-Nacht-Geschichte oder Lieder, ein Plüschtier oder ein «Schnüffeltuch».
- Amerikanische Stadtkinder werden mit strikten Abendritualen ins Bett gebracht, auch wenn sie nicht wollen.
- Auch für Kinder aus den Niederlanden gibt es feste Routinen.

Und wie sieht es in unseren Kindergärten aus? Auch da sind die Unterschiede groß. Es gibt Ganztagseinrichtungen, in denen gar kein Mittagsschlaf für die Kinder vorgesehen ist. Und es soll auch noch Einrichtungen mit «Zwangsmittagsschlaf» geben. Die Meinungen, was gut für das Kind ist, gehen hier weit auseinander – egal ob man Eltern, Erzieherinnen oder die Träger der Einrichtungen fragt.

In einem Punkt sind sich die Wissenschaft und die gute Praxis jedoch einig: Es gibt kein einheitliches Vorgehen, das jedem Kind entspricht. Es kann gar keins geben. Damit sind alle auf Zwang beruhenden «One-size-fits-all»-Vorschriften («Bei uns wird nicht geschlafen.» oder «Bei uns muss geschlafen werden.») fehl am Platz.

Ein jedes Kind sollte nach seinen Bedürfnissen und in Absprache mit den Eltern die Möglichkeit haben, zu schlafen oder auch nicht. Das entschärft nicht nur Konflikte zwischen Kindergarten und Eltern, sondern entspricht ebenso der Unterschiedlichkeit der Kinder. Deren Schlafbedürfnis ist auch dann nicht gleich, wenn sie am selben Tag geboren sind.

Biologie	Elternhaus/Familie	Familienunabhängige Umwelt
• Alter • Chronotyp • Temperament	• Werte und Überzeugungen der Eltern • Persönlichkeit der Eltern • Arbeitsverhältnis der Eltern • Schlaf- und Einschlafrituale • TV-Konsum des Kindes	• Kulturelle Werte und Überzeugungen

Der Chronotyp eines Menschen beschreibt, wie weit die innere biologische Uhr mit der tatsächlichen Uhr übereinstimmt. Bei «Lerchen» *(Frühaufsteher)* tickt die biologische Uhr schneller. Sie sind früher müde als «Eulen» *(Spätaufsteher)*.

Prüfen Sie Ihr Wissen:

1. Wozu hat der Mensch physiologische Bedürfnisse?
2. Was können Sie im Kindergarten tun, damit ein Kind mehr gesunde Nahrungsmittel zu sich nimmt? Was sollten Sie in diesem Zusammenhang vermeiden?
3. Beschreiben Sie ein Schlafritual (eine «Schlafsitte»), das Sie selber sehr gut kennen, und zwei Beispiele aus aller Welt, die völlig anders sind. Beschreiben Sie Vorteile dieser anderen «Schlafsitten».
4. Wodurch wird das Schlafverhalten eines Kindes beeinflusst? Nennen Sie aus jedem der drei Bereiche (Biologie, Familie, familienunabhängige Umwelt) einen Faktor und beschreiben Sie dessen Einfluss auf das Schlafverhalten.

3.2 Wonach der Mensch noch strebt – psychische Grundbedürfnisse

Was treibt Sie an? Woher nehmen Sie die Energie, eine bestimmte Sache zu verfolgen oder Anstrengungen auf sich zu nehmen?

Bei der Frage nach dem, was uns Menschen motiviert, gehen die Forscher davon aus, dass Menschen nichts ohne einen Grund machen. Das kann eine konkrete Handlung sein («Heute will ich Rol-

Von lateinisch «motivum» (Beweggrund, Anlass) bzw. «movere» (bewegen).

ler fahren.») oder ein inneres Gefühl («Mir ist langweilig. Deshalb schau ich mal, womit die anderen Kinder spielen.»). Vielleicht ist einem das eigene Motiv nicht immer sofort klar, aber es gibt in jedem Fall eins.

Das kann etwas sein, das von außen antreibt (extrinsisch) oder das von innen heraus (intrinsisch), aus einem selbst, kommt.

Von **extrinsisch** motivierten Verhaltensweisen spricht man, wenn Handlungen nicht selbst beabsichtigt sind, sondern aufgrund eines äußeren Anstoßes in Gang gesetzt werden. Das kann eine Aussicht auf Belohnung sein («Wer das Essen aufgegessen hat, darf spielen.») oder auch eine Strafandrohung («Wer nicht ruhig spielen kann, muss puzzeln.»).

Intrinsisch motivierte Handlungsweisen entstehen aus der Person selbst heraus, z. B. durch Neugierde oder Interesse.

Der kleine Florian möchte unbedingt an das Spiel herankommen, das im Regal steht. Er streckt sich, macht sich ganz lang, aber seine Armlänge reicht nicht aus. So nimmt er einen Stuhl, klettert hinauf, um kurze Zeit später triumphierend das Spiel in den Händen zu halten.

Marek weiß, dass er erst in den Garten hinaus darf, wenn er in der Bauecke aufgeräumt hat. Zuerst sträubt er sich etwas, aber dann sieht er seine Freunde draußen spielen und blitzschnell sind die Bauklötze aufgeräumt.

Elena lernt Rad fahren. Bei ihren ersten Versuchen hat sie schon Erfolgserlebnisse. Das macht ihr Mut, dranzubleiben, bis sie es noch besser kann.

Handlungen lassen sich danach unterscheiden, wie stark sie selbstbestimmt erfolgen oder von außen gesteuert werden, also fremdbestimmt sind. Forscher unterscheiden mehrere Arten der Motivation, die sich zwischen den beiden Extrempolen Fremdbestimmung und Selbstbestimmung befinden.

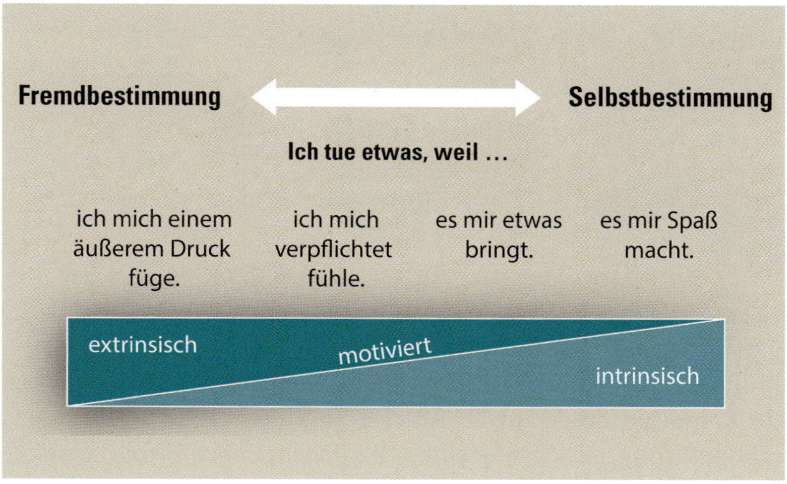

Die intrinsische Motivation geht einher mit der Selbstbestimmung. Intrinsisch motiviert sind Sie, wenn Sie jetzt dieses Buch lesen, weil Sie dessen Inhalte interessant finden. Es gibt aber auch andere Formen der Motivation, d. h., Sie können das Buch auch aus anderen Gründen lesen. Zum Beispiel aufgrund persönlicher Bedeutsamkeit: Sie möchten vielleicht wissen, welche Kenntnisse von pädagogischen Fachkräften erwartet werden. Oder aufgrund inneren Drucks: Sie fühlen sich vielleicht schlecht, wenn Sie es nicht lesen, weil die Lektüre von Ihnen erwartet wird. Oder aufgrund äußeren Drucks: Sie lesen das Buch, weil Sie es müssen und jemand Sanktionen androht, falls Sie es nicht lesen. Jedes dieser Beispiele repräsentiert einen Schritt weiter weg von der Selbstbestimmung und intrinsischen Motivation hin zur Fremdbestimmung.

«Wenn du liebst, was du tust – dann wirst du nie wieder im Leben arbeiten.» *(Konfizius)*

Die Theorie der Selbstbestimmung geht von drei universellen psychischen Bedürfnissen aus. Sie sind dem Menschen – ähnlich wie Schlafen und Essen – quasi angeboren, und er strebt tagtäglich nach deren Erfüllung:

- Autonomie oder Eigenständigkeit
- Kompetenz- oder Erfolgserleben
- Soziale Eingebundenheit

Universell: allgemeingültig, über alle Länder und Kulturen hinweg, unabhängig von Sprache, Sozialisation, Zeiten, Erfahrungen etc.

Menschen streben danach, **eigenständig** zu handeln und sich als autonom zu erleben. «Selber machen« und «Alleine« gehören mit zu den ersten Wörtern, die ein Kind spricht. Später folgt dann: «Papa nein – Lisa will.« Hier zeigt sich, wie stark auch schon bei kleinen Kindern das Bedürfnis ist, selbstbestimmt zu agieren.

Schüler: «Ich raff das nicht!»
Lehrer: «Ja, du bist ja auch ein Idiot.»
(spickmich.de)

In ihrem Handeln wollen Menschen erfolgreich sein. Sie brauchen die **Kompetenzerfahrung** als Antrieb für weitere Schritte. Für Elena war es wichtig, dass sich bei ihren Radfahrübungen Erfolge einstellten. Das war für sie die Belohnung ihrer Anstrengungen.

Und drittens: Menschen wollen in dem, was sie tun, wie sie handeln und sich verhalten, wahrgenommen und wertgeschätzt werden. Sie brauchen die Resonanz der Umgebung. Das Erleben einer **sozialen Eingebundenheit** wirkt sich motivierend auf das Handeln aus. Der kleine Florian, der es geschafft hatte, das Spiel aus dem Regal zu nehmen, läuft damit triumphierend zur Erzieherin. Es ist ihm wichtig, dass die Erzieherin sich mit ihm freut.

Diese drei psychischen Grundbedürfnisse sind eine treibende Kraft bei der Steuerung von Handlungsweisen.

Die drei Grundbedürfnisse sind eng miteinander verflochten und können sich nicht gegenseitig ersetzen. Wenn ein Kind oder ein Erwachsener keine Erfolge erlebt, hilft ihm kein «Eingebundensein» aus dem Unbehagen heraus. Wenn jemand sich nur als fremdbestimmt wahrnimmt, führt auch kein Erfolgserlebnis zu Zufriedenheit.

«Ich kann, weil ich will, was ich muss.» *(Immanuel Kant)*

Prüfen Sie Ihr Wissen:

1. Was ist der Unterschied zwischen extrinsischer und intrinsischer Motivation? Nennen Sie jeweils Beispiele.
2. Wie heißen die drei universellen psychischen Grundbedürfnisse und was bedeuten sie?
3. Was treibt Sie selber an: Welche psychischen Bedürfnisse haben Sie bei sich bemerkt? Finden Sie ein konkretes Beispiel für jedes der drei Grundbedürfnisse.
4. Beschreiben Sie eine Situation, in der ein Kindergartenkind einen Konflikt zwischen zwei der verschiedenen Grundbedürfnisse erleben kann.

3.3 Wie verhält es sich mit der Motivation von außen?

Kindergartenkinder malen gern mit «Zauberstiften». Forscher haben genau beobachtet, wie lange sie sich damit beschäftigen. Dann wurden die Kinder eingeladen, für einen Gast Bilder zu malen. Manchen der Kinder wurde für das Malen eine Urkunde mit einem goldenen Stern und einer roten Schleife versprochen, die sie auch bekamen. Andere Kinder bekamen eine solche Urkunde, ohne dass sie vorher zugesichert wurde. Eine dritte Gruppe bekam keine Urkunde versprochen oder überreicht.

Dann begann der eigentlich interessante Teil des Experiments: Es wurde beobachtet, wie lange die Kinder während des freien Spiels im Kindergarten mit den Zauberstiften malten. Die Kinder aus einer der drei Gruppen malten nun weniger als bei der ersten Beobachtung. Welche waren es? Es waren die Kinder aus der Gruppe, die die Urkunde versprochen bekamen. Sie malten nur noch halb so viel wie die anderen. Offensichtlich sorgt die Belohnung dafür, dass Kinder etwas, was sie zuvor aus eigenem Antrieb gemacht haben, danach weniger gerne tun.

Intrinsisch motiviertes Verhalten (das Malen mit Zauberstiften) braucht keine zusätzlichen externen positiven Konsequenzen. Im Gegenteil: Extrinsische Motivation (die Urkunde) kann intrinsische Motivation (den Spaß am Malen mit Zauberstiften) sogar untergraben.

Heutzutage muss man seine Leute motivieren, anbrüllen nützt nichts mehr.
(Büroweisheit)

Die Strategie «Tue dies, dann bekommst du das!» zur Motivation von Kindern (Mitarbeitern oder auch Hunden) ist deshalb selten empfehlenswert. Externe Anreize zerstören langfristig den Eigenantrieb. «Tue dies, dann bekommst du das!» führt dazu, dass Kindern «das» wichtiger wird als «dies». Belohnungen zerstören die Bindung an die Sache. Stattdessen kommt es zu einer Bindung an die Belohnung. Natürlich motiviert Belohnung. Aber sie motiviert dazu, weiterhin belohnt zu werden.

Doch oft gibt es im Leben Dinge, für die niemand intrinsisch motiviert ist und die dennoch getan werden müssen: «Danke» sagen und «Guten Morgen», Schuhe abputzen und Hände waschen, Spielsachen aufräumen oder das andere Kind auch einmal auf die Schaukel lassen. Wie kann ein Kind dazu «motiviert» werden?

Man könnte es über extrinsische Motivation, also Belohnung und Bestrafung versuchen: «Sag ‹Danke› zu der Tante, dann darfst du heute auch fernsehen.» Oder: «Sonst darfst du heute nicht fernsehen.» Eltern geben Eltern im Internet solche und ähnliche Ratschläge. «Wie bringe ich mein Kind dazu, freiwillig sein Zimmer aufzuräumen?» Die vom Fragenden als hilfreichste Antwort ausgezeichnete war: «Versprich ihm doch anschließend was Tolles, z.B. im Anschluss ein Spiel, vorher macht ihr nichts zusammen. Oder irgendwas, was er gern tut, isst etc.» Manches Kind hört zu Hause sogar: «Wenn du jetzt nicht aufräumst, ist Mama ganz traurig.»

Unbeliebtes über extrinsische Motivation zu erzwingen, schafft eine «Was-kriege-ich-dafür-Haltung». Und schlimmer noch: Es verkoppelt die Handlung mit der Belohnung bzw. Bestrafung. «Danke» sagen wird in den direkten Zusammenhang mit fernsehen gebracht. Und fernsehen mit «Danke» sagen. Aber was ist, wenn die Belohnung wegfällt? Gleicht das nicht einer Einladung, auch das belohnte Verhalten wegfallen zu lassen? Wenn z.B. der Papa am Abend den Fernseher für seine Sportsendung «blockiert» – braucht ein Kind an solchen Tagen dann nicht mehr «Danke» zu sagen? «Mit Mama spielen» wird verknüpft mit «Zimmer aufräumen». Aber was ist, wenn Mama krank ist und nicht spielen kann? Braucht dann das Zimmer nicht mehr aufgeräumt zu werden? Traurige Eltern werden verknüpft mit eigenem Versagen. Und das Kind muss sich dann fragen: «Was hab ich denn falsch gemacht, dass Mama weint?»

«Wer etwas will, findet Wege, wer etwas nicht will, findet Gründe.» *(Willy Meurer)*

Auch im Kindergarten gibt es Situationen, in denen Kinder etwas tun sollen, was sie eigentlich nicht wollen. Doch erfahrene Einrichtungen und pädagogische Fachkräfte haben dafür andere Wege als «Zuckerbrot und Peitsche» gefunden. Sie belohnen oder bestrafen die Kinder nicht, sondern lassen sie über Regeln und Rituale spüren: «Das gehört dazu.» Wenn Eltern mit ihrem Kind in den Kindergarten kommen, werden sie von der Erzieherin mit «Guten Morgen» begrüßt.

Wenn es Zeit ist, aufzuräumen, räumen die Kinder und Erzieher zusammen auf – weil das Aufräumen dazu gehört. Die pädagogischen Fachkräfte verbalisieren Sinn und Zweck ihres Tuns und sie agieren, wie auch die anderen aufräumenden Kinder, als Rollenmodelle. So kann das einzelne Kind erfahren: «Das macht man so, es ist normal und gehört dazu.» Damit erübrigen sich auch Diskussionen über das Aufräumen. Und: Es bleibt die Bindung an die Sache erhalten: Der Sinn des Aufräumens ergibt sich nicht aus der Belohnung (Mama, jetzt hab ich was Tolles verdient!), sondern aus dem Kontext (Schaut, jetzt sieht alles wieder schön aus und wir können stolz auf uns sein!).

«Wenn der Mensch keinen Grund hat, etwas zu tun, so hat er einen Grund, es nicht zu tun.»
(Walter Scott)

Prüfen Sie Ihr Wissen:

1. Beschreiben Sie mit eigenen Worten die Studie, in der Kindergartenkinder mit «Zauberstiften» malten. Was wurde daraufhin über den Einfluss von extrinsischer Motivation auf intrinsische Motivation geschlossen?
2. Was sind die Nachteile der Strategie «Tue dies, dann bekommst du das!»?
3. Welche Möglichkeiten gibt es neben der extrinsischen Motivation, Handlungen anzuregen, die normalerweise nicht mit intrinsischer Motivation einhergehen?
4. Finden Sie ein Beispiel für eine Verhaltensweise, zu der Sie als Kind ständig ermahnt werden mussten, über die Sie aber heute nicht mal mehr nachdenken müssen.

Vertiefung und Transfer

1. Diskutieren Sie: Erziehen wir Kinder zu Egoisten, wenn wir ihrem Bedürfnis nach Selbstbestimmung nachgeben?
2. Schreiben Sie einen Text für eine Elterninformation eines Kindergartens zum Umgang mit dem Thema «Mittagsschlaf» oder «Gesundes Essen».
3. Silvio hat sich bisher schwer damit getan, das Radfahren zu lernen. Auf freundliche Aufforderungen der Eltern reagiert er abweisend: «Nein, ich hab keine Lust.» Selbst das nagelneue Fahrrad hat ihn nicht überreden können. Er fährt lieber mit seinem Bobby Car oder dem Roller. Doch bald können seine besten Freunde Fahrrad fahren und er kommt ihnen nicht mehr hinterher. Nun beginnt er doch zu üben. Als sich erste Erfolge einstellen, ist er plötzlich vom Fahrrad nicht mehr herunter zu bekommen.
   Analysieren Sie diese Episode mithilfe der Begriffe der Grafiken auf den Seiten 63 und 65.

Weiterführende Literatur

Deci, E. L. & Ryan, R. M. (1993). Die Selbstbestimmungstheorie der Motivation und ihre Bedeutung für die Pädagogik. *Zeitschrift für Pädagogik, 39*(2), 223–238.

- Leicht lesbarer wissenschaftlicher Artikel der Hauptvertreter der Selbstbestimmungstheorie, der bis heute nichts von seiner Aktualität eingebüßt hat.
- Zwar beziehen sich die Autoren in den Beispielen vor allem auf Schulen, doch auch die interessierte Erzieherin findet hier Argumente und Anregungen.
- Für alle, die mehr Informationen und aktuelle Artikel zur Selbstbestimmungstheorie suchen und auch vor englischer Fachliteratur nicht zurückschrecken: www.selfdeterminationtheory.org

Sprenger, R. K. (2009). Bestraft durch Belohnung. Zehn Überlegungen über Arbeitsfreude und Motivation in der Schule. *Pädagogik, 62*(10), 36–38.

- Amüsant und kurzweilig, lehrreich und voll tiefem Sinn.
- Auch hier geht es vor allem um die Schule, aber die Argumente sind auch hier auf den Kindergarten anwendbar.

Kindliche Entwicklung

4

Motorische Entwicklung

Johnny konnte mit etwas mehr als einem Jahr bereits Rollschuhlaufen. Noch vor seinem zweiten Geburtstag schwamm er meterweit unter Wasser und kletterte verwegen auf hohe Podeste und steile Rampen. Kein Wunder, denn seit seinem ersten Lebensmonat durchlief er ein rigoroses Trainingsprogramm, das seine motorische Entwicklung fördern sollte. Sein Zwillingsbruder nicht. Die beiden waren Teil einer Studie, die klären sollte, welchen Einfluss die Umwelt – nämlich ein Förderprogramm – auf die motorische Entwicklung von Kindern hat. Johnny vollbrachte motorische Leistungen, die weit über der Altersnorm lagen. Sein Bruder Jimmy ohne Förderprogramm nicht. Doch als mit zwei Jahren auch Jimmy motorisch gefördert wurde, schlossen seine Leistungen schnell zu denen seines Bruders auf. Das war die eigentliche Überraschung eines Experiments, das heute jede Ethikkommission ablehnen würde.

Nach Schneider, R. U. (2009).

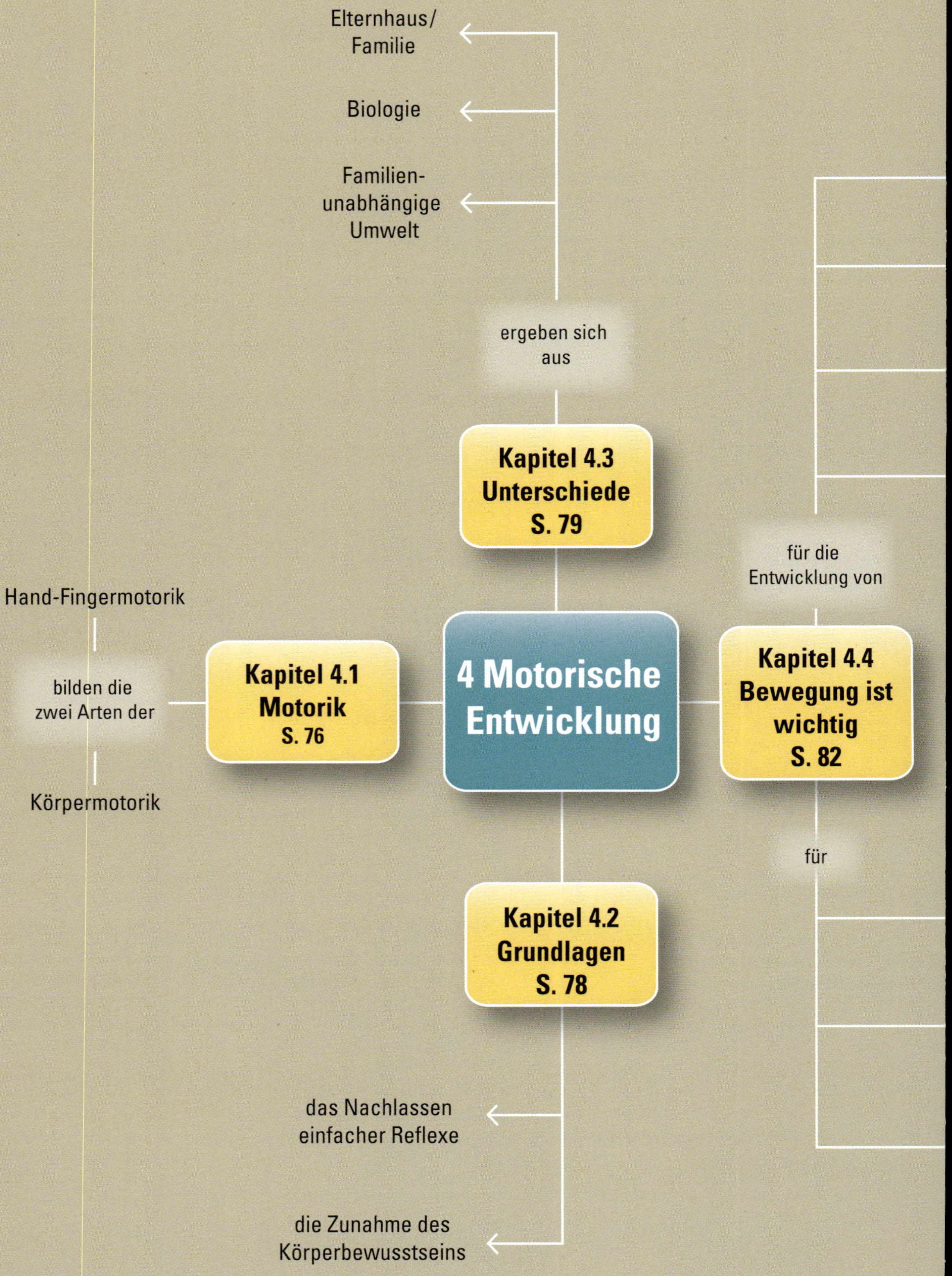
Elternhaus/ Familie
Biologie
Familien- unabhängige Umwelt
ergeben sich aus
Kapitel 4.3 Unterschiede S. 79
Hand-Fingermotorik
bilden die zwei Arten der
Körpermotorik
Kapitel 4.1 Motorik S. 76
4 Motorische Entwicklung
für die Entwicklung von
Kapitel 4.4 Bewegung ist wichtig S. 82
für
Kapitel 4.2 Grundlagen S. 78
das Nachlassen einfacher Reflexe
die Zunahme des Körperbewusstseins

→ Herz & Lunge

→ Knochen, Muskeln, Gelenken

→ einem gesunden Körpergewicht

→ Körperbewusstein & Koordination

→ die Immunabwehr

→ das Herz-Kreislauf-System

→ die Leistungsfähigkeit des Gehirns

In diesem Kapitel erfahren Sie:

- was unter Motorik und motorischer Entwicklung zu verstehen ist
- welche Fähigkeiten sich im Hintergrund ausbilden
- welche Unterschiede es bei der motorischen Entwicklung gibt
- welche Faktoren die Entwicklung beeinflussen
- warum Bewegung für Kinder wichtig ist

4.1 Was ist Motorik?

Kaum ist Nils morgens erwacht, kommt er in Bewegung. Seinen Tag verbringt er mit Springen, Klettern und Rennen. Und damit macht er das, was Kinder im Kindergartenalter selbstverständlich tun: Er übt sich in seinen motorischen Fähigkeiten. Auch wenn wir Erwachsenen angesichts der Rastlosigkeit der Kinder mitunter seufzen: Sie ist wichtig. Sie gehört zur Entwicklung dazu. Auf diese Weise bilden sich die Muskeln und auch das motorische Zentrum im Gehirn aus.

Wie lernt ein Kind laufen? Von Fall zu Fall.

Die motorische Entwicklung schreitet im Kindergartenalter rasant voran: Der zweijährige Max läuft jede Treppenstufe einzeln herunter: Er setzt zuerst den rechten Fuß auf die Stufe und stellt dann den linken daneben. Im Alter von drei Jahren wird er einen Fuß je Stufe aufsetzen und die letzten zwei Stufen beidbeinig hinunterspringen. Mit vier Jahren geht Max die Treppe bereits wie ein Erwachsener hinunter. Er kann auch balancieren und auf Zehenspitzen laufen. Das Aufschließen einer Tür mit einem Schlüssel beherrscht er inzwischen, und er montiert zielsicher eine Schraube mit einer Mutter an einer Holzplatte. Wenn er in die Schule kommt, kann er seinen Namen schreiben. Er holt sich ein Glas Wasser, um mit Wasserfarben zu malen, trägt es sicher durch den Raum. Das Fahrradfahren ist kein Problem für ihn und er hat Spaß am linienförmigen Rückwärtslaufen. Max' Körpermotorik und seine Hand-Fingermotorik haben sich enorm weiterentwickelt.

Körpermotorik

Unter Körpermotorik (auch Grobmotorik) versteht man die Bewegungen, die den ganzen Körper einbeziehen: Gehen, Rennen, Springen, Pferdchengalopp oder Ballwerfen. Kinder lernen zunächst, diese Körperbewegungen zu beherrschen, und werden dabei kontinuierlich zielgerichteter, behutsamer und genauer. Beim Laufen kann man diese fortlaufende Entwicklung gut beobachten: Das Kleinkind setzt unbeholfen einen Fuß vor den anderen, wohingegen das ältere Kind immer sicherer geht und rennt. Der Schritt wird länger, die Geschwindigkeit nimmt zu und die Stabilität erhöht sich. Im Alter von vier Jahren ähneln die Bewegungsabläufe beim Gehen bereits jenen der Erwachsenen. Noch genauer erkennt man die zunehmende Verfeinerung der Bewegungsabläufe beim Rennen. In der Grafik unten ist beim Kleinkind noch keine richtige Flugphase zu erkennen. Die Arme schwingen unterschiedlich mit und das hintere Bein, das sich abstößt, ist leicht angewinkelt. Im Laufe der Entwicklung sind die Veränderungen gut zu beobachten: Es gibt eine eindeutige Flugphase, das hintere Bein ist durchgedrückt, die Arme schwingen koordiniert gegenläufig zu den Beinen mit, die Ellenbögen sind nahezu rechtwinklig.

Entwicklung der Körpermotorik am Beispiel des Laufens

Hand-Fingermotorik/Feinmotorik

Die feineren motorischen Bewegungen werden unter dem Begriff Hand-Fingermotorik zusammengefasst. Dazu gehört auch die Auge-Hand-Koordination, mit der ein Baby lernt, nach Spielzeug zu greifen, während es seine eigenen Hände beobachtet. Ein Kindergartenkind nutzt diese Koordination, um etwas auszumalen oder an einem Strich entlang zu schneiden. Dieses visuelle Feedback erlaubt dem Kind, seine Bewegungen nach und nach zu verfeinern.

Die Hand greift nach dem, was das Auge gesehen hat.
(Afrikanisches Sprichwort)

Gerade die Vorschulphase ist eine wichtige Zeit für die Ausbildung der feinmotorischen Fähigkeiten. Kinder üben sich sehr vielfältig darin: Malen, Schneiden, Schreiben, Bauen, Konstruieren und Auseinandernehmen. Auch in Alltagssituationen finden sich genügend Übungsfelder: Zähneputzen, Schuhe binden oder das Essen mit unterschiedlichem Besteck.

Prüfen Sie Ihr Wissen:

1. Welche zwei Arten von Motorik unterscheidet man und was bedeuten sie?
2. Nennen Sie Beispiele für die Unterschiede in den Bewegungsabläufen bei einem Dreijährigen und einem Fünfjährigen.
3. Was bedeutet Auge-Hand-Koordination?

4.2 Grundlagen der motorischen Entwicklung

Ein Reflex ist eine unwillkürliche, rasche und gleichartige Reaktion eines Organismus auf einen Reiz.

Höhere Gehirnareale im Gegensatz dazu sind für absichtsvolle Handlungen und Gedanken zuständig.

Ein Neugeborenes, dem eine Rassel auf die Handfläche gedrückt wird, umschließt sie mit der Hand. Dieses Greifen ist ein Reflex. Es kann sich nicht dagegen entscheiden. Wenn ein Kindergartenkind eine Rassel mit den Händen hält, so geschieht das mit Absicht. Es kann sich auch entscheiden, die Rassel nicht festzuhalten. Kindergartenkinder sind dem Greifreflex nicht mehr ausgeliefert. Mit dem Älterwerden verlieren sich diese Reflexe und an ihre Stelle treten die absichtsvollen Bewegungen, die von höheren Gehirnarealen gesteuert werden. Dadurch bekommt ein Kind im Kindergartenalter mehr und mehr seinen Körper in den Griff, sodass er genau das tut, was das Kind will.

Die motorische Entwicklung im Kindesalter gründet sich nicht nur auf die Zunahme von absichtsvoll gesteuerten Bewegungen, die einfache motorische Reflexe ablösen, sondern auch auf die Verbesserung des Körperbewusstseins. Bis in das Kindergartenalter hinein erwirbt ein Kind das Bewusstsein darüber, wie groß sein Körper ist und wo sich seine Gliedmaßen befinden – auch wenn es sich nicht anschaut oder auch, wenn es mit den Armen schlenkert. Diese Aspekte des Körperbewusstseins müssen gelernt werden. Doch Wachstumsprozesse erschweren das Lernen zusätzlich: Die Größe und Form des Körpers ändern sich in der Kindheit ständig, sodass die Ausbildung des Körperbewusstseins kaum hinterherkommt. Wenn man einer Vierjährigen die Augen verbindet und sie am Arm berührt, kann sie genau zeigen, wo sie berührt wurde. Eine Dreijährige schafft das noch nicht immer sicher. In einer Puppenwelt mit unterschiedlich großen Türen entscheidet sich eine Vierjährige immer für die Tür mit der richtigen Größe. Dreijährige versuchen sich manchmal durch Türen zu zwängen, durch die sie gar nicht passen können. In beiden Fällen zeigt sich bei den Vierjährigen das besser ausgebildete Körperbewusstsein. Ein

Welche Tür nimmt ein dreijähriges Kind? Rechts passt es nicht hindurch.

gut entwickeltes Körperbewusstsein ist wichtig für absichtsvolle Bewegungen: Wenn ein Kind nicht merkt, wo sein Arm hängt und wie lang er ist, kann es damit leicht irgendwo anstoßen.

Die motorische Entwicklung bis zum Ende des Kindergartenalters wird angetrieben und gestaltet von der Ablösung der einfachen motorischen Reflexe und der Zunahme des Körperbewusstseins. Im Kleinkindalter werden elementare Bewegungsmuster erworben, im Vorschulalter werden sie durch Üben und Wiederholen weiterentwickelt. Die Geschwindigkeit und die Genauigkeit der Bewegungen verbessern sich und die Reaktionszeiten verkürzen sich.

Prüfen Sie Ihr Wissen:

1. Welche zwei Hintergrundprozesse sind für die motorische Entwicklung verantwortlich?
2. Woran bemerkt man das Fortschreiten der motorischen Entwicklung im Allgemeinen?

4.3 Unterschiede in der motorischen Entwicklung

Nicht alle Kinder entwickeln sich gleichmäßig. Es gibt gewaltige Unterschiede in der motorischen Entwicklung bei Gleichaltrigen: Manche Kinder sind stärker und athletischer als andere. Sie rennen schneller oder springen weiter. Andere Kinder haben eine bessere Körperkoordination. Sie können schon zeitiger einen Ball fangen oder ein Rad schlagen. Diese Unterschiede sind normal. Es gibt sie nicht nur im Kindergartenalter, sondern über das gesamte Lebensalter hinweg.

Wenn ein Kind etwas noch nicht kann, was der Nachbarjunge schon seit Monaten tut, ist das allein noch kein Grund zur Sorge.

Grenzsteine

Die letzte Treppenstufe gehört Nils. Die muss er alleine herunterspringen. Kein Festhalten an der Mama. Kein vorsichtiges Herabtasten mit einem Bein. Kein Umklammern des Geländers. Nils springt gekonnt und jeder sieht, dass es ihm Spaß macht. Nicht so Max. Der ist zwar schon zwei Monate älter, aber er springt nicht. «Das macht nichts», sagt seine Oma, «das kommt noch früh genug.» «Bring das Kind zum Arzt!», empfiehlt die Nachbarin. Max' Mutter fragt im Kindergarten nach: Warten oder einen Experten aufsuchen?

Die Erzieherin kennt diese besorgten Fragen. Und sie kennt die Antworten. Der Kindergarten arbeitet mit den «Grenzsteinen der Entwicklung». Max ist noch keine drei Jahre alt. Deshalb muss sich seine

Mutter keine Sorgen machen. Das Frühwarnsystem schlägt dann Alarm, wenn ein Kind etwas noch nicht kann, was schon 90 bis 95 % der Gleichaltrigen können. Falls Max um seinen dritten Geburtstag herum nicht beidbeinig von einer Treppenstufe hüpfen kann und dabei sicher sein Gleichgewicht hält, dann sprechen die Erzieherinnen mit den Eltern. In dem Fall sollte die motorische Entwicklung des Kindes von Experten überprüft werden.

«Seit wir mit diesen Grenzsteinen arbeiten», erklärt die Erzieherin, «können wir die Eltern sicherer beraten. Und meistens können wir ihnen die Sorgen nehmen. Kinder entwickeln sich nun mal unterschiedlich schnell. Diese Grenzsteine entdecken zwar keine Talente, aber geben an, wann Experten aufgesucht werden sollten bzw. wann Eltern beruhigt abwarten können.»

Für den Zeitraum um den dritten Geburtstag herum gibt es neben den Grenzsteinen der Körpermotorik auch die der Hand-Fingermotorik. Auch für die anderen Geburtstage wurden jeweils Grenzsteine definiert:

«Die ‹Grenzsteine der Entwicklung› sind für mich ein Instrument, um Risiken, Fortschritte und Bildungsverläufe von Kindern frühzeitig zu erkennen. Bei uns im Kindergarten nutzen wir sie auch für Entwicklungsgespräche mit Eltern.»
(Renate S., 58 Jahre, Erzieherin seit 1971)

Grenzsteine der Körpermotorik	Grenzsteine der Hand-Fingermotorik
36 Monate (um den dritten Geburtstag herum)	
• Kind hüpft beidbeinig von einer der unteren Treppenstufen mit sicherer Gleichgewichtskontrolle	• Kind blättert Buch- oder Journalseiten einzeln um
• Kind läuft mit deutlichem Armschwung, umsteuert Hindernisse und kann plötzlich anhalten	• Kind kann präzisen Dreifinger-Spitzgriff (Daumen, Zeige- und Mittelfinger) zur Manipulation kleiner Gegenstände benutzen
48 Monate (um den vierten Geburtstag herum)	
• Kind kann Dreirad o. ä. Fahrzeuge zielgerichtet und sicher bewegen, Kind tritt und lenkt gleichzeitig, umfährt gewandt Hindernisse	• Kind hält Mal-/Zeichenstift korrekt mit den Spitzen der ersten drei Finger
• Kind hüpft aus dem Stand mit beiden Beinen gleichzeitig um 30 bis 50 Zentimeter nach vorne, mit stabiler Gleichgewichtskontrolle	• Kind gestaltet und kommentiert Gegenständliches, auch Kopffüßler
60 Monate (um den sechsten Geburtstag herum)	
• Kind begeht Treppen beim Auf- und Absteigen mit Beinwechsel, sicher und freihändig	• Kind kann mit Kinderschere entlang einer geraden Linie schneiden
• Kind kann größere Bälle (Durchmesser etwa 20 Zentimeter) mit Händen, Armen, Körper auffangen, wenn sie aus zwei Meter Entfernung zugeworfen werden	• Kind kann einzelne Buchstaben, Zahlen, Namen mit großen Buchstaben schreiben (auch noch seitenverkehrt). Oder/und: Kind malt und gestaltet gut erkennbare Bilder

Grenzsteine der Entwicklung nach Laewen für die Bereiche Körpermotorik und Hand-Fingermotorik zwischen dem dritten und dem sechsten Geburtstag

Geschlechtsunterschiede

Bei Babys gibt es keine konsistenten Unterschiede zwischen Mädchen und Jungen in der motorischen Entwicklung. Im Kindergarten finden sich die ersten systematischen Unterschiede: Jungen haben mehr Muskeln und können unter anderem auch deshalb schneller rennen, weiter springen und weiter werfen. Mädchen wiederum sind besser in der Hand-Fingermotorik. Sie sind im Durchschnitt (vgl. Box: Gruppenunterschiede, S. 46) flinker beim Schließen von Knöpfen und geschickter beim Basteln. Weil diese Unterschiede bereits ab dem Kindergartenalter bestehen, gibt es für Jungen und Mädchen oft verschiedene Normen für die Entwicklung der Motorik (z. B. im Beobachtungsbogen für drei- bis sechsjährige Kinder).

Normen sind statistische Vergleichswerte, anhand derer Entwicklungsstände abgeschätzt werden.

Welche Faktoren beeinflussen die Ausprägung der Motorik?

Biologie	Elternhaus/Familie	Familienunabhängige Umwelt
• Alter • Geschlecht • Andere genetische Anlagen für z. B. körperliche Konstitution oder Merkmale wie Ängstlichkeit	• (Unter-)Ernährung • Bewegungssozialisation in der Familie (aktiver/passiver Lebensstil)	• Freizeitangebote/Freizeitbeschäftigungen • Bewegungssozialisation in Kindergarten und Freundeskreis

Studien an Zwillingen zeigen, dass Aspekte des Körperbaus, die Begabung für Koordination und die Tendenz, aktiv zu sein (oder nicht), auch vererbt sind. Aber auch Umweltfaktoren sind an der

Ausprägung der Motorik beteiligt. Einen großen, verzögernden Einfluss hat z. B. Unterernährung, die aber mittlerweile selten vorkommt. Ein bedeutsamer Umwelteinfluss für jedes Kind ist der Lebensstil der Familie, z. B. das Ausmaß an Bewegung im Alltag. Aber auch die eigenen Freizeitbeschäftigungen des Kindes beeinflussen die Entwicklung der Motorik. Wer in seiner Freizeit Fußball spielt, auf Bäume klettert oder tanzt, entwickelt seine Körpermotorik. Wer in seiner Freizeit Geige spielt, puzzelt oder Perlenketten auffädelt, entwickelt seine Fingermotorik. Letztendlich speist sich die motorische Entwicklung aus einem Wechselspiel zwischen Genen und Umwelt. Wer schnell rennen kann und «Wurstfinger» hat, dem macht Fußballspielen Spaß, der vermeidet aber frustrierendes Perlenauffädeln. Durch das Nutzen vorwiegend körpermotorischer Übungsgelegenheiten wie Fußballspielen und die Vernachlässigung von Übungsgelegenheiten für die Hand-Fingermotorik wie Perlenauffädeln würde sich ein Kind körpermotorisch eher schnell weiterentwickeln, feinmotorisch aber eher langsam.

Prüfen Sie Ihr Wissen:

1. Was würden Sie tun, wenn eine besorgte Mutter Sie fragt, ob es normal ist, dass ihr Kind dieses oder jenes noch nicht kann?
2. Welche Faktoren beeinflussen die motorische Entwicklung? Nennen Sie mindestens drei und erläutern Sie deren Einfluss auf die Entwicklung.
3. Was ist der Unterschied zwischen einem Grenzstein und einer Norm?

4.4 Bewegung ist wichtig

Kinder haben von Natur aus viel Energie. Sie können kaum still sitzen und sind sehr aktiv. Muss man deshalb gar nicht darauf achten, ob und in welchem Ausmaß Kinder sich bewegen? Heutzutage schon. Gegenwärtig verbringen die Kinder immer weniger Zeit in Bewegung. Sie laufen nicht zum Kindergarten, sondern werden gefahren. Sie rennen nicht am Wochenende in Parks oder Wäldern umher, sondern sitzen immer häufiger vor Fernsehern, Computern oder Handys. Die WHO empfiehlt für Kinder ab fünf Jahren eine tägliche Bewegungszeit von insgesamt 60 Minuten. Diese Bewegungszeit muss nicht über Turnübungen oder Sportstunden abgedeckt werden. Bewegung steckt auch in Bewegungsspielen oder im Alltag: Der Weg zum Kindergarten wird zu Fuß gegangen, statt dem Fahrstuhl wird die Treppe genommen, die Familie geht spazieren. Diese 60 Minuten tägliche Bewegung, bei der die Kinder

Sorge dich gut um deinen Körper. Es ist der einzige Ort, den du zum Leben hast.
(Jim Rohn, Unternehmer)

auch mal «aus der Puste kommen» dürfen, sind wichtig für eine gesunde Entwicklung. Sie fördern die Entwicklung (1) von Knochen, Muskeln und Gelenken, (2) von Herz und Lunge, (3) von Körperbewusstsein und Koordination sowie (4) ein gesundes Körpergewicht.

Bewegung im Allgemeinen stärkt das Herz-Kreislaufsystem und die Immunabwehr. Und genauso wichtig: Körperliche Bewegung fördert den Aufbau und die Leistungsfähigkeit des Gehirns.

Nervenzellen werden im Gehirn immer wieder neu gebildet. Manche von ihnen überleben, andere sterben bald ab. Durch körperliches Training (z. B. Sport) werden mehr neue Nervenzellen gebildet. Durch kognitives Training überleben mehr. Die Kombination beider Trainingsarten führt dazu, dass neue Nervenzellen gebildet werden und auch überleben – genau in jener Gehirnstruktur, die am Lernen maßgeblich beteiligt ist.

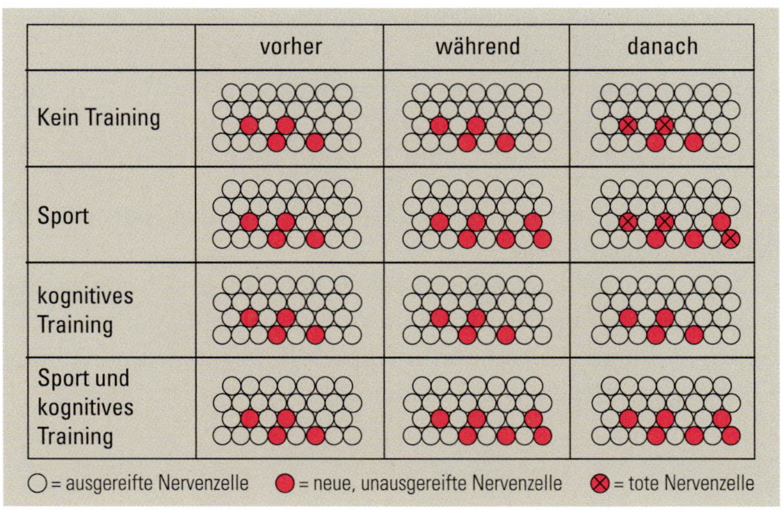

Neubildung und Überleben von Nervenzellen in Abhängigkeit von körperlichem und geistigem Training

Prüfen Sie Ihr Wissen:

1. Welche Art und wie viel Bewegung empfiehlt die WHO für Kinder ab fünf Jahren?
2. Für welche Entwicklungsbereiche ist Bewegung wichtig? Nennen Sie mindestens drei.

Vertiefung und Transfer

1. Studien haben herausgefunden, dass Affenkinder unterschiedliche Neigungen zu Spielzeug haben: Männliche Äffchen spielen z. B. lieber mit einem Ball, weibliche Äffchen lieber mit Püppchen. Diskutieren Sie die Entwicklung motorischer Fähigkeiten vor dem Hintergrund solcher Unterschiede.
2. Es wird anekdotisch immer wieder davon berichtet, dass Kinder heutzutage im Vergleich zu früher geringere motorische Fähigkeiten besitzen. Woran könnte das liegen?
3. Entwickeln Sie zwei Vorschläge, mit denen die motorische Entwicklung von Kindergartenkindern in einer Tagesstätte, die Sie kennen, unterstützt werden könnte.
4. Beschreiben Sie ein beliebtes Kinderspiel und erläutern Sie, wie es die Entwicklung der Körpermotorik fördert. Tun Sie dasselbe für ein Spiel zur Förderung der Hand-Fingermotorik.

Weiterführende Literatur & Links

Grenzsteine der Entwicklung

- Sonderdruck «Grenzsteine der Entwicklung» mit Fragen und Antworten zum Instrument von Hans-Joachim Laewen, bereitgestellt vom Land Brandenburg: http://www.mbjs.brandenburg.de/media_fast/4113/Sonderdruck_Grenzsteine.pdf
- Elterninformation zu den Grenzsteinen der Entwicklung vom Land Brandenburg: http://www.mbjs.brandenburg.de/media/lbm1.c.327022.de

FoSS Forschungszentrum für den Schulsport und den Sport von Kindern und Jugendlichen

- Das Karlsruher Forschungszentrum beschäftigt sich mit praxisnaher Forschungsarbeit zu Bewegung, Spiel und Sport von Kindern und Jugendlichen und entwickelt Bewegungs- und Lehrangebote: http://www.sport.kit.edu/foss/

Bös, K., & Ulmer, J. (2003). Motorische Entwicklung im Kindesalter. *Monatsschrift Kinderheilkunde*, 151(1), 14–21.

- Fachartikel mit Theorien für die motorische Entwicklung und typischen motorischen Entwicklungsverläufen für das Kindergartenalter und vor allem darüber hinaus.

Gallahue, D. L. & Donnelly, F. C. (2003). *Developmental Physical Education for All Children (4th ed.).* Champaign, Il, USA: Human Kinetics.

- Schade, dass es dieses Buch nicht auf Deutsch gibt: geschrieben für Pädagogen, die Bewegung oder Sport in den Kindergarten und vor allem in die Schulen bringen wollen.
- Sehr anschaulich, sehr praktisch: macht Lust auf Bewegung und Sport mit Kindern.

Ratey, J. & Hagerman, E. (2009). *Superfaktor Bewegung.* Freiburg: VAK-Verlag.

- Durch Joggen wird man fit. Das ist klar. Aber dieses Buch erweitert die Sicht noch, indem der Zusammenhang von Bewegung einerseits sowie Wohlbefinden und geistiger Leistungsfähigkeit andererseits dargestellt wird.
- Und es vertieft diese Sicht, indem die zugrundeliegenden Mechanismen im Gehirn und Nervensystem, von Stoffwechsel, Gesundheit, Veränderung und Umgang mit Stress erläutert werden.
- Das Buch für den interessierten Laien motiviert nicht nur dazu, sich mehr zu bewegen, es liefert auch leicht verständliche Hintergrundinformationen dazu, warum das gut ist.

World Health Organization. (2010). *Global recommendations on physical activity for health: World Health Organization.*

- Englisches Informationsblatt mit Empfehlungen der Weltgesundheitsorganisation zur körperlichen Aktivität von Kindern und Jugendlichen:
  http://www.who.int/dietphysicalactivity/physical-activity-recommendations-5-17years.pdf
- Kann auch auf Französisch, Spanisch, Russisch und Chinesisch heruntergeladen werden.

5

Sprachliche Entwicklung

In den Jahren meiner Kindheit war ein Schlager mit einer Zeile aktuell, die sich für mich so anhörte:
«Oh Schmidtchen Schleicher mit dem Elas-Tisch und Beinen; wie der gefährlich in den Knien federn kann.»
Ich stellte mir einen Herrn Schmidt vor, der einen wackligen Tisch mit Knien hat, die auch noch hin und her wedeln. Ein Elas-Tisch musste wohl ein besonders formfähiger und dynamischer Tisch sein, der sonderbare Dinge konnte. Er war wohl auch nicht ungefährlich, denn in dem Lied geht es weiter, dass die Frauen sich fürchten und anfangen zu weinen …
Den sprachlichen Kosmos erobern wir uns, indem wir zunächst Unverständliches in für uns sinnvolle Begriffe fassen – mit all der kindlichen Fantasie und auf Basis bestehender Spracherfahrungen.
Und so werden aus Mokassins «Mokka-Jeans», aus dem Erzbischof der «Erdbeerschorsch», der Papa arbeitet statt in der Beratungsstelle in einer «Piratenstelle» und aus den Wiesen steiget nicht «der weiße Nebel wunderbar» sondern der «Weiße Neger Wumbaba».

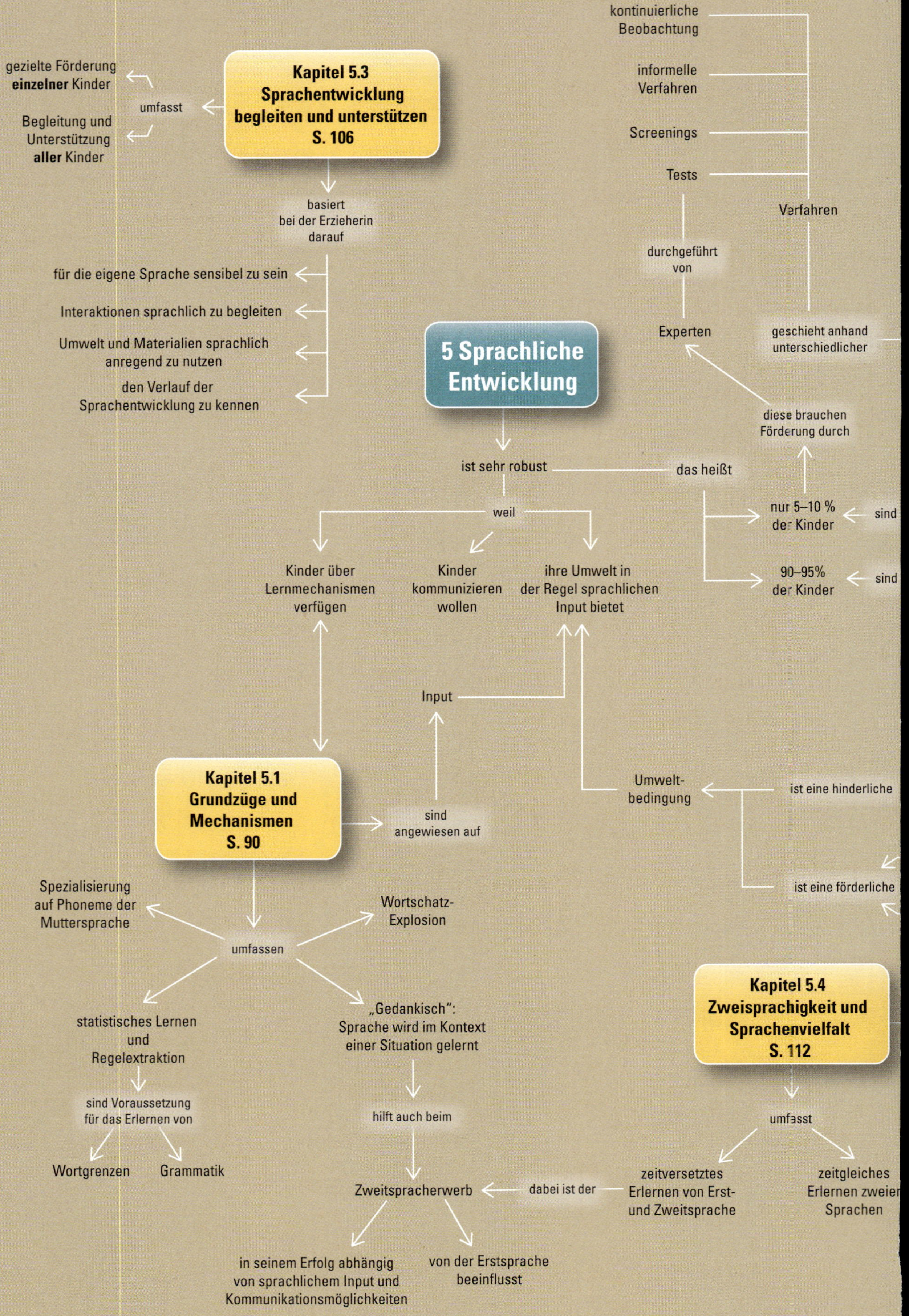
kontinuierliche Beobachtung
informelle Verfahren
Screenings
Tests
Verfahren
durchgeführt von
Experten
geschieht anhand unterschiedlicher
Kapitel 5.3 Sprachentwicklung begleiten und unterstützen S. 106
umfasst
gezielte Förderung **einzelner** Kinder
Begleitung und Unterstützung **aller** Kinder
basiert bei der Erzieherin darauf
für die eigene Sprache sensibel zu sein
Interaktionen sprachlich zu begleiten
Umwelt und Materialien sprachlich anregend zu nutzen
den Verlauf der Sprachentwicklung zu kennen
5 Sprachliche Entwicklung
ist sehr robust
das heißt
diese brauchen Förderung durch
nur 5–10 % der Kinder
sind
90–95% der Kinder
sind
weil
Kinder über Lernmechanismen verfügen
Kinder kommunizieren wollen
ihre Umwelt in der Regel sprachlichen Input bietet
Input
Umwelt-bedingung
ist eine hinderliche
ist eine förderliche
Kapitel 5.1 Grundzüge und Mechanismen S. 90
sind angewiesen auf
umfassen
Spezialisierung auf Phoneme der Muttersprache
Wortschatz-Explosion
statistisches Lernen und Regelextraktion
„Gedankisch“: Sprache wird im Kontext einer Situation gelernt
sind Voraussetzung für das Erlernen von
Wortgrenzen
Grammatik
hilft auch beim
Zweitspracherwerb
dabei ist der
in seinem Erfolg abhängig von sprachlichem Input und Kommunikationsmöglichkeiten
von der Erstsprache beeinflusst
Kapitel 5.4 Zweisprachigkeit und Sprachenvielfalt S. 112
umfasst
zeitversetztes Erlernen von Erst- und Zweitsprache
zeitgleiches Erlernen zweier Sprachen

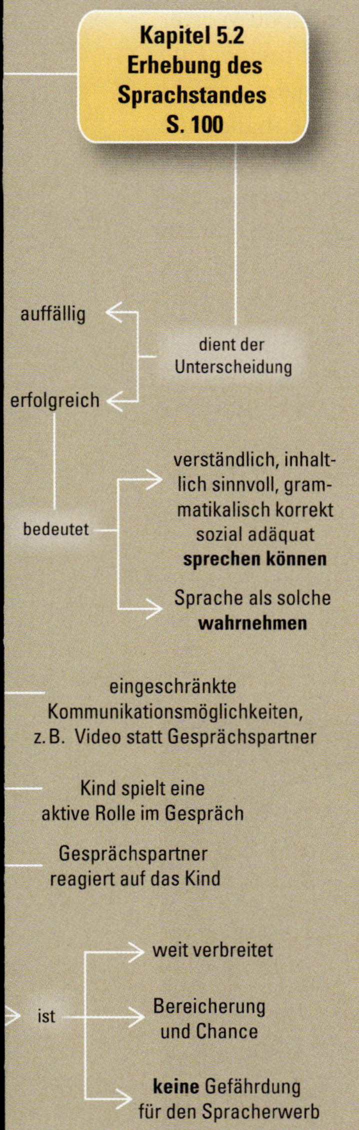

In diesem Kapitel erfahren Sie:

- welche Grundzüge und Mechanismen dem Spracherwerb zugrunde liegen
- wie man den Sprachstand erheben kann
- was es heißt, die Sprachentwicklung zu begleiten und zu unterstützen
- was es mit der Zweisprachigkeit auf sich hat

5.1 Grundzüge und Mechanismen der Sprachentwicklung

Die Sprache ist der Schlüssel zur Welt. *(Wilhelm von Humboldt, Gelehrter)*

Wer ein Kind beim Aufwachsen begleitet, staunt immer wieder über rasante Fortschritte in vielen Bereichen. Aber in der Zeit bis zum Schulanfang ist keine andere Entwicklung so imposant wie die Sprachentwicklung. Maries erstes richtiges Wort (wenn man das Plappern wie «mamama» oder «bababa» nicht zählt) ist «Ahnis» um ihren ersten Geburtstag herum. Es steht für den älteren Bruder Hannes. Mit zwei Jahren spricht Marie schon 220 Wörter und bildet einfache Sätze wie: «Da Tiere!», «Da paar grüne.», «Haben Mund aufgemacht.» Mit drei Jahren beherrscht Marie schon 1.000 Wörter und formt damit komplexere Sätze wie: «Ja, du darfst meine Tüte voller Murmeln kriegen.» Im letzten Kindergartenjahr spricht Marie in komplizierten Sätzen und erzählt zusammenhängende Geschichten: «Da gibt es so eine Puppenecke. Und da ist eine rote und gelbe Puppenwohnung. Und bei der gelben Puppenwohnung, genau gegenüber, da gibt es auch einen Gang. Da kann man einfach eine Puppe holen.», «Wir sind noch nicht in der Schule. Aber ich, nein ich bin noch nicht in der Schule, aber ich bin ein Vorschulkind. Nächstes Jahr komme ich in die Schule.» Im Alter von sechs Jahren kennt und versteht Marie 11.500 Wörter und benutzt davon 4.000. Von der Geburt bis zu ihrem sechsten Geburtstag hat Marie im Durchschnitt mehr als fünf neue Wörter pro Tag gelernt. Ihre implizit erworbenen Grammatikkenntnisse lassen sie gewandt konjugieren («es gibt …», «wir sind …», «ich bin …») und deklinieren («eine gelbe Puppenwohnung», «bei der gelben Puppenwohnung»; «bin noch nicht in der Schule», «komme ich in die Schule»), selbst wenn sie noch gar nicht weiß, was die Beugung von Verben oder Substantiven ist.

Implizit erworben: nebenbei, unbeabsichtigt erworben

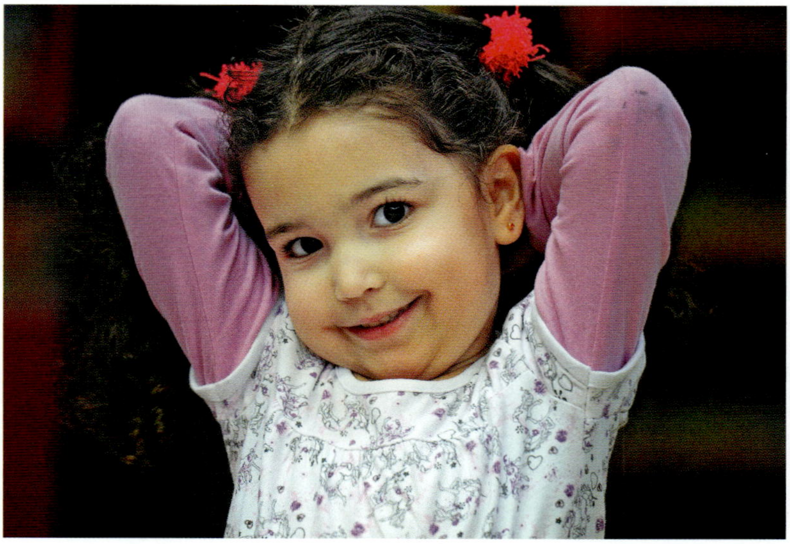

Wie hat Marie das nur geschafft? Wie vollbringen Marie und alle anderen Kinder im Kindergarten dieses «Wunder des Spracherwerbs»?

Man könnte meinen, dass Kinder ihre Muttersprache erlernen, indem sie das, was die Mutter sagt, nachplappern. Doch beim genaueren Hinhören merkt man, das kann nicht stimmen. Kein Erwachsener sagt: «Aufgeesst!» oder «Wau-wau» und zeigt dabei auf ein Pferd. Nachplappern kann solche Sprachäußerungen nicht erklären. Vielmehr sind diese Äußerungen typische Fälle von «richtige Regel – falsch angewandt». Hier wird deutlich: Kinder destillieren Regeln aus der Sprache, die sie hören. Und sie lernen diese Regeln zunehmend richtig anzuwenden. Aber Sprachentwicklung beginnt nicht erst beim Übergang zwischen Kinderkrippe und Kindergarten oder mit «aufgeesst», sondern viel früher. Deshalb soll hier auch die frühe Sprachentwicklung – allerdings grob umrissen – betrachtet werden.

Babys können Dinge, die ihre Eltern nicht können: Babys hören die Unterschiede zwischen Lauten, die sich für ihre Eltern gleich anhören. Sie besitzen ein feineres Unterscheidungsvermögen für fremde Sprachlaute. Amerikanische Babys können z. B. «u» unterscheiden von «ü», einem Laut, den es im Englischen gar nicht gibt. Deutsche Babys können genau hören, dass ihre Eltern am englischen «th» scheitern. Japanische Babys können «la» und «ra» unterscheiden, etwas was für erwachsene Japaner nahezu unmöglich scheint. Für diese klingen «l» und «r» nämlich gleich. Augenzwinkernd hat ein asiatisches Restaurant in Süddeutschland so seinen Namen «Bistro Flühlingslolle» bekommen.

Im Alter von sechs Monaten beginnen die Babys jedoch das Unterscheidungsvermögen für die überflüssigen (weil in ihrer Sprache nicht gebrauchten) Sprachlaute zu verlieren. Für japanische Babys wird es schwerer, zwischen «ra» und «la» zu unterscheiden, weil ihre Muttersprache kein «l» kennt. Ein und dasselbe Phonem fasst «r» und «l» zusammen. Mit zehn Monaten unterscheiden die Babys dann nur noch die Sprachlaute, die ihre Muttersprache auch unterscheidet. Dann sind aus den Alleskönnern Spezialisten geworden – Spezialisten für genau die Phoneme ihrer Muttersprache.

Ein Phonem ist die kleinste bedeutungsunterscheidende Einheit der gesprochenen Sprache.

Mit ein paar Phonemen kann bereits eine große Anzahl Wörter gebildet werden. Doch ein paar Phoneme bewirken noch kein Wunder des Spracherwerbs. Eines der Rätsel in der Erforschung des Spracherwerbs war die Frage, wie Kleinkinder herausfinden, wann ein Wort beginnt und wann es zu Ende ist. An das Ohr dringt doch lediglich ein einzelner langer Strom von aneinandergereihten Phonemen. SCHMIDTCHENSCHLEICHERMITDENELASTISCHEN BEINEN. Pausen helfen dabei nicht. Die Pausen zwischen Wörtern sind nicht länger als die innerhalb der Wörter. Aber Kleinkinder finden die Wortgrenzen dennoch: Weil sie gute Statistiker sind. In einer Untersuchung wurde acht Monate alten Babys ein ununterbrochener Lautstrom künstlicher Sprache vorgespielt: PABIKUTIBUDOGOLATUDAROPITIBUDODAROPIPABIKUGOLATUDAROPITIBUDOGOLATUPABIKUDAROPITIBUDOPABIKU. Zwei Minuten lang. Das reichte für die Babys, um die Kunstworte dieser Kunstsprache zu «entdecken». Die vier Kunstworte Pabiku,

Es ist verständlich, dass meine Kollegin Elas-Tisch statt elastisch gehört hat, als Nico Haak seinen Songtext nuschelte. Das Wort «Tisch» kommt in der deutschen Sprache 128-mal häufiger vor als «elastisch».
Mokka ist immerhin viermal häufiger anzutreffen als Mokassins.

Ein Dreijähriger ist mit seinen Eltern ausgewandert. Sie unterhalten sich, was wohl Schrank auf Englisch heißt. «Bestimmt Schränk!» meint der Kleine. Die Regel ist klar: Hand – händ, Bank – bänk, Schrank – schränk.

Tibudo, Golatu und Daropi wurden über die statistischen Eigenschaften dieses Lautstroms entdeckt. Wie das? Nach der Silbe «PA» folgte immer die Silbe «BI». PABI gehört also zusammen. Nach der Silbe «BI» folgte immer die Silbe «KU». PABIKU gehört also zusammen. Nach der Silbe «KU» folgte aber nicht immer dieselbe Silbe, sondern immer verschiedene Silben: «TI» oder «GO» oder «DA». PABIKU gehört also zusammen, aber danach ist Schluss. Danach beginnt wieder ein neues Wort: Nach der Silbe «TI» folgte immer die Silbe «BU»... Auf diese Weise lernen die Babys über die statistischen Eigenschaften des Lautstroms die Wortgrenzen. Sie entdecken die Struktur der Sprache und die Anfänge der Grammatik.

Ein Vater mit seinem kleinen Sohn an der Hand wird von einem Ausländer angesprochen. Doch er versteht nicht, was der von ihm will. Man trennt sich frustriert. Im Weggehen fragt der kleine Sohn, warum der Vater dem Fremden nicht sagen wollte, wie spät es ist. Der Sohn hat die Situation «gelesen».

Kleine Kinder sind nicht nur gute Statistiker, sie sind auch gute Gedankenleser. Das müssen sie auch sein. Denn um Sprache zu lernen, genügt es nicht, Sprachlaute zu hören. Ein Kind muss auch herausfinden, was der Sprecher mit dem Gesagten meinen könnte. Als Gedankenleser versucht sich das Kind ständig in die Gesprächspartner hineinzudenken. Es versucht zu erraten, was gemeint sein könnte, wenn jemand etwas Bedeutsames äußert. Ein Beispiel: Der Vater hängt Bilder auf. Zweimal geht es gut. Beim dritten Nagel für das dritte Bild landet der Hammer auf dem Daumen. «Mist», krümmt sich der Vater vor Schmerz. Das kleine Kind lernt: Das Wort steht für «etwas ist schief gegangen». Schon kleine Kinder können Situationen und die Absichten der Akteure «lesen». Sie bringen die Situation in Verbindung mit den Sprachäußerungen, die sie begleiten. Gegeben ist das Modell. Gegeben sind die Äußerungen. Gesucht ist die Verbindung zwischen beidem.
Eine Situation selbst gibt normalerweise viele Hinweise, wie sie zu interpretieren ist. Wie wichtig der Kontext einer sprachlichen Äußerung für die Kleinkinder ist, zeigt sich, wenn eine Aussage im Gegensatz zu einem Kontext steht: Schimpft man mit Kleinkindern, jedoch in einem warmen Ton, bleiben sie freundlich. Werden ihnen Komplimente gemacht, jedoch mit barscher Stimme, reagieren sie verängstigt.
Kleine Kinder erwerben ihre Sprache quasi, indem sie von «Gedankisch» in ihre jeweilige Muttersprache übersetzen. Dafür nutzen sie die Hinweise der Situation. Im Gegensatz dazu stützt sich das Fremdsprachenlernen in der Schule oft auf die Übersetzung nicht von «Gedankisch», sondern von der Muttersprache in die Zweitsprache.

Kinder erwerben ihre Sprache quasi, indem sie von «Gedankisch» in ihre jeweilige Muttersprache übersetzen.

Die Sprachentwicklung wird mit mindestens einer Explosion in Verbindung gebracht: mit der Wortexplosion, auch Vokabelspurt genannt. Explosion heißen diese Phasen übrigens nicht, weil etwas auseinanderfliegt, sondern weil in kürzester Zeit erstaunlich viel gelernt wird. Der Vokabelspurt findet im Alter von anderthalb Jahren statt. Das Vokabelwachstum schnellt auf ein Allzeithoch von durchschnittlich «ein-neues-Wort-alle-zwei-Stunden-mindestens». Möglicherweise geht diesem Vokabelspurt die kindliche Erkenntnis voraus, dass alle Dinge Namen haben (vgl. Box: Vom Geheimnis der Sprache).

«Seit gestern kommen bei Leon (20 Monate) die Wörter nur so rausgeschossen ...: Auto, Bär, haben, trinken und noch viel mehr. Erst gar nichts und auf einmal so viel.» *(Aus einem Baby- und Elternforum im Internet)*

Vom Geheimnis der Sprache: Helen Keller lernt, dass jedes Ding einen Namen hat

Für Mark Twain gehörte Napoleon zu den zwei interessantesten Personen des 19. Jahrhunderts. Die andere war Helen Keller.

Helen Keller? Helen Keller hat Bücher geschrieben. Das ist an sich noch nichts Besonderes. Aber sie tat es, obwohl die Amerikanerin seit ihrer Kindheit weder sehen noch hören konnte. Eine Gehirnentzündung im Alter von 20 Monaten hat Helen Keller gehörlos werden lassen. Der Prozess ihres Spracherwerbs kam zum Erliegen. Fünf Jahre später bekam sie eine Hauslehrerin. Helen Kellers Spracherwerb begann von neuem. Und weil sie damals schon sieben war, kann sie sich auch gut daran erinnern und uns Dinge mitteilen, die Kleinkinder vielleicht erleben, aber nicht berichten können.

Auch ihre Lehrerin dokumentierte die wichtigsten Ereignisse. Sie kommunizierte mit Helen Keller durch auf die Hand gestrichene Buchstaben: «Als ich sie heute früh wusch, wünschte sie das Wort für

Wasser zu erfahren und ich buchstabierte ihr w-a-t-e-r in die Hand und dachte ... nicht mehr daran.» «Wir gingen zur Pumpe, wo ich Helen ihren Becher unter die Öffnung halten ließ, während ich pumpte. Als das kalte Wasser hervorschoss und den Becher füllte, buchstabierte ich ihr w-a-t-e-r in die freie Hand. Das Wort ... schien sie stutzig zu machen.»

Helen Keller selbst beschrieb diesen Moment wie folgt: «Es pumpte jemand Wasser, und meine Lehrerin hielt mir die Hand unter das Rohr. Während der kühle Strom über meine Hände sprudelte, buchstabierte sie mir in die andere Hand das Word water, zuerst langsam, dann schnell. Ich stand still, mit gespannter Aufmerksamkeit die Bewegung ihrer Finder verfolgend. Mit einem Male durchzuckte mich eine nebelhafte, verschwommene Erinnerung, ein Blitz des zurückkehrenden Denkens, und das Geheimnis der Sprache lag plötzlich offen vor mir.»

Die Lehrerin fasst zusammen: «Helen ... hat gelernt, dass jedes Ding einen Namen hat und dass das Fingeralphabet der Schlüssel zu allem ist, was sie zu wissen verlangt.»

Eine weitere Entwicklung, die manchmal als Explosion bezeichnet wird, betrifft die Grammatik. Innerhalb weniger Monate im dritten Lebensjahr lernen Kinder fast blitzartig, grammatikalisch korrekte Sätze zu sprechen. Dabei beachten sie sogar die Feinheiten der jeweiligen Muttersprache. Die Kinder haben das Regelwerk der wiederkehrenden Muster ihrer Muttersprache bestens gelernt – ganz ohne Pauken und Büffeln.

Hier das Beispiel eines Jungen:

2;2: «Oma Opa kommen – ich Auto vorne sitzen.»
«Ich Kindergarten gehen – allein, Mama arbeiten.»

2;3: «Ich habe aufgeesst.»

2;4: «Ich möchte Kokolade.»
«Ich groß bin, Müllauto fahren mit Helm.»

2;5: «Im Juli hab ich Turtstag, dann feiern wir ganz dolle.»

2;6: «Wenn ich groß bin, gehe ich Fahrschule und dann lerne Bagger fahren und dann mache ich Bagger an und fahre zur Baustelle und arbeite.»

Was muss ein Kind können, um		zu sprechen?	
Was muss ein Kind können, um	Sprache als solche wahrzunehmen?		Fähigkeiten der frühen Sprachwahrnehmung • Unterschiede zwischen einzelnen Lauten wahrnehmen • Sprachstrom in einzelne Einheiten zerlegen, um z. B. Wortgrenzen zu finden • Wortarten, z. B. Nomen und Verben, in ihrem Gebrauch unterscheiden
	verständlich	zu sprechen?	Phonetische und phonologische Fähigkeiten • «Babbeln» («mamama», «dadadada») zum Testen der Sprachproduktion • Erwerb der Prosodie (z. B. Betonung, Satzmelodie, Akzent), die für die Muttersprache spezifisch ist • Produktion von Wörtern in kindlicher Form («Kokolade» für Schokolade, «Ahnis» für Hannes)
	inhaltlich sinnvoll		Lexikalische und semantische Fähigkeiten (Wortschatz/«Lexikon») • Wortverständnis: das Konzept hinter einem Wort kennen • Wortproduktion: das Wort für das, was ausgedrückt werden soll, sprechen können
	grammatikalisch korrekt		Morphologische und syntaktische Fähigkeiten (Grammatik) • Wortbildungen durch Ableitung (Hund => Hündchen; Geige => geigen) • Bildung der Mehrzahl (Tier => Tiere; Murmel => Murmeln) • Deklination («eine gelbe Puppenwohnung» – «bei der gelben Puppenwohnung») • Konjugation oder Verbflexion («ich bin – du bist – wir sind») • Zeitformen bilden («Das schneiden wir auseinander.», «Ich hab schon was abgeschnitten.») • Verbzweitstellung einhalten («Ich möchte Kokolade.» statt «Ich Kindergarten gehen.») • Komplexe Satzstrukturen bilden («bei der gelben Puppenwohnung, genau gegenüber, da gibt es auch einen Gang »)
	sozial adäquat		Pragmatische (kommunikative) Fähigkeiten • Das Wissen des Kommunikationspartners berücksichtigen können • dialogkompetenz: Sprecher- und Hörerrolle abwechselnd einnehmen • Erzählkompetenz: z. B. logische Abfolge der Handlungsschritte einhalten, Wichtiges wird deutlich, Ziele und Motive der Handelnden werden klar • Versprechen, Lügen und Ironie erkennen und selbst anwenden

Die Ebenen der Sprache: Welche Fähigkeiten erwirbt ein Kind im Laufe der Sprachentwicklung, um verständlich, inhaltlich sinnvoll, grammatikalisch korrekt und sozial adäquat zu kommunizieren?

Sprache und Umwelt

Kinder sind von der Natur mit Lernmechanismen ausgerüstet, die ihnen im Kontakt mit gesprochener Sprache den Spracherwerb ermöglichen. Hinzu kommt ein nahezu unstillbarer Drang zu kommunizieren: Kinder möchten verstehen und sich mitteilen und erwerben dafür ihre Muttersprache. Man kann ein Kind kaum daran hindern, eine Sprache zu erlernen.

Spracherwerb ist robust. Er stellt wenige Anforderungen an die Umwelt. Sprache entwickelt sich in jedem Kind – außer in den extrem Zurückgebliebenen oder den stark Hirngeschädigten. Sprache entwickelt sich unter den verschiedensten Umweltbedingungen. Mit vier oder fünf Jahren beherrschen die Kinder ihre Muttersprache auf einem hohen Sprachniveau. Egal ob Deutsch oder Türkisch, Englisch oder Chinesisch ihre Muttersprache ist. Egal ob die Kinder klug sind oder weniger klug. Egal ob ihre Mütter nett und fürsorglich oder abweisend und schweigsam sind. Egal ob ihre Eltern Professoren sind oder keinen Schulabschluss haben. Die komplexe Angelegenheit des Spracherwerbs wird für gewöhnlich erfolgreich bewältigt – fast so, als folge sie einem Naturgesetz.

Ein erfolgreich bewältigter Spracherwerb bedeutet keinesfalls, dass ein besonders feines Hochdeutsch gesprochen, ein besonders reicher Wortschatz verwandt und sich besonders ausgefeilter Grammatik bedient wird. Der Spracherwerb ist bewältigt, wenn ein Kind die allgemeine Fähigkeit erlangt hat, Sprache wahrzunehmen und zu verstehen, sie aber auch zu produzieren und dadurch zu kommunizieren (siehe Tab. S. 95: Die Ebenen der Sprache). Bis zum dritten Geburtstag ist die Entwicklung in den meisten sprachlichen Bereichen bereits im Gange – jedoch noch lange nicht abgeschlossen.

Erfolgreicher Spracherwerb gelingt unter den verschiedensten Umweltbedingungen. Damit hat die Umwelt, sofern sie einigermaßen normale Umstände aufweist, keinerlei Einfluss darauf, *ob* ein Kind eine Sprache lernt oder nicht. Jedoch determiniert sie, *welche* Sprache ein Kind lernt. Ein Kind kann keine Wörter lernen, die es niemals hört. Es wird die Wörter lernen, die es hört – auch wenn wir das bei manchen eher nicht wollen. Kinder lernen von den Erwachsenen, aber auch von den Spielkameraden. Wenn die Spielkameraden deutsche Muttersprachler sind, wird ein Kind von ihnen lernen, akzentfrei Deutsch zu sprechen, auch wenn die Eltern das nicht können.

Man kann Kinder kaum daran hindern, eine Sprache zu erlernen. Auch wenn sie von gesprochener Sprache abgeschnitten sind (wie z. B. Gehörlose), verständigen sie sich mit Gesten und erlernen für die Kommunikation Gebärdensprachen, die so komplex und reich wie Lautsprachen sind.

Man kann Kinder kaum daran hindern, eine Sprache zu erlernen, selbst wenn ihre Eltern (wie in manchen Kulturen) nicht mit ihnen reden, bis sie mindestens zwei Jahre alt sind. («Worüber wollte man sich denn auch mit Zweijährigen unterhalten?») Ältere Kinder genügen als Kommunikationspartner für den Spracherwerb. Wahrscheinlich sind sie sogar die bevorzugten Sprachvorbilder: Kinder, die mit ihren Eltern auswandern, übernehmen nicht den Akzent der Eltern, sondern orientieren sich an der Sprache ihrer Spielkameraden.

Selbst wenn Kinder in einer Schar von bunt zusammengewürfelten Muttersprachlern aufwachsen, die sich untereinander kaum verständigen können, entwickeln sie zusammen mit den anderen Kindern ihre eigene vollwertige Sprache.

Man kann Kinder kaum daran hindern, eine Sprache zu erlernen, es sei denn, man nimmt ihnen die Möglichkeit der Kommunikation. Das ist bei sogenannten Wolfskindern der Fall. Als Wolfskinder bezeichnet man Kinder, die in jungen Jahren isoliert von anderen Menschen aufwuchsen. Ob und wie gut sie noch eine Sprache erlernen konnten, ist von ihrem Alter während der Isolation abhängig.

Genie war 13, als ihr Schicksal 1970 öffentlich wurde. Sie lebte bis dahin in eine Kammer gesperrt und nahezu ohne menschlichen Kontakt. Gab sie Laute von sich, wurde sie geschlagen. Sprachforscher halfen ihr, einzelne Worte zu lernen. Aber ihre Äußerungen gelangten über Ketten von drei Wörtern kaum hinaus.

Die Möglichkeit zur Kommunikation kann allerdings auch schon durch weniger kontextuelle Anhaltspunkte eingeschränkt werden. Das ist z. B. in Situationen der Fall, die zwar gesprochene Sprache enthalten, das Kind ihr jedoch nur schwer Bedeutung zuordnen kann. Das kindliche Gedankenlesen versagt, wenn eine Situation zu wenige Hinweise auf ihre Interpretation gibt. So konnte in einer Studie gezeigt werden, dass amerikanische Babys im Alter von fast einem Jahr chinesische Laute lernen konnten, aber nur dann, wenn die Chinesin direkt zu ihnen sprach und damit ihre Aufmerksamkeit fesseln konnte. Das Video mit der Chinesin oder eine Tonspur alleine führte nicht zum Lernen. Es gab keinen Unterschied zu den Babys, die diese Laute nie gehört hatten.

«In den USA wurde tauben Eltern hörender Kinder empfohlen, ihre Kinder viel fernsehen zu lassen. In keinem Fall lernten die Kinder Englisch.» *(Steven Pinker)*

Eine Studie an Kleinkindern zwischen einem und anderthalb Jahren untersuchte, wie viel Sprache sie von einer weit verkauften Baby-DVD lernten. Die Ergebnisse waren ernüchternd. Die DVD führte nicht zu einem besseren Spracherwerb.

Eine Studie amerikanischer Kinderärzte zeigte sogar, dass sich der Medienkonsum von Kindern im Alter von zwei Monaten bis zwei Jahren schädlich auswirkt. Er verzögert die Sprachentwicklung.

Fazit: Ein Kind lernt besser und schneller, wenn es eine aktive Rolle im Gespräch spielen kann und wenn die Person, mit der es spricht, auf das Kind reagiert.

Das Kind spricht mit sich selbst?

Selbstgespräche bei Kindern sind nicht nur normal, sie sind sogar gut. Der russische Psychologe Wygotski (1896–1934) hat angenommen, dass Kinder sich durch Selbstgespräche selber steuern. Mit Selbstgesprächen erinnern sich kleine Kinder z. B. selbst daran, was sie gerade tun wollen. Das hilft ihnen dabei, sich zu fokussieren, Störreize auszublenden und Handlungen zu dirigieren (vgl. Kap. 2, Exekutive Funktionen). Die Handlungen werden quasi durch die Selbstgespräche unter die Kontrolle der Gedanken gezwungen.

Jannis (2;4): «Feuerwehrauto wartet ... Feuermann kommt ... tap, tap, tap ... Treppe hoch, Tür aufmacht, einsteigt ... fahren ... tüta, tatüta ... Fahrer aussteigt ... Leiter ... tap, tap, tap, tap ... Leiter hoch und runter ... tap, tap, tap ... Arbeit fertig ... tap, tap, tap ... Schlafenszeit ... dunkel ... tap, tap, tap ... Schlafenszeit.»

Justus (2;8): «So, des abschneiden. Ich pass auf, auf meine Finger. Ich mache das toll. Da freut der Papa sich. Des is noch groß. Des schneiden wir auseinander. Ich hab schon was abgeschnitten, jetzt muss ma noch was hier machen. Abschneiden. Des klein machen, des Kleine wegschneiden. Papier schneiden. Papiernen fürn Geburtstag schneiden. Fürn Weihnachtsbaum mach ich. Noch ein Großes schneiden.»

Wenn Vorschulkinder mit sich selbst sprechen, während sie eine Aufgabe lösen sollen, gelingt ihnen deren Bewältigung besser als den Kindern, die nicht sprechen durften. Kleinkinder scheinen das Selbstgespräch zu brauchen, um ihr Leistungspotential auszuschöpfen. Dreijährige, die vor sich hin plappern durften, erreichten in Studien das Leistungsniveau von Vierjährigen mit «Redeverbot».

Wenn die Kinder älter werden, verschwinden diese Selbstgespräche nicht. Sie sind nur nicht mehr zu hören, weil sie nur noch im Kopf stattfinden. Die Selbstgespräche sind demzufolge einfach «lautes Denken». Schon Kant meinte: «Denken ist Reden mit sich selbst.» Aber da Selbstgespräche eigentümlich wirken (selbst mit Handy am Ohr), vermeiden die meisten in Gegenwart anderer, vor sich hin zu sprechen.

Sogar Helen Keller hat manchmal, wenn sie sich langweilte, Selbstgespräche geführt. Natürlich hat sie nicht wirklich gesprochen: Sie strich sich Sätze mithilfe des Fingeralphabets auf ihre Hand.

Welche Faktoren beeinflussen die Sprachentwicklung?

Biologie	Elternhaus/Familie	Familienunabhängige Umwelt
• Alter • Genetische Anlagen	• Sprache der Eltern • Geschwisterrang	• Sprache der Altersgenossen und bedeutender Anderer

Prüfen Sie Ihr Wissen:

1. Was bedeutet es, dass kleine Kinder gute Gedankenleser, gute Statistiker und gute Übersetzer sein müssen, um Sprache zu erwerben?
2. Was ist mit der Aussage gemeint: «Spracherwerb ist robust»?
3. Warum sind die Selbstgespräche der Kinder «gut»?

5.2 Erhebung des Sprachstandes

Nilla begann spät mit dem Sprechen. Mit 15 Monaten konnte sie nicht viel mehr als «Mama», «Papa», «ja» und «nein» sagen. Doch dann ging alles ganz schnell. Plötzlich formulierte sie Sätze. «Ich Kindergarten gehen.» oder «Ich möchte jetzt Bus fahren.» An ihrem zweiten Geburtstag sprach sie bereits mit ausgefeilter Grammatik: «Mama, ich bin ja so glücklich, dass du heute an meinem Geburtstag mit mir in den Zoo gehst.» Bei Nillas Schwester Fanny war alles anders. Sie hat bereits vor ihrem ersten Geburtstag mit großer Begeisterung und Ausdauer Silben aneinander gereiht: «mamamamamama...», «papapapa...», «dadadada...» Damit wollte sie aber nichts Spezielles mitteilen. Ab dem 13. Monat sprach sie die ersten Wörter, die etwas bedeuteten. Korrekte Satzstellung und richtige Konjugation haben sich bei Fanny erst nach dem dritten Geburtstag entwickelt – ein Jahr später als bei ihrer großen Schwester.

Warum sollte sich eine Erzieherin mit dem Spracherwerb der Kinder in ihrer Einrichtung beschäftigen? Dafür gibt es mindestens einen sehr guten Grund: Anders als bei Nilla und Fanny kommt es bei ungefähr fünf bis zehn Prozent der Kinder zu Problemen in der Sprachentwicklung. Diese Kinder gilt es so zeitig wie möglich zu erkennen.

Vom Wiegen wird die Sau nicht fett. – Aber man bemerkt, bei wem das normale Futter nicht reicht.

Wenn ein Problem früh erkannt wird, können auch früh geeignete Maßnahmen zur Unterstützung eingeleitet werden. Zum einen sind zeitig getroffene Maßnahmen oft effektiver als später eingeleitete. Zum anderen ist die Sprache auch für andere Bereiche wichtig, wie z. B. für die Entwicklung sozioemotionaler Kompetenzen.

Eltern können es kaum einschätzen, ob sich etwas «noch auswächst» oder nicht. Selbst wenn sie bereits Geschwisterkinder zum Vergleich haben, fällt eine solche Beurteilung schwer. Die medizinischen Vorsorgeuntersuchungen finden nur punktuell statt. Der Kinderarzt bewertet dabei das Sprachverhalten von Kindern, die er vielleicht nur einmal im Jahr sieht. Und: Das Kind soll seine Sprachkompetenz vor jemandem demonstrieren, den es kaum kennt, in einer Situation, die es eher nahelegt, schüchtern zu reagieren. Die Erzieherin im Kindergarten hingegen befindet sich fast täglich im Austausch mit dem Kind. Wenn sie die Zeichen für eine auffällige Sprachentwicklung erkennt, können Experten zeitnah das Problem abklären.

Als auffällig gilt ein Sprachstand oder ein Ergebnis nicht etwa, wenn es besonders gut ist. Weil man nicht «schlecht» sagen möchte, bedient man sich des neutralen Wortes «auffällig».

Es ist gar nicht so einfach festzustellen, ob ein Sprachstand als auffällig zu werten ist. Wie in Nillas und Fannys Beispiel nimmt der Spracherwerb sogar bei Geschwistern unterschiedliche Verläufe und vollzieht sich in unterschiedlichem Tempo. Auch wenn alle zum gleichen Ziel kommen, können die Wege verschieden sein. Auch wenn Fanny etwas noch nicht kann, was Nilla schon ein ganzes Jahr früher beherrschte, muss das nicht zwingend bedenklich sein. Selbst solche großen Unterschiede sind normal.

Ab wann aber ist die Sprachentwicklung eines Kindes bedenklich? Um das begründet zu entscheiden, werden verschiedene Verfahren eingesetzt. Diese Verfahren können grob in vier Gruppen eingeteilt werden: Tests, Screenings, informelle Verfahren zur Sprachstandserhebung und kontinuierliche Beobachtungsverfahren.

Psychologische Tests

Der Begriff «Test» wird oft sehr weit gefasst. Wenn Sie in einer Frauenzeitschrift «testen» können, «wie viel Drama Sie in der Liebe brauchen», so handelt es sich dabei mit ziemlicher Sicherheit nicht um einen Test im wissenschaftlichen Sinne. Ein Test ist ein psychodiagnostisches Instrument, in dessen Erarbeitung oft Jahre wissenschaftlicher Arbeit und hunderte von Datensätzen eingegangen sind. Dafür kann man sich aber auch darauf verlassen, dass dieser Test gültig, zuverlässig und objektiv den speziellen Bereich testet, den er abbilden möchte.

Um einen Test durchführen, auswerten und interpretieren zu können, muss man allerdings geschult sein. So ist es z. B. wichtig, dass ein Test genauso durchgeführt wird, wie vorgeschrieben. Selbst wenn manches gemein erscheint: Ein kleines Kind soll den Satz «Die Mutter wird von dem kleinen Kind gewaschen.» verstehen. Dabei entspricht dieser Sachverhalt nicht der Erfahrung von Kindern. Ein Kind kann sich hier nicht auf sein Weltwissen verlassen. Es muss diesen Satz wirklich verstehen, um die richtige Szene auswählen zu können. Der Test und seine vorgegebene Durchführung dürfen nicht verändert werden. Auch wenn manche Fragen zu schwer erscheinen und auch wenn man doch nur das Beste (Testergebnis) für das Kind möchte.

Für den Einsatz im Kindergarten sind Tests nur bedingt geeignet. Die Testdurchführung verlangt nicht nur die oben erwähnte Schulung, sondern sie drängt die Erzieherin in einen Zwiespalt zwischen der Unterstützung des Kindes und der möglichst objektiven Feststellung des Sprachstands. Von einer Mutter sollte auch nicht verlangt werden, eine objektive Zensur für den Aufsatz ihres Kindes zu vergeben – auch wenn es manche vielleicht schafft. Weitere Nachteile der Tests sind die Durchführungszeiten (bis zu 30 Minuten pro Kind) und die Kosten, die für einen flächendeckenden Einsatz kaum aufzubringen sind. Daher werden Sprachtests nur in begründeten Fällen (siehe Screening) und in der Regel von Spezialisten eingesetzt. Der Vorteil von Tests ist ihre Genauigkeit. Sie erlaubt es, sprachlich auffällige Kinder wirklich zu identifizieren.

Eine Lehrerin sollte einen Test mit ihrer Klasse durchführen. Sie fand den Test jedoch zu schwer für ihre Kinder. Deshalb hat sie die schweren Fragen weggelassen. Fast alle Kinder haben dann alle Fragen beantworten können. Aber der Sinn des Tests – eine differenzierte Auskunft über den Stand einzelner Kinder war verloren.

Screenings

Screenings (also Filter- bzw. Aussiebverfahren) sind für den Kindergarten die bessere Wahl. Schließlich soll es hier nicht darum gehen, die Sprachentwicklung genau festzustellen und das sehr gute Kind von dem «nur» guten zu unterscheiden. Vielmehr geht es im Kindergarten um die Früherkennung auffälliger Sprachentwicklungen. Das ist die Aufgabe von Screenings: Sie werden benutzt, um vermeintlich auffällige Kinder zeitsparend und flächendeckend zu identifizieren. Mit ihrer Hilfe wird entschieden, welche Kinder zum Experten geschickt werden sollen.

Wie Tests sind Screenings wissenschaftlich untermauert. Doch anders als Tests können sie nicht alleine für sich stehen. Bei einem auffälligen Screening-Ergebnis sollte ein Kind einem Experten zur genaueren Diagnostik vorgestellt werden. Der Experte gibt dann Entwarnung oder leitet Fördermaßnahmen ein.

Grenzsteine der Entwicklung – ein Screening-Instrument auch für den Spracherwerb

Grenzsteine der Entwicklung gibt es nicht nur im motorischen Bereich (vgl. Kap. 4.3, S. 80), sondern auch für den Bereich der sprachlichen Entwicklung. Auch hier schlägt das Frühwarnsystem Alarm, wenn ein Kind etwas noch nicht kann, was schon 90 bis 95 % der Gleichaltrigen können.

Die Grenzsteine markieren die unteren Grenzen des normalen Entwicklungswegs. Sie sind Hinweisschilder am Wegesrand der Entwicklung, bei denen die Erzieherin aufmerksam werden sollte. Hier deuten sich Abweichungen an, die ein genaueres Hinsehen erfordern.

Ein Grenzstein ist beispielweise das Unterschreiten der 50-Wort-Marke im Alter von 24 Monaten. Ein Drittel der Kinder, die um ihren zweiten Geburtstag herum nicht mindestens 50 Worte sprechen («late talker»), zeigen mit drei Jahren eine Sprachentwicklungsstörung. Ein weiteres Drittel zeigt schwache Sprachleistungen. Lediglich bei dem verbleibenden Drittel der Kinder verläuft die Sprachentwicklung später trotzdem unauffällig. Wenn ein Kind den normalen Entwicklungsweg verlässt (also den Grenzstein berührt), sollten Experten informiert werden.

Grenzsteine der Sprachentwicklung nach Michaelis für 3- bis 6-Jährige
36 Monate (um den dritten Geburtstag herum)
• Kind spricht in Drei- bis Fünf-Wort-Sätzen (Kombinationen von Nomina, Hilfsverben, Präpositionen, adverbialen Bestimmungen von Zeit und Raum)
• Kind verwendet eigenen Vor- oder Rufnamen
48 Monate (um den vierten Geburtstag herum)
• Kind verwendet «Ich» zur Selbstbezeichnung
• Kind gibt Ereignisse/Geschichten in etwa in zeitlicher und logischer Reihenfolge wieder, meist noch mit «... und dann ... und dann»-Verknüpfungen
60 Monate (um den sechsten Geburtstag herum)
• Kind spricht fehlerfrei aus
• Ereignisse/Geschichten werden in richtiger zeitlicher und logischer Reihenfolge wiedergegeben, mit korrekter, jedoch noch einfach strukturierter Syntax

Die Grenzsteine sind ein Screening-Instrument, um zu erkennen, welches Kind einem Experten vorgestellt werden sollte. Sie sind kein Beobachtungsinstrument, das pädagogischen Fachkräften Handlungsorientierungen geben kann.

Informelle Verfahren

Es gibt viele weitere Verfahren zur Feststellung eines Förderbedarfs, die weder zu den Tests noch zu den Screenings gezählt werden. Hierbei handelt es sich um eine bunte Mischung. Dabei gibt es große Unterschiede in der Qualität: So wurden manche Verfahren ohne wissenschaftliches Vorgehen entwickelt. Zudem gibt es große Unterschiede in dem, was die Verfahren abbilden wollen (z. B. das Sprachverständnis oder den Gebrauch von Präpositionen).

Nicht alles, was Test heißt, genügt den wissenschaftlichen Anforderungen an einen Test.

Die bunte Mischung mag verlockend für die Praxis sein: Ein Kindergarten oder ein Träger kann sich so sein Lieblingsverfahren aussuchen. Da diese Verfahren jedoch den Qualitätsstempel Test oder Screening (noch) nicht haben, sollte bei ihnen auf einen Mindeststandard an Wissenschaftlichkeit geachtet werden. Experten und einschlägige Literatur können den pädagogischen Fachkräften und Trägern helfen, in diesem Bereich das Richtige für sich zu finden.

Kontinuierliche Beobachtungsverfahren

Kontinuierliche Beobachtungsverfahren haben ein anderes Ziel als Tests, Screenings und informelle Verfahren zur Feststellung eines Förderbedarfs. Die kontinuierlichen Beobachtungsverfahren dokumentieren längerfristig die sprachliche Entwicklung eines Kindes. Diese Verfahren nehmen auch die «unauffälligen» Nillas und Fannys in den Blick. Die Dokumentation ihrer Entwicklung geschieht im Hinblick auf eine möglichst gute Förderung – für jedes Kind.

Solche Beobachtungsverfahren werden in der Praxis gern angewandt, weil sie die Erfassung der sprachlichen Entwicklung mit der Förderung und damit dem Kernbereich der Arbeit der Erzieherinnen in Einklang bringen. Sie dienen oft dem fachlichen Austausch und der Reflexion der Sprachentwicklung eines Kindes. Doch auch diese Verfahren haben ihre Tücken. Beobachtungen sind fehleranfällig, besonders wenn die Beobachtungsrichtlinien nicht präzise formuliert sind. Die Erzieherin sollte mit der Durchführung, Dokumentation und Interpretation gut vertraut sein. Ein Austausch im Team kann helfen, einheitlich vorzugehen und Beobachtungen miteinander abzugleichen.

Kindersprache stärken. Praxismaterial des dji

Als praxistauglich haben sich die Orientierungsleitfäden herausgestellt, die das Deutsche Jugendinstitut (dji) im Rahmen eines Projektes entwickelt hat. Diese Orientierungsleitfäden unterstützen die Erzieherinnen dabei, das theoretische Wissen über die Sprachentwicklung der Kinder praktisch anzuwenden und das eigene «Sprachhandeln» kindgerecht weiterzuentwickeln. Der Blick richtet sich auf den Weg, den das Kind in seiner Sprachentwicklung einschlägt.

Mit der Beobachtung werden drei Fragen verfolgt:

1. Was bringen die Kinder selbst mit?
2. Worum geht es bei der sprachlichen Entwicklung im Verlauf der Kita-Zeit?
   Hier finden sich zusammengefasst Aussagen zu den wesentlichen Entwicklungsschritten.
3. Was kann man an Kindersprache entdecken?
   Hier sind beobachtbare sprachliche Äußerungen von Kindern zusammengestellt.

Um diese vielfältigen Äußerungen der Kinder zu entdecken und zu dokumentieren, ist die Erzieherin dazu herausgefordert, selbst stärker in den Dialog mit dem Kind zu treten. Dadurch wendet sie das theoretische Wissen nach und nach praktisch an, denn sie weiß, wo sie das jeweilige Kind «abholen» muss.

Wenn Onür oder Francesco mit vier Jahren noch sagen «Heute Brot mit Schokocreme essen», ist das anders zu bewerten als bei Tim, der im Gegensatz zu den beiden nur deutschsprachig aufwächst.

Bis hierhin haben wir so getan, als besuchten nur Kinder mit Deutsch als Muttersprache den Kindergarten. Das ist natürlich nicht so. Mehrsprachigkeit verkompliziert die gesamte Sprachstandserhebung. Die Tests und Screenings sind meist nur für deutschsprachige Kinder geeignet. Auch wenn ein Vergleich mit deutschen Kindern ebenfalls wichtig ist, lassen diese Instrumente keine Aussagen über Kinder zu, die Deutsch viel später, vielleicht erst wie Sara im Kindergarten, erwerben. Die Wissenschaft arbeitet an geeigneten Instrumenten, kann der Praxis aber erst wenig Material zur Verfügung stellen.

Nilla und Fanny haben ohne viel Mühe ihre Sprache erworben. Die Kinder, denen das nicht ohne Weiteres gelingt, sollten möglichst früh erkannt werden.

Tests, Screenings und informelle Verfahren zur Feststellung eines Förderbedarfs haben eine Gemeinsamkeit: Sie dienen dazu, eine Entscheidung über Notwendigkeit, Sinnhaftigkeit oder Beschaffenheit einer Fördermaßnahme herbeizuführen. Durch sie soll eine unauffällige Entwicklung (wie bei Nilla oder Fanny) von einem Förderbedarf abgegrenzt werden. Ein Förderbedarf kann vielfältige Gründe haben, z. B. spezifische Sprachstörungen oder auch sozialisationsbedingte Auffälligkeiten. Ein Förderbedarf kann verschiedene Bereiche der Sprachentwicklung (vgl. Tab. Ebenen der Sprache, S. 95) betreffen. Es kann zu Aussprachestörungen kommen, zu einem eingeschränkten Wortschatz mit Fehlbenennungen, zu grammatikalischen Störungen.

Es ist die Aufgabe der pädagogischen Fachkraft, mit der Unterstützung von Experten Kinder mit Förderbedarf zu identifizieren. Schwerer noch: Sie sollen Kinder, bei denen etwas mit den Entwicklungsvoraussetzungen nicht stimmt, von denen unterscheiden, die «nur» unzulänglichen Bedingungen ausgesetzt sind. Denn auch wenn die Symptome ähnlich aussehen mögen (z. B. geringer Wortschatz, bei einem Kind aufgrund von Schwerhörigkeit, beim anderen durch unzureichenden sprachlichen Input), die Förderung ist jeweils sehr unterschiedlich. Für die Auswahl einer geeigneten pädagogischen Maßnahme ist es wichtig zu wissen, was das Problem ist. Das hört sich für den Kindergarten sehr medizinisch an. Aber wenn ein weinendes Kind getröstet werden will, fragen wir uns auch, mit welchem Problem wir es zu tun haben. Hat sich das Kind gestoßen oder gar richtig verletzt, wurde ihm ein Malstift weggenommen oder findet es sein Lieblingsplüschtier nicht mehr? Der Erfolg beim Trösten, wie auch der Erfolg eines jeden pädagogischen Handelns, hängt von dreierlei ab, und zwar von

Therapie ohne Diagnose ist Kurpfuscherei.

(1) der Kenntnis der individuellen Voraussetzungen des Kindes,
(2) der Kenntnis der pädagogischen Handlungsmöglichkeiten,
(3) der Auswahl der besten Möglichkeit unter den gegebenen Randbedingungen.

Diese drei Dinge sind natürlich auch Voraussetzung für eine gute Unterstützung der Sprachentwicklung.

Prüfen Sie Ihr Wissen:

1. Was spricht gegen den Einsatz von Tests, die Erzieherinnen im Kindergarten durchführen?
2. Für welche Zwecke sollten Screenings und kontinuierliche Beobachtungsverfahren eingesetzt werden?
3. Wie würden Sie einem Vater erklären, was der Unterschied zwischen einem Test zur Sprachstandsfeststellung und einem kontinuierlichen Beobachtungsbogen ist?

5.3 Die Sprachentwicklung begleiten und unterstützen

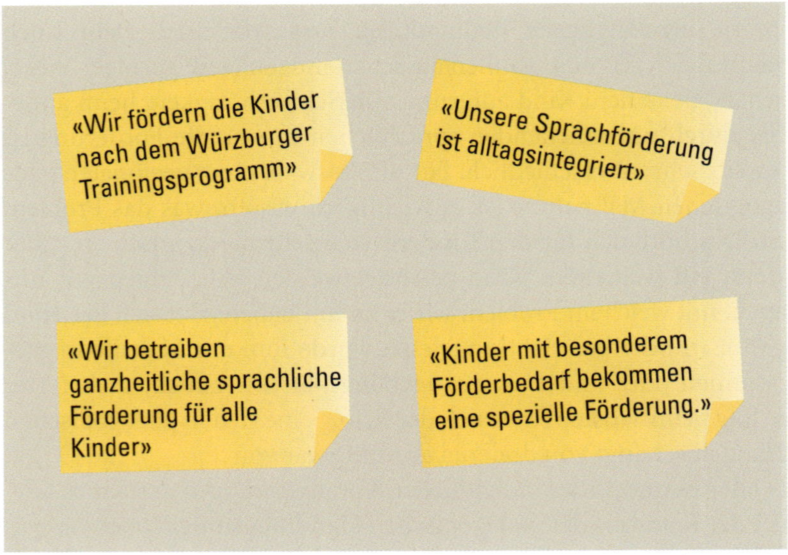

In diesen beispielhaften Zitaten taucht der Begriff der Förderung auf. Einmal wird er sehr weit gefasst («Wir betreiben ganzheitliche Sprachförderung für alle Kinder») und meint damit eigentlich die allgemeine Unterstützung und Begleitung aller Kinder. Beim anderen Mal ist er eher eng gefasst («Wir fördern die Kinder nach dem Würzburger Trainingsprogramm») und meint damit eine spezifische Förderung einzelner Kinder. Dahinter liegen unterschiedliche Ansätze mit unterschiedlichen Zielsetzungen.
Beim Ansatz der Förderung geht es darum, Menschen im Allgemeinen und hier Kinder im Besonderen gezielt und spezifisch hinsichtlich eines oder mehrerer Entwicklungsaspekte mit verschiedenen Mitteln herauszufordern. In der Regel wurde bei einem Kind zuvor ein Förderbedarf ermittelt (siehe Kap. 5.2). Das Kind erfährt eine besondere Unterstützung, um sich genau in diesem Bereich weiterzuentwickeln. Ein Beispiel für eine solche gezielte Förderung ist das Würzburger Trainingsprogramm «Hören-Lauschen-Lernen», das auf die phonologische Bewusstheit abzielt.

Der andere Ansatz nimmt alle Kinder in ihrer kompletten Sprachentwicklung in den Blick: Es geht darum, die Sprachentwicklung bei allen Kindern in allen Bereichen zu begleiten und zu unterstützen.

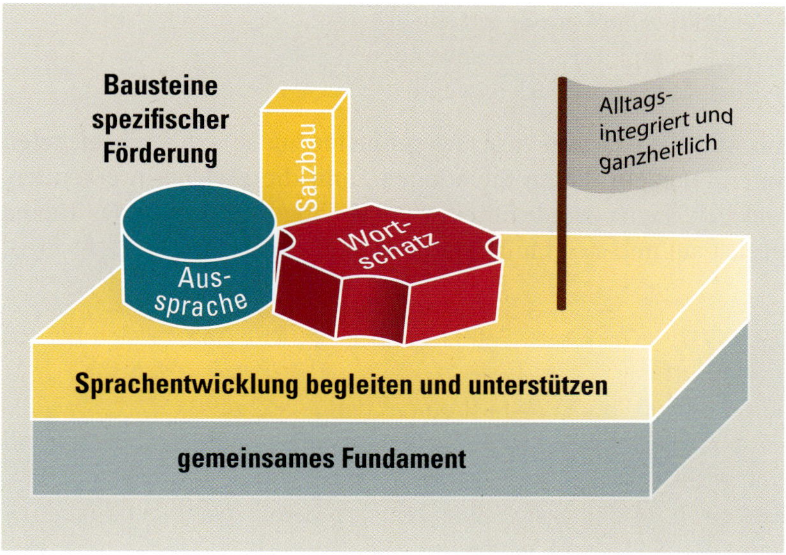

Egal ob Erzieherinnen einzelne Kinder gezielt fördern oder alle Kinder mit der kompletten Breite ihrer Sprachentwicklung im Blick haben: Sie agieren dabei immer auf einem gemeinsamen Fundament, das aus bestimmten Komponenten besteht und für beide Ansätze benötigt wird. Auf diese Komponenten kommt es dabei an:

Komponente 1: Sensibilität für die eigene Sprache

Was für das kindliche Lernen insgesamt gilt, findet sich auch bei der sprachlichen Entwicklung wieder: Kinder eignen sich ihre Sprache vor allem implizit an. Dabei saugen sie die sprachlichen Äußerungen ihrer Umgebung förmlich auf und leiten daraus Regelhaftes ab (siehe Kap. 5.1). Insofern ist es von großer Bedeutung, dass die Erzieherin sich ihres eigenen Sprachverhaltens bewusst ist, denn sie ist ein sprachliches Vorbild. Ihre Wortwahl, ihre Art zu erzählen, ihre Art, Gestik und Mimik mit der gesprochenen Sprache in Verbindung zu bringen, geben dem Kind Anregungen. Und es orientiert sich daran, wie die Erzieherin z. B. mit Kolleginnen spricht: Lässt sie diese ausreden? Wie ist der Umgangston? Wie ist ihr Gesichtsausdruck, während sie mit anderen spricht?

Komponente 2: Kommunikationsverhalten/sprachlich begleitete Interaktionen

Zwar ist jede Form der Äußerung zu einem Kind schon Kommunikation, aber nicht alles hilft dem Kind in seiner Sprachentwicklung weiter. Wenn eine Erzieherin ein Kind fragt: «Möchtest du noch ein Glas Wasser?», und das Kind reagiert nur mit Kopfnicken, hat es sich zwar geäußert, aber ein Gespräch kommt dadurch nicht zustande. Folgendes macht ein gutes Kommunikationsverhalten aus:

- Offene Fragen stellen (sogenannte W-Fragen: warum, wie, woher, wann ...)
- Das eigene Handeln sprachlich begleiten
- Eigene Gefühle verbalisieren, Kinder dazu anregen
- Kindliche Äußerungen aufgreifen
- Dem Kind die Zeit für eine Antwort lassen

- Vielfältige Sprache einsetzen
- Auch komplexere Sätze anwenden
- Korrektives Feedback anwenden

Im Alltag bieten sich viele Gelegenheiten zur sprachlich begleiteten Interaktion. In diesen Situationen kann die Erzieherin erkennen, welches Thema gerade für ein Kind wichtig ist. Sie greift das Thema gezielt auf und steigt mit dem Kind in einen Dialog ein.

Josa (4;0): «Guck mal, Petra, so hoch bin ich! Ganz alleine bin ich geklettert!»
Erzieherin: «Wow? Wie hast du das denn geschafft?»
Josa: «Einfach so. Erst auf den einen Ast, dann auf den anderen. Und immer festgehalten.»
Erzieherin: «Du hast also einen Ast nach dem anderen genommen?»
Josa: «Ja! Soll ich noch höher?»
Erzieherin: «Du kannst so hoch klettern, wie du es dir zutraust.»

Die Erzieherin richtet ihre Aufmerksamkeit auf Josa, ermuntert ihn, zu beschreiben, was er gemacht hat. Offene Fragen regen die Kinder an, ihr Denken zu versprachlichen: Es sind Fragen nach dem Grund, dem Zusammenhang, der Zeit, dem Ort oder der Situation: Was hast du da gemacht? Wie bist du auf die Idee gekommen? Wer war dabei? Was gefällt dir daran? Was möchtest du damit machen?

Josa (4;0) ist mit der Erzieherin im Wald unterwegs. Er zieht einen großen, breit verzweigten Ast hinter sich her: «Das ist mein Rasenmäher. Den muss ich mitnehmen.»
Erzieherin: «Mensch, da hast du ja ganz schön was zu schleppen!»
Josa: «Ich bin auch stark!»
Erzieherin: «Wo hast du denn schon einmal einen Rasenmäher gesehen?»
Josa: «Der Onkel Edgar hat so einen; so einen großen, ganz breiten.»
Erzieherin: «Und wo hat er ihn geschoben?»
Josa (überlegt eine Weile): «Nein, nicht geschoben! Da sind wir drauf gewesen! So, so … mitgefahren! Der hatte so was Breites unten, und dann ist das ganze Gras da zusammen gewesen.»
Erzieherin: «Dann war das vielleicht ein Balkenmäher, wenn du sagst, er sei unten breit gewesen?»
Josa: «Balkenmäher … Rasenmäher …»
Erzieherin: «Und Onkel Edgar hat dich mitfahren lassen? Das ist aber toll von ihm!»
Josa (strahlt übers ganze Gesicht): «Das war gefährlich! Aber ich hatte keine Angst!»

Die Erzieherin greift die Äußerungen des Kindes auf. Sie lässt sich auf seine Gedanken ein und bietet mit ihren Kommentaren Erweiterungen an. Josa erzählt von etwas Vergangenem und versprachlicht seine Gefühle dabei.

Jens (3;0): «Ich habe den Apfel aufgeesst. Und Lena nicht.»
Erzieherin: «So, du hast deinen Apfel aufgegessen? Ich habe meinen noch nicht aufgegessen.»

Die Erzieherin nutzt das korrektive Feedback: Sie bietet Jens die korrekte Form in ihrer Äußerung an, ohne Jens explizit zurechtzuweisen. Sie nimmt auf den Inhalt Bezug; die grammatikalische Richtigstellung ist implizit enthalten. Die Erzieherin erkennt hier, dass der Grammatikfehler «aufgeesst» ein Hinweis dafür ist, dass Jens gerade dabei ist, sich das richtige Beugen von Verben anzueignen. Er geht von regelmäßigen Beugeformen aus (z. B. aufräumen → aufgeräumt, also aufessen → aufgeesst). Dabei nimmt er eine Übergeneralisierung vor: Er leitet von der regelmäßigen Beugung auf die Beugung aller Verben ab. Mit der Zeit wird er lernen, dass es auch unregelmäßige Verben gibt.
Über den Dialog entdeckt man auch Schwierigkeiten, die einzelne Kinder beim Sprechen haben. Die Erzieherin selbst kann in kleineren Gruppen gezielt Situationen gestalten, um der Sprache eine höhere Aufmerksamkeit zu schenken. So wird auch einer fokussierten Förderung Rechnung getragen.

Korrektives Feedback: Anstatt ein Kind explizit auf einen Fehler hinzuweisen, wird die Aussage in korrekter Form in einem ähnlichen Satz wiedergegeben.

Komponente 3: Eine sprachlich anregende Umgebung
Die gute Nachricht: Der Alltag im Kindergarten steckt voller Sprachanlässe. Die Kunst dabei: Man muss die Kinder auch wirklich zu Wort kommen lassen! Es gibt Rituale, in denen Sprache dominiert: Begrüßung und Verabschiedung, der Morgenkreis, Kinderkonferenzen, Sing- und Sprachspiele, verknüpft mit motorischen

Elementen. Auch die Bauecke (vgl. den Appetizer zum Kap. 1, Lernen), das Malatelier oder der Experimentierraum laden ein, sich miteinander zu unterhalten. Das Rollenspiel bietet vielfältige Sprachanlässe: Hier wechseln die Kinder Perspektiven, sie verhandeln darüber, was gespielt wird, sie tauchen in ihr Spiel ein, nehmen dabei zukünftig mögliche Ereignisse vorweg und agieren miteinander über ausgesprochene und unausgesprochene Regeln. All das fordert die Kinder dazu heraus, die Sprache als Werkzeug der Verständigung einzusetzen.

Diese sprachlichen Interaktionen werden unterstützt und angereichert mit Materialien, die im Kindergarten eingesetzt werden. Für gute Materialien, seien es Bücher, Poster oder audio-visuelle Medien, gilt: Sie ersetzen nicht die soziale Interaktion und die aktive Kommunikation, sondern sie provozieren sie. Das gilt auch für Vorlesesituationen: Volle Wirkung entfalten sie, wenn sie dialogisch gestaltet sind. Erzieherin und Kind unterhalten sich über das Gehörte, das Kind vollzieht das Gehörte nach und ergänzt es mit eigenen Ideen. Es drückt sich sprachlich aus und wird dabei von der Erzieherin unterstützt.

Komponente 4: Das Wissen um den Verlauf der Sprachentwicklung
Die Erzieherin braucht Wissen um die Sprachentwicklung und deren Grenzsteine und Wissen um Strategien, welche Kinder beim Erlernen der Sprache anwenden. Daraus entwickelt sie ein Verständnis dafür, wo ein Kind gerade steht und was die nächsten Schritte in seiner Sprachentwicklung sind.

Elli (5;5): «In meiner Tasche ist eine Flasche.»
Natalie (3;8): «Tasche-Flasche-Wasche-Rasche-Kasche.»
Elli: «Kasche gibt's doch gar nicht!»
Natalie: «Egal! Fasche-Tasche-Kasche!»

Natalie betreibt ein Spiel mit den Wörtern, sie entdeckt, dass es Reime gibt. Im Reimen erprobt Natalie die Besonderheit von Lauten. Eine Erzieherin, die darum nicht weiß, würde hier vielleicht korrigierend eingreifen und Natalie auf das falsche Wort hinweisen. Das könnte Natalie verunsichern.

«Eltern und Erwachsene sind keine Sprachlehrer für Kinder. Sie sind Gesprächspartner.» *(Gisela Szagun)*

Fazit: Dialoge entstehen, wenn sich die Erzieherin dem Kind mit Interesse zuwendet. Sie nimmt seine Äußerungen als einen Weg wahr, sich sein Wissen über die Welt anzueignen und sich zu verständigen. Sie schenkt dem Kind ihre Aufmerksamkeit, fasst selbst in Sprache, was sie beobachtet und vermutet. Damit hat sie Anteil an seinem Denken und seiner Art, die Welt zu verstehen. Ein guter Dialog benötigt aktives Zuhören: Dem Kind wird Zeit für eine Antwort gelassen, die Erzieherin stellt offene Fragen, sie redet selbst in Sätzen, die auch komplex sein dürfen. Sie achtet darauf, der eigenen Sprache eine Vielfalt zu geben. Sie fragt nach, ermuntert das Kind zu Erklärungen, unterstützt es dabei, ohne dem Kind den Satz aus dem Mund zu nehmen. Indem die Erzieherin diese vier Komponenten beachtet, sorgt sie in alltäglich genutzten Sprachanlässen für eine kontinuierliche Begleitung und Unterstützung.

Aufgaben der pädagogischen Fachkraft	
bei allen Kindern	**bei einzelnen Kindern**
Sprachentwicklung beobachten: Bei welchem Kind entwickelt sich der Spracherwerb auffällig? 	Experten einbeziehen: Ist der Spracherwerb des Kindes wirklich auffällig? In welcher Hinsicht? 
Alle Kinder in der Sprachentwicklung begleiten und unterstützen. 	Kinder mit Förderbedarf in Zusammenarbeit mit Experten gezielt fördern. 

Prüfen Sie Ihr Wissen:

1. Was ist unter Sprachförderung zu verstehen?
2. Wodurch zeichnet sich ein sprachlich anregender Dialog aus?
3. Konstruieren Sie ein kurzes Gespräch mit einem Kind, in dem die Erzieherin das korrektive Feedback anwendet.
4. Stellen Sie sich die Anziehsituation in der Kita vor: Wie können Sie diese sprachlich begleiten?

5.4 Zweisprachigkeit und Sprachenvielfalt

Sara Aktas ist neun Jahre alt. Sie ist in Deutschland geboren, besuchte drei Jahre lang eine Kita und geht jetzt in die vierte Klasse. Ihr Vater, Oktay Aktas, kam als Bergbauingenieur im Alter von 26 Jahren nach Deutschland. Ihre Mutter Imran Aktas lebt in Deutschland, seit sie elf Jahre alt ist. Bis zu ihrem dritten Lebensjahr haben die Eltern mit Sara ausschließlich Türkisch gesprochen, weil es ihnen wichtig war, dass sie die türkische Sprache gut beherrscht. Das führte jedoch zu Schwierigkeiten: Sara konnte sich im Kindergarten weder mit den anderen Kindern noch mit den Erzieherinnen verständigen. Daraufhin beschlossen die Eltern, dass die Mutter nur Deutsch und der Vater nur Türkisch mit Sara spricht. Schon nach einem halben Jahr wurde ihr Deutsch deutlich besser. Inzwischen beherrscht Sara die deutsche Sprache besser als ihre türkische Muttersprache, ist gut in der Schule und wird nächstes Jahr auf ein Gymnasium wechseln.

Carla (5 Jahre) und Yanis (3 Jahre) haben einen französischen Vater und eine deutsche Mutter. Sie werden in Deutschland zweisprachig erzogen: Jedes Elternteil spricht mit den Kindern in seiner Muttersprache.
Die Sprachentwicklung der Kinder verlief altersgemäß. Im Alter von ein bis ca. drei Jahren wurden beide Sprachen noch häufig vermischt («Papa, gib' mir fromage, s'il te plait!»). Mittlerweile können die Kinder die Sprachen gut auseinanderhalten. Das Deutsche fällt ihnen jedoch leichter. Häufig sprechen die Kinder mit ihrem Vater Deutsch, der antwortet jedoch in Französisch. Untereinander sprechen sie fast immer Deutsch, außer wenn sie Figuren aus französischen Zeichentrickfilmen nachspielen. Mit den Großeltern, Cousins und Tanten aus Frankreich sprechen Carla und Yanis ein fast perfektes Französisch. Das ist für die Eltern auch der Hauptgrund, warum sie die Kinder zweisprachig erziehen: Sie sollen sich selbst mit ihren Verwandten austauschen können. Die Eltern setzen die Kinder beim Erlernen der Sprache aber nicht unter Druck.

Auf der Welt werden mehr als 6.000 Sprachen gesprochen. Die Hälfte der Weltbevölkerung spricht aber eine der 20 häufigsten Sprachen.

Mehrsprachigkeit ist weit verbreitet. Mehrsprachigkeit, so definieren manche Wissenschaftler, liegt vor, sobald eine Person mehr als eine Sprache im täglichen Leben regelmäßig benutzt, egal auf welchem Niveau. Folgt man dieser Definition, wird klar, dass Mehrsprachigkeit sogar eher die Regel als die Ausnahme ist – mit zunehmender Tendenz. Das ist nicht nur Ländern geschuldet, die wie die Schweiz oder Belgien mehrere Landessprachen haben. Zunehmende Mehrsprachigkeit entsteht auch als Folge von Mobilität, wie bei dem Vater von Carla und Yanis, der in Deutschland arbeitet. Mehrsprachigkeit wird in der Arbeitswelt vermehrt vorausgesetzt: Deutsche Wissenschaftler lesen ganz selbstverständlich englische Fachartikel, deutsche Manager kommunizieren ständig mit Kollegen aus aller Welt in anderen Sprachen, deutsche Bahnangestellte helfen ausländischen Touristen. Zusätzlich entsteht Mehrsprachigkeit auch durch Einwanderungen, wie bei Frau Aktas, die mit ihren Eltern und Geschwistern nach Deutschland kam. Eine repräsentative Umfrage zeigt, dass 70 % der in Deutschland Lebenden eine andere Sprache als Deutsch mindestens einigermaßen gut sprechen und verstehen können.

Was geschieht, wenn ein Kind neben seiner Muttersprache noch eine zweite Sprache erlernt? Ein Kind wird durch eine zweite (oder dritte) Sprache nicht überfordert. Ein gelingender Spracherwerb wird dadurch auch nicht gefährdet. Zweit- und Drittsprachen lösen keine Sprachentwicklungsstörungen aus und beeinflussen bereits existierende Auffälligkeiten auch nicht negativ.

Deswegen wird Mehrsprachigkeit heute als eine Bereicherung und Chance angesehen. Eine andere Sprache (wie auch ein zusätzlicher Dialekt) ist eine Eintrittskarte in eine weitere Welt. Sie öffnet Herzen und schafft Zugehörigkeit. Aber das war nicht immer so. Sprachen haben eine ungeheure kulturelle und politische Bedeutung, sodass sie ins Visier der Ideologen kamen. In den vergangenen Jahrhunderten entwickelte sich vielerorts die Idee, dass bestimmte Sprachen anderen überlegen seien. Als Folge davon kam auch die Angst auf, dass «minderwertige» Sprachen die höherwertigen «verschmutzen» oder verdrängen könnten. Dabei gibt es keine Rangfolge unter den Sprachen. Es gibt auch keine «primitiven» Sprachen.

Der Unterschied zwischen einer Sprache und einem Dialekt? «Eine Sprache ist ein Dialekt mit einer Armee und einer Marine.» *(Max Weinreich)*

Es gibt Steinzeitkulturen, aber keine Steinzeitsprachen. *(Steven Pinker)*

Studien zu Beginn des 20. Jahrhunderts wollten nachgewiesen haben, dass zweisprachige Personen weniger intelligent seien. Dabei verglich man die Intelligenz von Kindern aus gut situierten Familien mit der Intelligenz unterernährter Kinder aus sozial benachteiligten Familien, die die landesübliche Sprache kaum beherrschten. Als man Unterschiede fand, wurden sie irrtümlicherweise auf die Zweisprachigkeit zurückgeführt. Neue Studien, die auch die soziale Schicht berücksichtigen, kommen zu anderen Ergebnissen: Jene Menschen, die regelmäßig mindestens zwei Sprachen sprechen, sind denen, die nur eine Sprache sprechen, hinsichtlich der Ausbildung ihrer Exekutiven Funktionen überlegen. Dies gilt besonders in Bezug auf die Inhibition (vgl. Kap. 2.1, S. 42). Wer mehr als eine Sprache spricht, muss nämlich ständig die auf der Zunge liegenden Wörter der anderen Sprache zurückhalten. Er muss sie unterdrücken. Auf diese Art und Weise wird das «Stopp-Schild» im Gehirn trainiert.

Die Nachteile der Mehrsprachigkeit sind im Vergleich dazu klein: Mehrsprachige verfügen im Durchschnitt über ein kleineres Vokabular – jedoch nur pro Sprache gesehen. Das zeigte eine umfangreiche Studie an fast 1.000 Drei- bis Zehnjährigen, die in Kindergarten bzw. Schule Englisch sprachen, sich zu Hause mit ihrer Familie aber in einer anderen Sprache unterhielten. Der englische Wortschatz der zweisprachig Aufwachsenden war im Vergleich zu den nur englischsprachig Aufwachsenden kleiner. Dieser Unterschied speist

«If English is good enough for Jesus, it is good enough for us.» Vermutlich fälschlicherweise amerikanischen Politikern zugeschrieben.

sich jedoch vor allem aus dem fehlenden englischen Wortschatz im heimischen Umfeld (z. B. Krug, Kürbis). Der Wortschatz, der in Kindergarten bzw. Schule gebraucht wird (z. B. Rechteck, Schreiben), war vergleichbar. Da angenommen werden kann, dass die Kinder im heimischen Umfeld Vokabeln aus ihrer anderen Sprache verwenden, wird der gesamte Wortschatz der zweisprachigen Kinder sogar als größer eingeschätzt.

Meilensteine, ursprünglich an Straßen errichtete Entfernungsanzeiger, wurden in das Projektmanagement zur Beschreibung der Zwischenziele übernommen und werden, davon ausgehend, auch zur Markierung der Sprachentwicklung verwendet. Meilensteine der Sprachentwicklung beschreiben festgelegte Etappenziele, die ein Kind beim Spracherwerb passiert.

Die Sprachentwicklung ein- und zweisprachig aufwachsender Kinder verläuft erstaunlich ähnlich. Die wichtigen Meilensteine der Sprachentwicklung werden zu gleichen Zeiten erreicht: Das erste Wort tritt ungefähr im Alter von einem Jahr auf, egal wie viele Sprachen das Kind in seiner Umwelt erlebt. 50 Worte spricht ein Kind mit etwa anderthalb Jahren, egal ob es ein- oder zweisprachig aufwächst. Auch die ersten kurzen Sätze treten bei allen Kindern fast zur selben Zeit, mit anderthalb Jahren, auf. Die Sprachentwicklung ein- und zweisprachig aufwachsender Kinder hat einen ähnlichen Zeitverlauf, weil sie durch die sich entwickelnden kognitiven Fähigkeiten des Kindes bestimmt wird. Zu Unterschieden in der Sprachkompetenz kann es jedoch trotzdem kommen, was davon abhängt, wie viel von welcher Sprache ein Kind in seiner Umwelt vorfindet und gebraucht.

Wie erwerben Kinder gleichzeitig zwei Sprachen?

Wenn Kinder zwei Sprachen gleichzeitig erwerben sollen, müssen sie mit diesen Sprachen nahezu täglich in Berührung kommen. Sie brauchen viel Kontakt mit beiden Sprachen. Wie bei Carla und Yanis zu Hause versuchen Eltern oft die Strategie «Eine Person – eine Sprache» anzuwenden. Es gibt aber auch andere Strategien. So kann mit dem Kind eine Sprache zu Hause gesprochen werden und eine zweite außer Haus. Auch wenn die Eltern selbst keine zweite Sprache sprechen, kann ein Kind eine zweite Sprache in Kindergarten bzw. Schule lernen. Dieses Muster führt am ehesten zu Zweisprachigkeit.

Das Wichtigste beim Erlernen einer zweiten Sprache ist deren Notwendigkeit. Wenn ein Kind merkt, dass es mehr als eine Sprache zur Kommunikation braucht, wird es sie auch erlernen. An dieser Stelle scheitert oft die «Eine Person – eine Sprache»-Strategie. Carla und Yanis wird es nicht entgehen, dass ihr Vater auch etwas Deutsch versteht und ihre Mutter auch Französisch. Warum sollte sie sich dann mit einer zweiten Sprache abmühen?

Zweisprachigkeit ist nicht gleich Zweisprachigkeit.

Nicht alle Kinder wachsen wie Carla und Yanis zweisprachig auf und erwerben quasi zwei Erstsprachen gleichzeitig (bilingualer oder doppelter Erstspracherwerb). Manche Kinder wie Sara treffen erst im Kindergarten auf eine zweite Sprache. Bei diesem sukzessiven Zweitspracherwerb sind der Verlauf und die schließlich erlangte Sprachkompetenz von der Dauer, dem Beginn und der Intensität des Kontaktes mit dieser Sprache abhängig. Je früher dieser Zweitspracherwerb beginnt, umso größere Ähnlichkeiten hat er mit dem Erstspracherwerb.

Für einen erfolgreichen Zweitspracherwerb braucht das Kind einen ausreichenden sprachlichen Input und Kommunikationsmöglichkeiten (bzw. Kommunikations-Notwendigkeiten) in eben dieser zweiten Sprache. Beim sukzessiven Zweitspracherwerb sind oft Einflüsse der Erstsprache zu bemerken. Diese Kinder bauen ihre Zweitsprache vor dem Hintergrund ihrer Erstsprache auf. Und sie machen typische Fehler, die der Erstsprache geschuldet sind:

- Bestimmte Laute bereiten je nach Erstsprache Schwierigkeiten: Franzosen kämpfen mit dem «h», Griechen ringen mit dem «sch» – die Laute gibt es in der jeweiligen Herkunftssprache nicht.
- Im Deutschem gibt es drei bestimmte Artikel (der, die, das). Das Italienische kennt aber nur zwei und kommt ohne sächlichen Artikel aus. Im Englischen reicht der Artikel «the», das Türkische hat gar keine.
- Im Deutschen steht das Verb im Hauptsatz an zweiter Stelle, im Nebensatz an letzter Stelle. Im Englischen steht es immer an zweiter Stelle nach dem Subjekt. Im Russischen kann man Sätze ohne Verben bilden.

Was im Deutschen als grammatikalisch falsch gilt («Heute Brot mit Nougatcreme essen.», «Katze wollte Maus fangen.»), kann am Einfluss der Beherrschung der richtigen Grammatik der Erstsprache des Kindes liegen. Es muss sich hierbei nicht um eine Spracherwerbsstörung handeln.

Zweitspracherwerb begleiten

Der Erstspracherwerb erfolgt als Übersetzung von «Gedankisch» in die jeweilige Muttersprache (siehe Kap. 5.1, S. 90 Grundzüge und Mechanismen der Sprachentwicklung). Der Fremdspracherwerb in der Schule erfolgt meist als Übersetzung von der Landessprache in die Fremdsprache. Wenn pädagogische Fachkräfte einen Zweitspracherwerb begleiten, können sie sich den Fremdsprachenunterricht der Schule nicht zum Vorbild nehmen. Dafür müssten einerseits die Erzieherinnen die jeweiligen beiden Sprachen sehr gut kennen. Sie müssten in die verschiedenen Richtungen übersetzen und Sprachstrukturen erläutern können – und das für alle im Kindergarten gesprochenen Sprachen. Die Kinder, andererseits, müssten bereits ihre Muttersprache kompetent beherrschen und über Sprachstrukturen reflektieren können. All das ist nicht gegeben. Muss es auch nicht. Es ist sicher oft hilfreich, wenn eine Erzieherin etwas von der Muttersprache der zweisprachig aufwachsenden Kinder versteht. Nötig ist es aber nicht. Denn auch der Erwerb von Deutsch als Zweitsprache kann im Kindergarten als Übersetzung von «Gedankisch» in Deutsch erfolgen.

Der Kindergarten ist ein Ort, wo sich Kinder aufgehoben fühlen sollen. Dazu gehört, dass Anderssein – z. B. eine andere Muttersprache sprechen – wohlwollend aufgenommen wird.

Egal ob ein Kind Deutsch als Muttersprache oder als Zweitsprache lernt, wichtig ist, dass die Sprache in der Interaktion mit anderen entsteht, z. B. indem miteinander gespielt oder etwas vorgelesen wird. Wiederum ist es hier wichtig, dass eine Situation reichhaltig ist und viele Hinweise auf ihre Interpretation enthält. Diese Hinweise können wie beim Erstspracherwerb Mimik und Gestik, Bilder oder auch logische Handlungsabfolgen sein. Kinder entwickeln dann eine weitere Sprache, wenn es nötig ist. Gesprächspartner, die die Muttersprache des Kindes nicht verstehen, schaffen diese Notwendigkeit.

Fragen aus der Praxis

1. Sollen die Eltern aufgefordert werden, daheim unbedingt Deutsch zu sprechen?
   Nein, so würden die Kinder ihre Muttersprache verlieren.
2. Sind andere Sprachen im Kindergarten verboten?
   Nein, Kinder dürfen in all ihren Sprachen kommunizieren.
3. Sollen Erzieherinnen wichtige Sprachformeln aus anderen Kulturen und Sprachen als Form der Wertschätzung erlernen?
   Gerne. Aber Wertschätzung könnte man auch anders zeigen.
4. Soll ich im Kindergarten darauf bestehen, dass ein Kind mir in deutscher Sprache antwortet?
   Nein. Aber loben Sie ein Kind ruhig dafür, wie gut es Ihr Deutsch versteht. Und überprüfen Sie: Gibt es für das Kind die Notwendigkeit, Deutsch zu sprechen? Wie verständigt es sich in diesen Situationen?

Nicht immer ist der sukzessive Zweitspracherwerb für ein Kind einfach. Plötzlich kann es sich wie Sara mit dem Eintritt in den Kindergarten nicht mehr verständlich machen. Die üblichen Strategien versagen: Deutlichere Aussprache oder langsameres Sprechen führen auch nicht dazu, dass es verstanden wird. Das Kind weiß vielleicht noch nicht, dass es eine Sprache spricht, die das Gegenüber nicht versteht. Und selbst falls es begreift, dass die Erwachsenen und Kinder in einer anderen Sprache miteinander sprechen, wird es nicht einfacher: Wenn die gemeinsame Sprache noch fehlt, ist oft die Interaktion mit anderen Kindern gehemmt. Wenn aber der Zweitspracherwerb zur Nebensache wird und in die Geschehnisse in der Kita eingebettet ist, werden die Kinder sprachlich aktiver und trauen sich mehr zu.

Sprachen mischen

Wenn sich Zweisprachige miteinander unterhalten, mischen sie oft ihre Sprachen. Die zweisprachig aufwachsende Anneli (zu Hause deutschsprachig; in Kindergarten und Schule englischsprachig) sagte z. B.: «Can you pass me the Waschlappen.» Eine solche Sprachmischung ist kein Ausdruck von Sprachverwirrung, wie es früher angenommen wurde. Manche Dinge lassen sich in der einen Sprache genauer ausdrücken als in der anderen. Die Sprachmischung erlaubt ein Wort zu nutzen, dem eine Übersetzung vielleicht nicht gerecht wird.

Anneli mischt die Sprachen nur bei den Eltern, die beide Sprachen sprechen und verstehen. Sie führt mit ihrer Mutter Dialoge über Schulthemen, in denen sie Englisch und ihre Mutter Deutsch spricht. Anneli mischt aber nicht etwa Sprachen im Gespräch mit den Großeltern, die kein Englisch sprechen. Sie mag es auch nicht, «mal» einen englischen Satz zu sprechen, damit die Großeltern ihr Englisch hören können.

Prüfen Sie Ihr Wissen:

1. Wie unterscheidet sich die Sprachentwicklung eines einsprachig aufwachsenden Kindes von der Sprachentwicklung eines von Geburt an zweisprachig aufwachsenden Kindes?
2. Wie unterscheidet sich die Sprachentwicklung eines einsprachig aufwachsenden Kindes von der Sprachentwicklung eines Kindes, das im Kindergarten eine zweite Sprache lernt, hinsichtlich dieser Sprache?
3. Welche Vor- und Nachteile sind mit Zweisprachigkeit verbunden?

Vertiefung und Transfer

1. Was ist der Unterschied zwischen Meilenstein und Grenzstein? Wofür kann ein Meilenstein, sollte aber kein Grenzstein genutzt werden? Wofür ein Grenzstein, aber kein Meilenstein?
2. Analysieren Sie die gesprochene Sprache eines zwei- bis sechsjährigen Kindes in Ihrer Umgebung mithilfe der Stichworte in der Tabelle S. 95 zu den Ebenen der Sprache.
3. Führen Sie ein Gespräch mit einem ca. fünfjährigen Kind, z. B. um zu erfahren, was es gerade gemacht hat. Wenden Sie offene Fragen an. Greifen Sie seine Äußerungen auf, ohne in eine Abfragesituation zu geraten. Lassen Sie sich bei diesem Gespräch von einer anderen Person beobachten und reflektieren Sie mit ihr anschließend den Dialog.

Weiterführende Literatur & Links

Szagun, G. (2007). ***Das Wunder des Spracherwerbs: So lernt Ihr Kind sprechen.*** **Weinheim: Beltz.**

- Das Buch gibt einen Überblick über die Ergebnisse der Spracherwerbsforschung.
- Eine renommierte deutsche Spracherwerbsforscherin hat ihre Wissenschaft für Eltern übersetzt.
- Besonders für den Bereich der unter Dreijährigen geeignet.
- Das Buch enthält charmante Beispiele für Kindersprache und nette Illustrationen.
- Schöner Teil am Schluss des Buches, in dem häufig gestellte Fragen der Eltern beantwortet werden. Mit diesen Fragen werden sicher auch die Erzieherinnen konfrontiert.

Pinker, S. (2007). ***The language instinct: How the mind creates language.*** **New York: Harper Perennial Modern Classics.**

- Ein Klassiker, wenn auch nicht mehr ein ganz neuer.
- Das Buch beschreibt die Sprachentwicklung verständlich und unterhaltsam, ohne dabei auf dem Gebiet der Wissenschaft Abstriche machen zu müssen.
- Was sagen andere zu dem Buch?
- Neue Zürcher Zeitung: «Pinkers Buch ist nicht nur der bedeutendste linguistische Beitrag zum Jahrzehnt des Gehirns, sondern auch ein Lesevergnügen ohnegleichen.»
- Howard Gardner: «Steven Pinker, einer der weltweit führenden Sprachforscher, untermauert geschickt seine provokante These über die biologischen Grundlagen der Sprache. […] Der Sprachinstinkt ist ein ausgezeichnetes, unentbehrliches Buch.»

Kany, W. & Schöler, H. (2007). ***Fokus: Sprachdiagnostik. Leitfaden zur Sprachstandsbestimmung im Kindergarten.*** **Berlin: Cornelsen.**

- Für alle, die tiefer in die Sprachstandsbestimmung eintauchen möchten.
- Hier finden sich auch die Meilensteine einer normalen Entwicklung, die ein Kind mit unauffälliger Sprachentwicklung durchläuft.
- Das Buch enthält die gängigen Verfahren zur Sprachstandsbestimmung und bewertet ihre Einsetzbarkeit.
- Damit hilft es den Praktikern einzuschätzen, welches Verfahren für welche Bereiche und Kinder geeignet ist.
- Das Buch enthält anschauliche Fallbeispiele für Sprachauffälligkeiten.

Wendlandt, W. (2010). ***Sprachstörungen im Kindesalter*** **(6., aktualisierte Auflage). Stuttgart: Thieme.**

- Alles zu Sprachstörungen im Kindesalter mit vielen Materialien zur Früherkennung, Beratung und Förderung.
- Gibt Hinweise zur Unterstützung des Sprechenlernens und enthält Checklisten für Eltern und Erzieher.

- Angaben zu weiterführender Literatur für interessierte Laien und solche, die noch weiter in die Wissenschaft eintauchen möchten.
- Ein Buch, das den Praktiker gut ausrüstet, um mit Sprachstörungen umgehen zu können.

Grosjean, F. Myths about bilingualism, 2012, from http://www.francoisgrosjean.ch/myths_en.html

- François Grosjean, ein emeritierter Professor, der sich mit Zweisprachigkeit beschäftigt, hat auf seiner Website eine Rubrik zu Mythen über Zweisprachigkeit zusammengestellt (auf Englisch oder Französisch).

Jampert, K., Best, P., Guadatiello, A., Holler, D. & Zehnbauer, A. (2007). *Schlüsselkompetenz Sprache. Sprachliche Bildung und Förderung im Kindergarten. Konzepte, Projekte, Maßnahmen.* (2., erweiterte und überarbeitete Auflage). Weimar: verlag das netz.

- Dieses Buch führt mit anschaulichen Beispielen in die komplexe Welt der Sprachförderung ein.
- Ausgewählte Konzepte und Sprachprojekte werden analysiert und fachlich reflektiert.

Jampert, K., Zehnbauer, A., Best, P., Sens, A., Leuckefeld, K., Laier M. (2009). *Kindersprache stärken. Sprachliche Förderung in der Kita: das Praxismaterial.* Weimar: verlag das netz

- Sammelband mit fünf Einzelheften; die Materialien wurden im Rahmen des vom BMBF geförderten Projekts «Sprachliche Förderung in der Kita» am Deutschen Jugendinstitut (dji) entwickelt.
- Enthält allgemeine Informationen und Inhalte zum kindlichen Spracherwerb.
- Bietet Angaben zum Sprachgehalt unterschiedlicher Alltagsbereiche im Kindergarten.
- Praxisbeispiele helfen bei der Umsetzung im eigenen Kita-Alltag.

Mayr, T., Hofbauer, C., Kofler, A. & Simic, M. (2012). *LiSKit – Literacy und Sprache in Kindertageseinrichtungen.* Freiburg: Herder Verlag.

- LiSKit ist ein Selbstevaluationsbogen mit Begleitheft.
- Das Instrument eignet sich dazu, das eigene Sprachkonzept in der Kita zu reflektieren.
- Die Evaluationsfragen geben Impulse für die Weiterentwicklung der Sprachanregungen.
- Die Fragen helfen, das eigene Sprachverhalten zu überprüfen und weiterzuentwickeln.

6

Kognitive Entwicklung

Die vierjährige Lara liegt grübelnd im Bett: «Mama, warum haben Papa, Lukas [der Bruder] und ich blaue Augen und du grüne?» Die Mutter will das Gespräch abkürzen und antwortet, dass Lara ihre blauen Augen von ihrem Vater habe, sagt «Gute Nacht» und verlässt den Raum. Lara ist mit der Antwort nicht zufrieden. Sie ruft kurze Zeit später wieder nach der Mutter: «Ich finde Pumuckl gut, und ich habe blaue Augen. Papa findet Pumuckl gut und hat blaue Augen. Lukas findet Pumuckl gut und hat auch blaue Augen. Wenn du Pumuckl gut finden würdest, könntest du dann auch blaue Augen kriegen?»
Die Mutter schaut verdutzt und sagt, dass die Augenfarbe nicht verändert werden kann. Lara startet einen letzten Versuch: «Könntest du nicht wenigstens mal versuchen, Pumuckl gut zu finden, damit wir sehen können, ob du dann auch blaue Augen kriegst?»

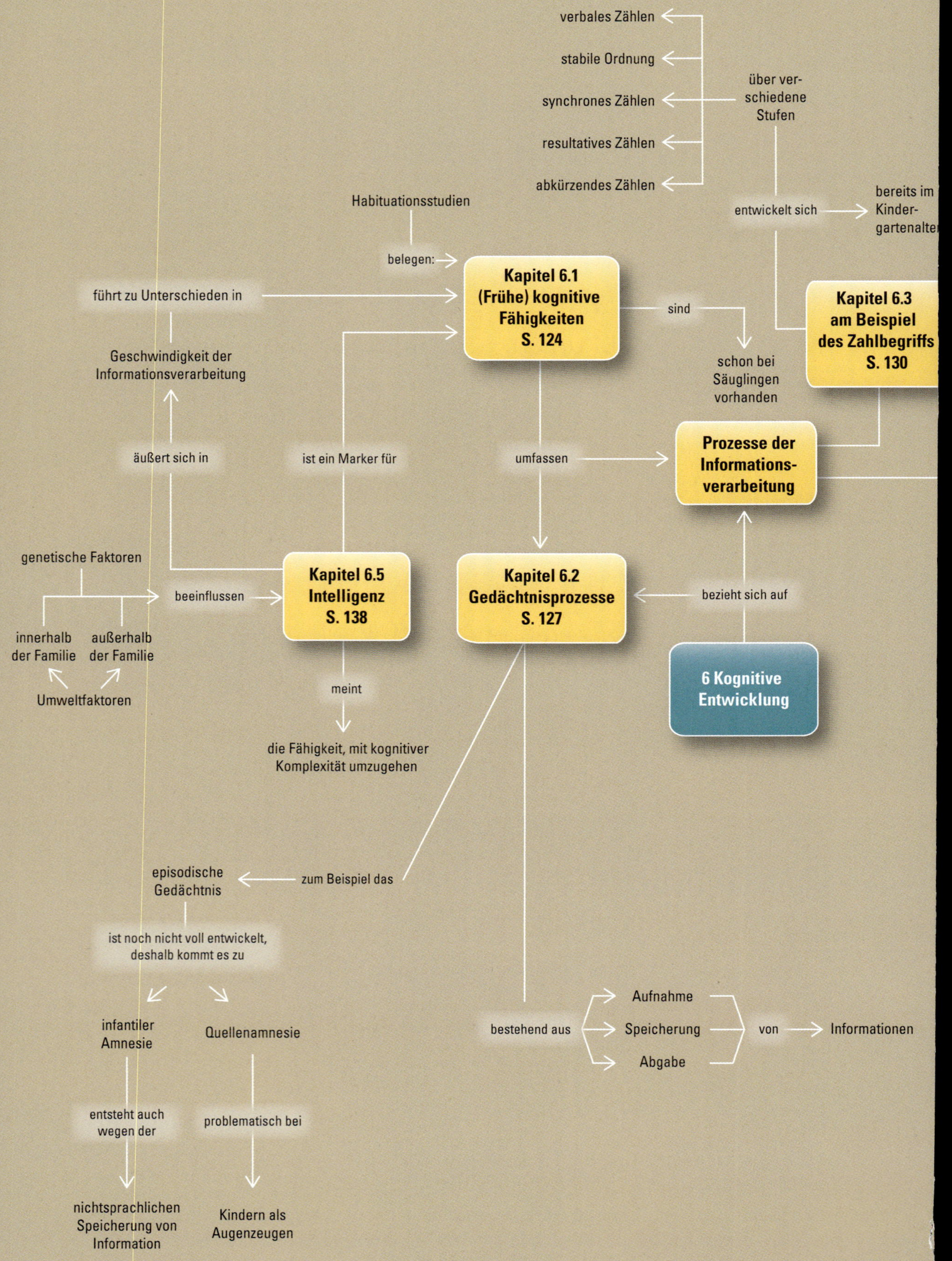

verbales Zählen
stabile Ordnung
synchrones Zählen
resultatives Zählen
abkürzendes Zählen
über verschiedene Stufen
entwickelt sich
bereits im Kindergartenalter
Habituationsstudien
belegen:
Kapitel 6.1 (Frühe) kognitive Fähigkeiten S. 124
sind
schon bei Säuglingen vorhanden
Kapitel 6.3 am Beispiel des Zahlbegriffs S. 130
führt zu Unterschieden in
Geschwindigkeit der Informationsverarbeitung
äußert sich in
ist ein Marker für
umfassen
Prozesse der Informationsverarbeitung
genetische Faktoren
beeinflussen
innerhalb der Familie
außerhalb der Familie
Umweltfaktoren
Kapitel 6.5 Intelligenz S. 138
Kapitel 6.2 Gedächtnisprozesse S. 127
bezieht sich auf
6 Kognitive Entwicklung
meint
die Fähigkeit, mit kognitiver Komplexität umzugehen
episodische Gedächtnis
zum Beispiel das
ist noch nicht voll entwickelt, deshalb kommt es zu
infantiler Amnesie
Quellenamnesie
entsteht auch wegen der
nichtsprachlichen Speicherung von Information
problematisch bei
Kindern als Augenzeugen
bestehend aus
Aufnahme
Speicherung
Abgabe
von
Informationen

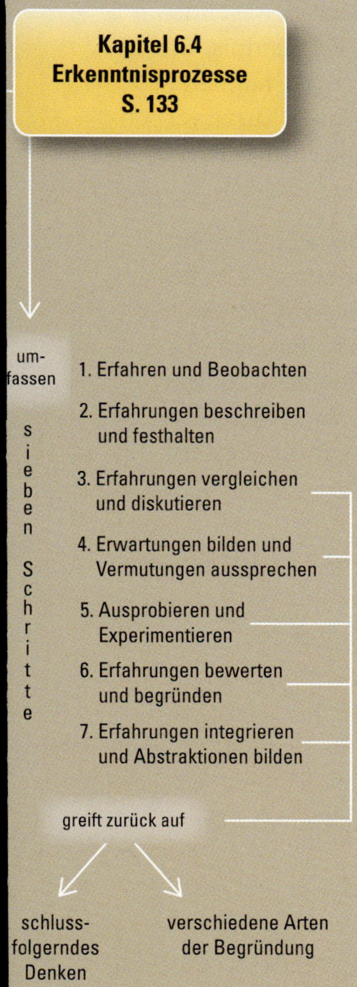

In diesem Kapitel erfahren Sie:

- was kognitive Fähigkeiten sind und über welche Fähigkeiten wir bereits früh verfügen
- wie sich Gedächtnisprozesse entwickeln
- wie sich Prozesse der Informationsverarbeitung entwickeln und wie sich das am Zahlbegriff und am naturwissenschaftlichen Erkenntnisprozess zeigt
- was Intelligenz ist und was die Intelligenzentwicklung beeinflusst

6.1 Frühe kognitive Fähigkeiten

Von den «kleinen Dummerchen» nur nicht zu viel verlangen! – Bis vor Kurzem war man landläufig der Meinung, dass Kinder unter sechs Jahren unbedingt vor jeglicher geistiger Überforderung geschützt werden müssten. Bis vor Kurzem hat auch die Entwicklungspsychologie unter dem Einfluss der Theorien von Piaget die geistigen Kompetenzen der Kleinen gewaltig unterschätzt.

Jedoch: Bereits drei Monate alte Säuglinge können Ursache-Wirkung-Zusammenhänge erkennen und zeigen erstaunliche Gedächtnisleistungen. Wenn man den Fuß von Säuglingen durch ein Band mit einem Mobile verbindet, lernen sie, dass ihr Strampeln das Mobile in Bewegung setzt. Und: Sie können sich an das Gelernte je nach Alter mehrere Wochen lang erinnern.

Bereits vier Monate alte Säuglinge, die gezielt nach liegenden Gegenständen greifen, greifen auch zielsicher nach sich bewegenden Gegenständen. Sie besitzen genug physikalisches Verständnis, um den Weg des bewegten Gegenstandes voraussagen zu können – egal, ob die Bewegung auf einer Geraden oder auf einer Kurve verläuft; egal, ob der Weg des Gegenstands komplett oder nur teilweise sichtbar ist.

Bereits fünf Monate alte Säuglinge verfügen über erste Mengenvorstellungen. Wenn zu einer Puppe hinter einem Schirm eine zweite gestellt wird, erwarten sie auch zwei Puppen dahinter. Woher weiß man das? – Säuglinge können doch nicht über ihre Einsichten berichten. Die Säuglinge merken jedoch, dass etwas nicht stimmt, wenn die zweite Puppe einfach weggeschummelt wird. Denn: Sie staunen oder, genauer gesagt, sie schauen länger auf die «Schummelszenen».

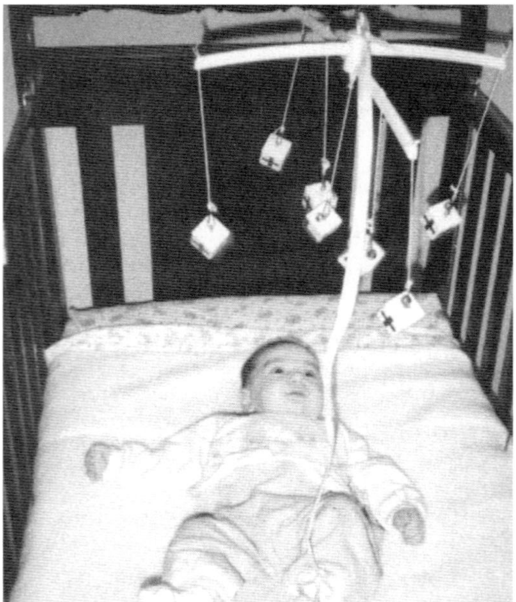

Der Fuß des Säuglings ist durch ein Band mit einem Mobile verbunden, sodass es sich durch das Strampeln bewegt.

Die Babyforschung hat diese Habituations-Dishabituations-Experimente in den letzten Jahrzehnten für sich entdeckt. Sie sind mittlerweile die wichtigste Methode zur Untersuchung früher geistiger Fähigkeiten. Während der Habituationsphase bekommen Babys immer wieder dasselbe zu sehen – und zwar so lange, bis sie sich langweilen. Während dieser Habituation bauen sich die Babys eine Vorstellung vom Gesehenen auf. Ein Gedächtnismodell entsteht. Sobald dieses mentale Bild jedoch mit dem gesehenen Bild übereinstimmt, verliert das Kind das Interesse. Seine Aufmerksamkeit lässt nach und es schaut weg. Wenn es dann aber etwas anderes zu sehen gibt, ist die Aufmerksamkeit wieder da (Dishabituation). Neues oder Überraschendes, wie eine Szene, in der die zweite Puppe plötzlich fehlt, starren die Kinder länger an.

Habituation: Gewöhnung

Habituations-Dishabituations-Experimente zeigen, dass kleine Kinder viel mehr können, als bislang angenommen: Die Kinder bilden mentale Repräsentationen, also Gedächtnismodelle. Sie verfügen über Mengenvorstellungen. Sie können belebte von unbelebten Objekten unterscheiden. Sie verstehen räumliche Relationen, z. B. dass ein großer Hase hinter einem etwas kleineren Schirm nicht komplett verschwindet. Die Hasenohren müssten noch zu sehen sein. Und: Sie können es viel zeitiger, als bislang gemeint. Ihre kognitive Entwicklung beginnt früh mit der Entfaltung vieler Kompetenzen – anders als es noch Piaget in seiner einflussreichen Theorie zur kognitiven Entwicklung annahm.

Piaget wird heute dafür kritisiert, dass er seine Studien nur mit wenigen Kindern durchführte. Ausserdem wählte er Methoden, die Kinder zu falschen Antworten verleiteten.

Die kognitive Entwicklung nimmt die Ausbildung jener Prozesse in den Blick, die im Zusammenhang mit der Aufnahme, Verarbeitung, Aufbewahrung und Abgabe von Informationen stehen.
Die Gesamtheit der kognitiven Prozesse lässt sich dabei in zwei Bereiche unterteilen. Einerseits sind da die **Gedächtnisprozesse**: die Aufnahme, Aufbewahrung und Abgabe von Informationen (siehe Abb. unten). Andererseits gibt es die **Prozesse der Informationsverarbeitung**: Denken, Planen und mentales Problemlösen. Diese Verarbeitungsprozesse bauen auf den Gedächtnisprozessen auf.

Kognitiv: das Denken und Wahrnehmen betreffend

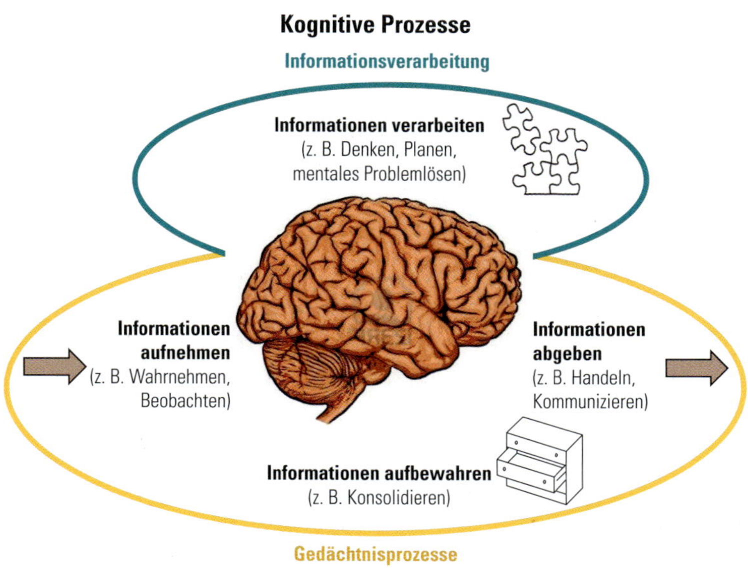

Überblick über die verschiedenen kognitiven Prozesse

Wie kommen diese kognitiven Prozesse im Verhalten eines Kindes zum Ausdruck? Durch die **Aufnahme von Informationen** kann der Säugling das Wackeln des Mobiles und die Bewegung des Gegenstands wahrnehmen. **Informationsverarbeitungsprozesse** lassen ihn den Zusammenhang zwischen seinem Strampeln und dem Wackeln des Mobiles erkennen, die Bahn eines sich bewegenden Gegenstandes vorausbestimmen sowie sein mentales Modell «eine Puppe plus eine weitere Puppe ergibt zwei Puppen» mit der wahrgenommenen Situation abgleichen. Die Prozesse rund um die **Sicherung von Informationen** ermöglichen es dem Säugling, den Zusammenhang zwischen Strampeln und der Mobile-Bewegung oder auch das Gedächtnismodell des unbewegten Mobiles zu speichern. Die Prozesse im Zusammenhang mit der **Abgabe von Informationen** erlauben es dem Säugling, zielsicher nach dem bewegten Gegenstand zu greifen oder auch zu strampeln, um das Mobile zum Wackeln zu bringen.

Prüfen Sie Ihr Wissen:

1. Beschreiben Sie zwei kognitive Fähigkeiten, die schon bei sechs Monate alten Babys beobachtet wurden.
2. Wie funktionieren Habituations-Dishabituations-Experimente? Warum sind sie in der Forschung so beliebt?
3. Warum verliert die Theorie von Piaget immer mehr an Einfluss?
4. In welche Unterkategorien lassen sich kognitive Prozesse aufteilen?

6.2 Gedächtnisprozesse

Die oben beschriebene Studie hat gezeigt, dass sich drei Monate alte Babys an Gelerntes erinnern können. Sie strampeln mit dem Fuß, wenn sie das Mobile sehen – auch wenn ihr Füßchen gar nicht mehr damit verbunden ist. Die Entwicklung der Sprache und insbesondere der Vokabelspurt (siehe Kap. 5, Sprachentwicklung) zeigen, dass Kinder im Alter von zwei Jahren ein ausgezeichnetes Gedächtnis haben – zumindest in Bezug auf Worte und ihre Bedeutungen.

Doch können Sie sich an Ihren zweiten Geburtstag erinnern? An Ihren dritten? Wahrscheinlich nicht. Unsere frühesten Erinnerungen reichen kaum in die Zeit vor unserem dritten Geburtstag zurück. Das episodische Gedächtnis (vgl. Kap. 1.1, S. 21 Tab. Arten des Wissens) ist zu diesem Zeitpunkt noch äußerst löchrig und vergänglich. Dieses Phänomen wird als infantile Amnesie bezeichnet. In einer Studie wurden Grundschülern Fotos von Kindergartenkindern vorgelegt. Manche der Fotos zeigten Kinder, mit denen sie früher zusammen den Kindergarten besucht hatten, die sie aber seitdem aus den Augen verloren haben. Andere Fotos zeigten fremde Kinder. Die Grundschüler erkannten im Durchschnitt nur etwa einen von fünf alten Spielkameraden wieder. Manche erkannten niemanden. Zum Vergleich: Erwachsene erkennen selbst 50 Jahre später noch über 70 Prozent der Klassenkameraden aus ihrer Schulzeit. Ein weiteres Beispiel für infantile Amnesie: Stirbt ein Elternteil, bevor ein Kind vier Jahre alt ist, kann es sich fast nicht mehr an die Person erinnern.

Infantil: kindlich

Amnesie ist eine Störung des Gedächtnisses, bei der man sich nicht mehr an bestimmte Dinge oder Zeiten erinnern kann.

Bei der infantilen Amnesie handelt es sich aber möglicherweise gar nicht um eine echte Störung des Gedächtnisses. Vielleicht werden frühe Erinnerungen nur als Handlungen (beim Mobile: Strampeln) oder Empfindungen (Hier fühl ich mich wohl!) abgespeichert. Sie sind womöglich nicht mehr so leicht abrufbar, da sie nicht – wie spätere Erinnerungen – zusätzlich auch sprachlich gespeichert wurden. Die Aufnahme der Informationen ist gelungen – und auch ihre Speicherung, doch es könnte an der Informationsabgabe hapern. Für diese Erklärung spricht auch das Experiment mit den Grundschulkindern, denen Kinderfotos gezeigt wurden: Obwohl manche der Kinder keinen einzigen der ehemaligen Spielkameraden erkannten, zeigten diese Schüler stärkere physiologische Reaktionen (erfasst durch den Hautleitwert) beim Betrachten der ehemaligen Spielkameraden als beim Ansehen der fremden Kinder.

Physiologisch: körperlich

Der Hautleitwert, ein Maß für die physiologische Erregung einer Person, zeigt die emotionale Beteiligung an.

Nicht nur das episodische Gedächtnis der Dreijährigen muss sich erst richtig entwickeln. Sie können sich auch kaum daran erinnern, woher sie etwas wissen. In diesem Zusammenhang wird von Quellenamnesie gesprochen. Die Fähigkeit des Wissens um die Wissensquelle entwickelt sich erst im Alter zwischen drei und fünf Jahren.

Quellenamnesie liegt vor, wenn man nicht mehr weiß, woher man etwas weiß.

Für ein Experiment wurden Gegenstände wie Plastiklöffel und Spielzeugautos in verschiedenen Schubladen verstaut. Dreijährige konnten einigermaßen gut angeben, was sich in welcher Schublade befindet. Aber es fiel ihnen schwer, sich zu erinnern, woher sie es wussten: ob der Studienleiter es ihnen vorher gesagt hat, ob er es ihnen zeigte oder einen Hinweis darauf gab. Bei den Dreijährigen absolvierte nur ein Drittel den Gedächtnistest ohne Fehler. Bei den Vierjährigen blieb mehr als die Hälfte fehlerfrei. Bei den Fünfjährigen lag nur noch ein Viertel der Kinder falsch.

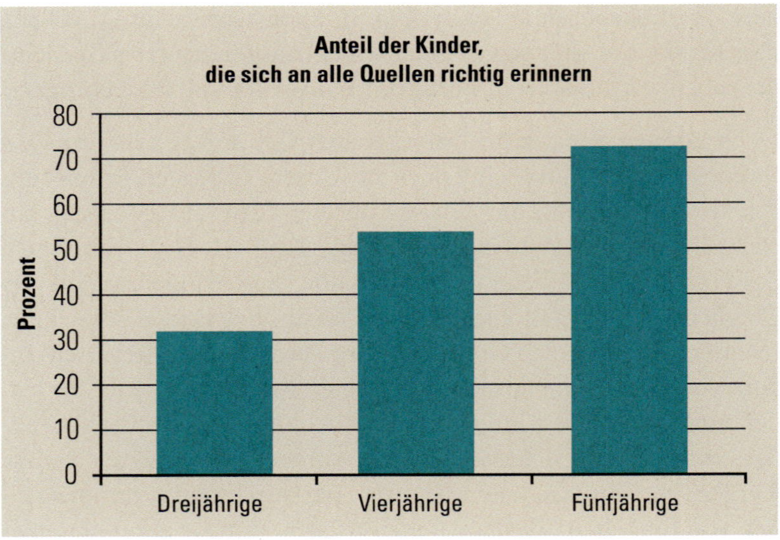

«Ich habe in meinem Leben schreckliche Dinge durchgemacht, von denen sich manche tatsächlich ereignet haben.» *(Mark Twain)*

In einer anderen Studie wurden Vierjährigen neue Wissensinhalte vermittelt, z. B., dass der Nil der längste Fluss der Welt ist. Eine Woche später wurden sie wieder nach diesen Fakten gefragt. Das semantische Gedächtnis funktionierte gut: Im Durchschnitt konnten sich die Vierjährigen fast 70 Prozent der Fakten merken. Doch sie wussten nicht genau, woher sie das wussten. Bei über der Hälfte der Fakten meinten sie fälschlicherweise, sie hätten das Wissen von ihren Eltern, Erzieherinnen oder aus den Medien bezogen. Sechsjährige in diesem Experiment zeigten ein vergleichbar hohes Faktenwissen. Zusätzlich wussten sie auch, woher sie das Wissen hatten: Nur etwa zehn Prozent gaben falsche Quellen an, und zwar Quellen, die nichts mit dem Experiment zu tun hatten. Wenn es Vierjährigen schwer fällt einzuschätzen, woher sie etwas wissen, überrascht auch das nicht: Ihnen bereitet es große Mühe, zwischen realen Situationen und solchen zu unterscheiden, die nur in ihrem Kopf stattgefunden haben. In einer Studie haben Kindergartenkinder verschiedene Szenen, wie das Basteln einer Geburtstagseinladung oder das Auspacken eines Picknick-Korbs, entweder erlebt oder sich nur vorgestellt. Nach einer Woche wurden sie wieder danach gefragt. Die Kinder sollten angeben, ob diese Szenen tatsächlich passierten oder ob sie sich nur in ihrer Vorstellung abspielten. Sechsjährige waren richtig gut: Nur zwei von 20 Kindern machten überhaupt Fehler. Bei den Vierjährigen sah das anders aus. Sie hatten große Schwierigkeiten. Von 20 machten nur fünf Kinder vollständig richtige Angaben. Alle anderen Vierjährigen beschrieben reale Situationen als vorgestellt oder vorgestellte als real.

Die Schwierigkeit, Vorstellungen und Realität nicht voneinander unterscheiden zu können, mag für Unbeteiligte amüsant sein. Eltern hingegen reagieren möglicherweise pikiert, weil sie meinen, ihre Kinder würden schwindeln. Richtig ernst wird es aber, wenn Kinder als Augenzeugen auftreten müssen. Unter Anwendung von suggestiven Fragen können Kindergartenkinder dazu gebracht werden, Vorfälle zu schildern, die gar nicht stattgefunden haben. In einem Experiment berichteten fast alle Kinder, dass sie gesehen haben wollen, wie ein Dieb Kekse im Kindergarten gestohlen hat. Das mentale Modell des Keksdiebstahls entstand jedoch nicht als Abbild der Realität, sondern wurde von den Interviewern suggeriert: «Lina und Max waren dort und haben mir erzählt, dass du auch dort warst.» Kinder, die falsche Erinnerungen berichten, lügen nicht. Sie sagen ja nicht trotz besseren Wissens die Unwahrheit. Die Ereignisse, an die sie sich erinnern, fanden nur in ihrem Kopf statt, aber nicht in der realen Welt. Deshalb können Erinnerungen, auch ganz ehrlich berichtete, schlichtweg falsch sein. Selbst Experten sind dann nicht mehr in der Lage festzustellen, ob die Erinnerung auf einer realen oder vorgestellten Situation beruht. Nur wenn die Kinder in neutralen und für sie verständlichen Worten befragt werden, können sie genau berichten, was geschehen ist und wer was getan hat.

Suggerieren: einreden, eingeben

Letztendlich ist es selbst für Erwachsene schwierig, genau zu berichten, was einmal passiert war, denn im Moment des Erinnerns wird ja kein Video über das Geschehene abgespult, um das Erlebte ein weiteres Mal anzuschauen. Vielmehr wird der Vorgang aus der Vergangenheit rekonstruiert und damit verändert wiedergegeben. Wenn erwachsene Zeugen unter Verwendung des Begriffes «Totalschaden» zu einem Autounfall befragt werden, berichten sie von höheren beobachteten Geschwindigkeiten, als wenn das Wort vermieden wird.

Peter Ellis, ein neuseeländischer Erzieher, wurde 1993 aufgrund absurder Aussagen zu zehn Jahren Gefängnis verurteilt. Kinder meinten z. B., sie wurden im Keller in Käfige gesperrt, die von der Decke hingen. Außer den Aussagen gab es keine Hinweise auf ein Fehlverhalten. Der Prozentsatz der männlichen Erzieher ist in Neuseeland nach dem Prozess eingebrochen.

Prüfen Sie Ihr Wissen:

1. Nennen Sie eine Stärke und eine Schwäche des Gedächtnisses von dreijährigen Kindern.
2. Beschreiben Sie ein Experiment, welches die sich noch entwickelnde Gedächtnisleistung im Kindergartenalter belegt.
3. Was muss beachtet werden, wenn Kindergartenkinder als Augenzeugen aussagen?

6.3 Mathematik im Kindergarten: Die Entwicklung des Zahlbegriffs

Schon Säuglinge verfügen über Mengenwissen. Sie können Mengen vergleichen und Mengenveränderungen beurteilen (vgl. Studie mit ein oder zwei Puppen hinter dem Schirm, S. 124). Um Mathematik zu lernen, muss ein Kind nicht am Mathematikunterricht teilnehmen. Die Welt an sich ist schon voller Mathematik – auch die im Kindergarten. Mathematik zeigt sich z. B.

- beim Würfelspiel: «Du hast eine Drei und darfst eins-zwei-drei Felder vor.»
- beim Tischdecken: «Wie viele Teller brauchen wir?», «Es fehlen noch zwei Löffel.»
- beim Erklimmen der Sprossenwand: «Ich bin schon ganz oben!», «Noch zwei und ich auch!»
- beim Auffädeln von Ketten: «Ich nehme immer eine blaue und eine rote Perle abwechselnd.»
- beim Zählen, wie viele Tage es noch bis zum Geburtstag sind.
- beim Lernen und Erinnern von Haus- oder Telefonnummern.
- beim Bauen: «Ich habe den höchsten Turm gebaut!», Oli zu Florian: «Ich brauch jetzt den Ganz-Kurzen [Baustein].»

Verbal: gesprochen, mündlich

Im Kindergartenalter entwickelt sich die Fähigkeit zu zählen. Mit ungefähr drei Jahren beginnen die Kinder mit dem verbalen Zählen. Diese Art des Zählens hat aber mehr mit dem Aufsagen eines Gedichtes als mit dem Herausfinden einer Anzahl zu tun. Beim verbalen Zählen sprechen die Kinder die Wortfolge «einszweidrei» richtig, ohne deren Bedeutung zu kennen. Ein Beispiel wäre: Wir lernen «rasdwatri» auswendig und verstehen erst später, dass dies auf Russisch eins-zwei-drei heißt.

Das spontane Auftreten des verbalen Zählens kann auch zeitlich vorverlegt werden: In einer Kindertagesstätte war das Trampolin sehr beliebt. Selbst die kleinen Kinder wollten unbedingt darauf hüpfen. Sie wollten nicht einsehen, dass dies nur die größeren durften. Also führten die Erzieherinnen eine spezielle Regel ein: Nur wer bis zehn zählen kann, darf auf dem Trampolin springen. Innerhalb weniger Tage lernten sogar Kinder, die noch nicht einmal zwei Jahre alt waren, die Zahlen von eins bis zehn zu nennen.

Im Alter von ungefähr vier Jahren benutzen Kinder die Zahlwörter zum Zählen. Wie viele Buntstifte liegen auf dem Tisch? Eins-zwei-drei-vier. Die Kinder haben in dieser Phase schon das erste Zählprinzip erfasst: das **Prinzip der stabilen Ordnung**. Sie verstehen jetzt, dass die Zahlwörter eine feste Ordnung haben. Es heißt eins-zwei-drei-vier und nicht etwa eins-drei-zwei-vier. Wenn das Zählen zu Beginn noch nicht richtig gelingt (Stifte werden beim Zählen übersprungen bzw. übersehen oder zweimal gezählt), spricht man vom asynchronen Zählen.
Zählt das Kind fehlerfrei, befindet es sich in der Phase des synchronen Zählens. Dabei benutzen Kinder ein Zahlwort und zeigen gleichzeitig auf genau ein Objekt. Ein Stift, zwei Stifte, drei Stifte. In dieser **Eins-zu-eins-Zuordnung** kombinieren sie ihr Wissen über die Zahlen mit ihrem Wissen über die Mengen. Damit haben die Kinder ein weiteres Zählprinzip verstanden: Jedem zu zählenden Objekt darf nur genau ein Zahlwort zugewiesen werden.

Mit etwa viereinhalb Jahren ordnen die Kinder die Objekte beim Zählen. Die Buntstifte werden gezählt, indem die bereits gezählten zur Seite geschoben werden. Im Alter von ungefähr fünf Jahren beherrschen die Kinder das resultative Zählen. Sie wissen: Wenn sie beim Zählen mit der Eins anfangen und jedes Objekt nur einmal zählen, gibt die letztgenannte Zahl die Anzahl der Objekte an. Sie haben damit ein drittes Zählprinzip, das Kardinalprinzip verstanden.

Kardinalprinzip: Die zuletzt benutzte Zahl im Abzählprozess gibt die Anzahl der Objekte an.

«‹Kannst du addieren?›, fragte die Weiße Königin. ‹Wie viel ist eins und eins und eins und eins und eins und eins und eins und eins und eins und eins?› ‹Ich weiß nicht›, sagte Alice, ‹ich bin nicht mehr mitgekommen.› ‹Sie kann nicht addieren!›, unterbrach die Schwarze Königin.» *(Lewis Caroll)*

Mit ca. fünfeinhalb bis sechs Jahren beherrschen die Kinder das abkürzende Zählen. Sie erkennen Strukturen in den Mengen von Objekten. Sie brauchen nicht die Punkte auf den Würfelbildern 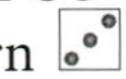 oder  durchzuzählen, um zu wissen, dass es sich jeweils um die Zahl Drei oder Fünf handelt. Sie können Strukturen bilden (drei Buntstifte) und von dort aus aufwärts zählen (vier, fünf, sechs Buntstifte insgesamt). Sie können die Buntstifte auch in Zweiergruppen zählen: zwei, vier, sechs Stifte. In dieser Phase sind Kinder in der Lage, auch schon einfache Rechnungen zählend lösen.

Die Entwicklung des Zählens und anderer mathematischer Vorläuferfertigkeiten lässt sich im Kindergartenalter erfolgreich anregen, unterstützen und fördern. Das jedoch bringt manche Grundschullehrkraft in die Klemme. Lehrpläne lassen die Unterschiede der mathematischen Kenntnisse, die die Kinder bereits in die Schule mitbringen, außer Acht. So zeigt eine Schweizer Studie, dass sich jeder fünfte Schulanfänger schon im Mathematik-Lernstoff der Klasse 2 bewegt. Damit umzugehen ist eine Aufgabe der Schule. Es kann nicht der Auftrag des Kindergartens sein, die Entwicklung der mathematischen Vorläuferfertigkeiten zurückzuhalten.

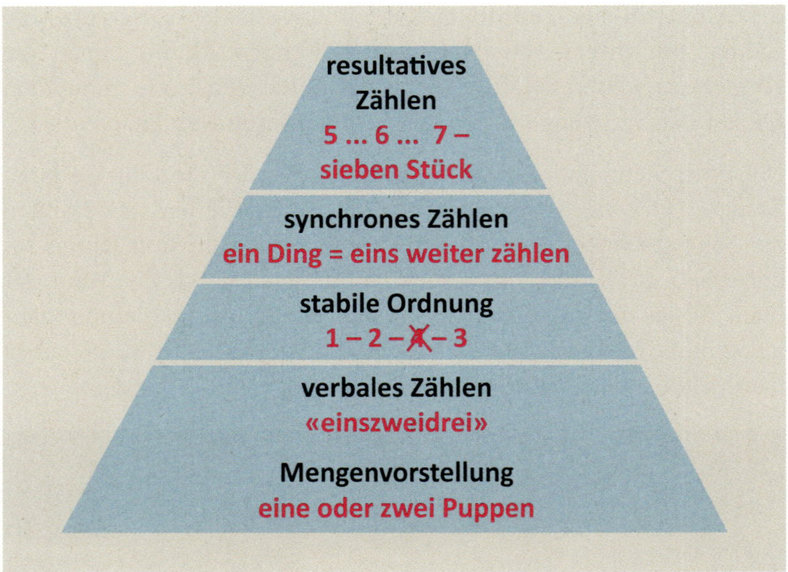

Prüfen Sie Ihr Wissen:

1. Nennen Sie vier Situationen, in denen Mathematik für Kindergartenkinder zum Alltag gehört.
2. Nennen Sie zwei der Zählprinzipien, die Kindergartenkinder erwerben.
3. Beschreiben Sie zwei Phasen der Entwicklung des Zählens und erläutern Sie, wie sie aufeinander aufbauen.

6.4 Erkenntnisprozesse am Beispiel von (Natur-)Wissenschaften im Kindergarten

Wahrnehmen können wir alles, was wir sehen, spüren, hören, schmecken und riechen können. Damit erschließt sich schon ein großer Teil der Welt – aber bei Weitem nicht alles. Durch Nachdenken und Experimentieren können wir noch mehr erkennen, beispielsweise den Grund dafür, warum Steine nicht schwimmen, jedoch Ozeandampfer, obwohl diese schwerer sind; wie Krankheiten übertragen werden und wie man sich davor schützen kann oder wie Kinder am besten in ihrer Entwicklung unterstützt werden, egal um welchen Entwicklungsbereich es sich handelt. Der Erkenntnisprozess aller Menschen – sowohl der angehender Erzieherinnen als auch der kleiner Kinder – ähnelt dem von Forschern, wenn sie Untersuchungen anstellen. Er lässt sich in sieben Schritte unterteilen. In Bezug auf frühe naturwissenschaftliche Bildung beispielsweise ist er folgendermaßen aufgebaut:

«Das Aufregendste, was man in der Wissenschaft hören kann, ist nicht ‹Heureka! Ich hab's gefunden!›, sondern ‹Das ist ja komisch!›» *(Isaac Asimov)*

Schritte im Erkenntnisprozess

1. Bewusst erfahren und beobachten
Der Ausgangspunkt jeder Erkenntnis ist die Erfahrung. Bewusste Erfahrungen können an vielen Stellen gewonnen werden: wenn Kinder Steine in den Bach werfen, eine Erbsenpflanze beim Wachsen beobachten, einen Turm aus Holzklötzen bauen. Bewusste Erfahrungen bilden das Fundament für frühe naturwissenschaftliche Bildung.

«Die Basis aller Erkenntnis ist die Erfahrung.» *(Bruno Krapf)*

2. Erfahrungen beschreiben und festhalten
Bewusste Erfahrungen sind der Ursprung neuen Wissens. Aber sie sind noch nicht das neue Wissen selbst. Werden Erfahrungen beschrieben und festgehalten, egal ob in Wort, Bild oder in einem anderen Format, bleiben sie eher erhalten. Besonders, wenn neue

Erfahrungen mit bereits vorhandenem Wissen verknüpft werden, kann auf diesem Fundament aufgebaut werden. «Mit diesen Klötzen kann ich hohe Türme bauen.»

3. **Erfahrungen vergleichen und diskutieren**
Der Vergleich von Erfahrungen verlangt eine vertiefte Auseinandersetzung mit ihnen. Bei einem Vergleich werden Gegenstände, Zustände oder Abläufe zueinander in Beziehung gesetzt. Wir können über Zeitverläufe hinweg Vergleiche an einer Sache anstellen, wie zum Beispiel bei der täglichen Beobachtung der wachsenden Erbsenpflanze. Wir können Gegenstände anhand ihrer Eigenschaften vergleichen: Der Stein sinkt, das Papierschiffchen schwimmt. Wenn wir Ähnlichkeiten und Unterschiede systematisch bestimmen – ob bei der Erbsenpflanze zu verschiedenen Zeitpunkten oder zwischen dem Stein und dem Papierschiffchen – immer entstehen dabei Erwartungen und Vermutungen.

4. **Erwartungen bilden und Vermutungen aussprechen**
Wird ein Brett im Wasser schwimmen? Es fällt kleinen Kindern oft schwer, sich zu überlegen, was passieren könnte, bevor sie etwas tun und erfahren haben. Antizipieren vor dem Handeln stellt für sie – und nicht nur für sie – eine große Herausforderung dar. Doch gerade das Ausbilden von Erwartungen und Vermutungen (oder Hypothesen, wie die Wissenschaftler es nennen) ist ein wichtiger Schritt im Erkenntnisprozess. Ohne eine Vermutung sind wir nur passive Betrachter oder unbeteiligte Beobachter. Mit einer Vermutung gewinnt das Ergebnis für uns an Bedeutung.

5. **Ausprobieren und Experimentieren**
Kaum ein Kindergartenkind experimentiert spontan auf systematische Art und Weise. Dennoch finden sich im Kindergartenalltag Situationen, in denen die Kinder etwas gezielt ausprobieren. Sie überprüfen systematisch ihre Vermutungen. Schwimmt das Brett nun oder nicht? Was schwimmt überhaupt, was sinkt? Was wird von einem Magneten angezogen, was nicht? All das zählt schon zum Experimentieren.

«Nicht von Antwort zu Antwort, sondern von Frage zu Frage wachsen wir.» *(Konfuzius)*

6. **Erfahrungen bewerten und begründen**
«Ich denke, das Brett schwimmt nicht, sondern es sinkt.» Falsch! Beim Ausprobieren hat das Kind gemerkt, dass das Brett doch schwimmt. Jetzt geht es darum, diese Erfahrung anzuerkennen. Das wäre einfach, wenn die Vermutung richtig gewesen wäre: «Ist so, wusst' ich schon vorher.» Es ist jedoch anspruchsvoll, wenn man offensichtlich falsch lag und auch die Resultate erneuter Versuche gegen die ursprüngliche Vermutung sprechen. Gerade kleine Kinder tun sich oft schwer damit. Nicht selten wird das «falsche» Ergebnis einfach ignoriert. Kann ein Kind aber ein unerwartetes Ergebnis anerkennen – «Komisch, hätt ich nicht gedacht.» –, ist ein wichtiger Schritt vollbracht. Allerdings kommt es nun auch noch auf die Begründung des Kindes für das Ergebnis an. Wurde die eigene Vermutung bestätigt, ist es normalerweise schwer, vom Kind etwas anderes zu hören, als dass es eben

so sei, wie es ist. Eine solche Begründung ist im engeren Sinne gar keine Begründung (vgl. Stufenmodell des schlussfolgernden Denkens). Eine falsche Vermutung regt dagegen an, sich vertieft Gedanken über mögliche andere Gründe zu machen. Und vielleicht erklimmt ein Kind damit schon eine höhere Stufe im schlussfolgernden Denken.

7. **Erfahrungen integrieren und Abstraktionen bilden**
   Kleine Kinder lieben es, interessante Effekte zu wiederholen. Sie entwickeln damit ein Gefühl für die Zuverlässigkeit eines Ergebnisses. «Das Brett schwimmt immer.» Nun geht es darum, das Ergebnis in bestehende Wissensstrukturen zu integrieren. Erst diese Integration führt zu einer dauerhaften Wissenserweiterung. Neue Erfahrungen können bereits vorhandene Wissensstrukturen anreichern oder bestehende Konzepte umstrukturieren.

Kinder erwerben im Kindergarten durch Erfahrungen in naturwissenschaftlich relevanten Alltagssituationen ein Basiswissen, auf dem später aufgebaut werden kann. Zusätzlich bilden sich Denkmuster heraus, die nicht nur für naturwissenschaftliche Inhalte hilfreich sind.

Innere Erkenntnisprozesse lassen sich nur schwer beobachten. Aber die Begründungen, die Kinder abgeben, lassen sich sehr wohl einschätzen. Ein erfolgreicher Erkenntnisprozess zeigt sich in den Begründungen der Kinder.

Warum schwimmt ein Stein nicht? Darum! «Darum» ist eine oft gehörte «Kindergartenbegründung». Mit einem guten Argument hat das aber noch nichts zu tun. Solches Begründen ist streng genommen noch gar kein Begründen. Ein Kind, das so argumentiert, befindet sich damit lediglich auf der ersten Stufe im Stufenmodell des schlussfolgernden Denkens.

Stufenmodell des schlussfolgernden Denkens	
Stufen des Begründens/ Argumentierens	**Beispiel**
1. Zirkulär oder nichtig: *Keine Begründung im strengen Sinne*	
Es ist so, weil es so ist. Warum? Darum!	Der Stein schwimmt nicht, weil er sinkt. Der Stein schwimmt nicht, weil er schlechte Laune hat.
	Mia ist meine Freundin, weil ich sie gern hab.
2. Funktionalistisch: *Hinweis auf Sinn/Nutzen einer Situation*	
Es ist so, weil es so sein soll. Es ist so, weil ich es so will.	Der Stein schwimmt nicht, weil ich das nicht will.
	Die Sonne scheint, weil wir in den Wald gehen wollen.
3. Phänomenologisch: *Hinweis auf einen bestimmten Aspekt/ein bestimmtes Merkmal der Situation*	
Es ist so, weil X so ist.	Der Stein schwimmt nicht, weil er schwer ist.
	Ich habe blaue Augen, weil ich Pumuckl gut finde.
4. Vergleichend: *Hinweis auf eine bestimmte andere Situation*	
Es ist so, weil es da auch so war/anders war.	Der Stein schwimmt nicht, weil ich es gesehen habe. Der Stein schwimmt nicht, weil er kein Boot ist.
	Dieser Roller fährt schneller, weil er rot ist. Rote Autos sind auch immer die schnellsten. Das Bild mit der rosa Blume ist das schönste, weil rosa meine Lieblingsfarbe ist.
5. Regelhaft: *Hinweis auf allgemeine Regel, verschiedene Situationen*	
Immer wenn …, ist es so.	Der Stein schwimmt nicht, weil alle unsere Steine gesunken sind.
	Immer wenn ein Kind mit an der Wursttheke einkauft, bekommt es eine Scheibe Wurst von der Verkäuferin.
6. Erklärend: *Hinweis auf erklärende Konstrukte*	
Es ist so, weil …	Der Stein schwimmt nicht, weil seine Masse größer ist als die Masse des Wassers, das er verdrängt.
	Tobi freut sich, wenn er beim Kartenspiel gewinnt. Kinder freuen sich, wenn sie gewinnen. Gewinnen macht Spaß.

Stufenmodell des schlussfolgernden Denkens

«Also ich will, dass ihr diese Aufgabe jetzt erledigt.» – «Warum?» – «Weil ich das so möchte.» *(Aufforderung eines Dozenten der TU Dortmund an seine Studierenden)*

Kindergartenkinder können durchaus phänomenologisch oder vergleichend begründen, gelegentlich auch regelhaft. Erklärendes Begründen ist aber eher die Ausnahme – ganz gleich, in welchem Bereich. Übrigens: Das gilt oft nicht nur für Kindergartenkinder, sondern auch für Erwachsene. Das erklärende Begründen stellt eine besonders fortgeschrittene Form des schlussfolgernden Denkens dar. Kindergartenkinder, die in einem Bereich Begründungen oberhalb der phänomenologischen Stufe geben können, haben allen Grund, stolz auf sich zu sein.

Wie können pädagogische Fachkräfte den Erkenntnisprozess und die Entwicklung des schlussfolgernden Denkens unterstützen? Es gibt verschiedene Programme, mit deren Hilfe die Naturwissenschaften und naturwissenschaftliche Denkweisen in den Kindergarten getragen werden können. Eines dieser Programme (ScienceStart/LiteraSci) basiert auf einem Zyklus in vier Schritten, der den Erkenntnisprozess nachbildet. Im Inneren des Kreises sind diese vier Schritte benannt. Im Außenbereich finden sich beispielhafte Sätze, mit denen die pädagogischen Fachkräfte den Erkenntnisprozess anregen können.

Prüfen Sie Ihr Wissen:

1. Nennen Sie drei der sieben Schritte des Erkenntnisprozesses. Geben Sie Beispiele für das jeweilige Verhalten von Kindergartenkindern.
2. Was versteht man unter einer zirkulären Begründung? Was unter einer vergleichenden Begründung?
3. Wie können pädagogische Fachkräfte anregen, dass Kindergartenkinder Dinge planen und voraussagen?

6.5 Intelligenz als Marker kognitiver Leistungsfähigkeit

Das Konzept der Intelligenz erhitzt viele Gemüter. Kein anderes psychologisches Thema wird in der Öffentlichkeit so kontrovers diskutiert wie dieses. Dabei prallen meist weniger die Sichten von verschiedenen Wissenschaftlern aufeinander, sondern eher die von Experten und Laien. Das Konzept der Intelligenz ist nicht zuletzt deshalb in Misskredit geraten, weil zu verschiedenen Zeiten an verschiedenen Orten ganzen Bevölkerungsgruppen vorgeworfen wurde und wird, in Bezug auf ihre Intelligenz minderwertig zu sein. Dabei hat das Konzept der Intelligenz das Potenzial, bei Wissenschaftlern und Laien gleichermaßen beliebt zu sein. In der Wissenschaft ist es anerkannt, weil das Maß der Intelligenz Leistungen in Schule und Beruf voraussagen kann. Erst vor Kurzem hat die Intelligenz dabei Konkurrenz bekommen: Mit den Exekutiven Funktionen (vgl. Kap. 2) hat man ein noch besseres Vorhersagemaß gefunden. Bei Laien könnte die Intelligenz ebenso beliebt sein. Was wünscht man sich im Leben? Bittet man Personen, Merkmale nach ihrer Wichtigkeit zu ordnen, bekommt Gesundheit den ersten Platz zugewiesen. Doch gleich danach wird Intelligenz genannt. Intelligenz ist also begehrenswert.

Aber was ist eigentlich Intelligenz? Intelligenz wird mitunter als das definiert, was der Intelligenztest misst. Jedoch anders als die Körpergröße, die man auch messen kann, erschließt sich Intelligenz nicht sofort. Bei der Körpergröße ist sofort klar, was gemessen wird: der Abstand zwischen Fußsohlen und Scheitel. In Bezug auf die Intelligenz ist nicht unbedingt sofort einsichtig, was gemessen wird. Wissenschaftler beschreiben Intelligenz als die Fähigkeit, mit kognitiver Komplexität umzugehen. Intelligente Menschen sind gut im Schlussfolgern, Problemlösen sowie im abstrakten Denken. Sie begreifen und lernen schnell. Manche Forscher gehen davon aus, dass Intelligenz bzw. der g-Faktor die Geschwindigkeit der Informationsverarbeitung im Gehirn erfasst. Damit beschreibt Intelligenz so etwas wie die Effizienz der kognitiven Prozesse. Diese auch als «fluide» beschriebene Intelligenz umfasst Mustererkennung und abstraktes Denken. Sie ist weitgehend unabhängig von Erfahrungen. Kristalline Intelligenz, im Gegensatz dazu, beruht auf Erlernbarem wie Wortschatz oder Allgemeinwissen.

Der g-Faktor oder Generalfaktor der Intelligenz wirkt bei vielen verschiedenen Intelligenzleistungen mehr oder weniger stark mit. Wollte man die Intelligenz in einem einzigen Wert ausdrücken, so würde man dafür diesen g-Faktor wählen.

Die Intelligenz ist normalverteilt, d. h., viele Menschen haben eine mittlere Intelligenz, nur wenige eine hohe oder eine niedrige. Die Intelligenz wird durch Intelligenztests bestimmt und mithilfe des Intelligenzquotienten (IQ) angegeben. 70 Prozent der Bevölkerung weisen einen IQ zwischen 85 und 115 auf. Einen IQ zwischen 115 und 130 besitzen 13,6 Prozent, einen IQ zwischen 55 und 70 sogar nur 2,1 Prozent der Bevölkerung (vgl. Abb. unten).

Der Intelligenztest ist ein psychologischer Test zur Messung der Intelligenz und damit der kognitiven Leistungsfähigkeit einer Person. Intelligenztests unterstützen Entscheidungen über schulische oder berufliche Laufbahnen. Sie haben auch ihren festen Platz in verschiedenen Bereichen der psychologischen Forschung.

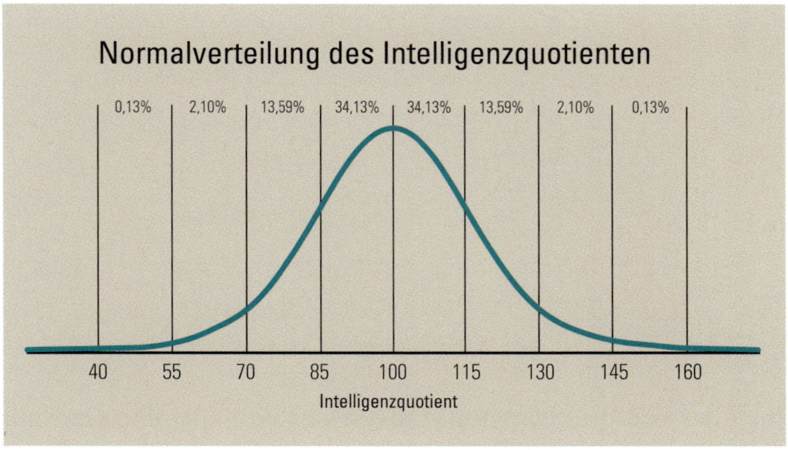

Unterschiede in den kognitiven Leistungen zeigen sich schon im Säuglingsalter. Bei den Habituations-Dishabituations-Experimenten (vgl. S. 125) unterscheiden sich Säuglinge darin, wie schnell sie sich an einen Reiz gewöhnen, d. h., wie schnell sie ein Gedächtnismodell davon aufbauen. Diese Geschwindigkeit der Gewöhnung gibt einen Hinweis darauf, wie effizient Informationen verarbeitet werden. Eine sehr langsame Reizverarbeitung gilt als Risikofaktor für die weitere kognitive Entwicklung. Die Säuglinge unterscheiden sich auch darin, wie stark sie auf Neues reagieren. Das weist auf ihre Gedächtnisfähigkeit hin: Neu ist etwas ja nur dann, wenn sich ein Reiz ausreichend vom existierenden Gedächtnismodell unterscheidet. Die Unterschiede in den kognitiven Leistungen zwischen den Säuglingen stehen in engem Zusammenhang mit den Unterschieden, die später im Intelligenztest gemessen werden.

«Der Nachteil der Intelligenz besteht darin, dass man ununterbrochen gezwungen ist, dazuzulernen.» *(George Bernard Shaw)*

Die Leistungen im Intelligenztest entwickeln sich rasant in der Kindergartenzeit. Nachfolgende Grafik zeigt diese Entwicklung von Kindern im Alter zwischen drei und sechs Jahren. Dargestellt werden die Ergebnisse von zwei typischen Intelligenztestaufgaben. Bei der Aufgabe «Zeichnen» soll das Kind geometrische, mehr oder weniger komplexe Figuren aus einer Vorlage korrekt abzeichnen. Bei der Aufgabe «Kategorien» werden dem Kind mehrere Abbildungen vorgelegt, z. B. Sportler beim Ausüben ihres Sportes. Es soll nun aus einer zweiten Menge Abbildungen diejenige heraussuchen, die zu den anderen und damit in die Kategorie passt: nämlich einen anderen Sportler und nicht etwa die Frau mit der Einkaufstasche. In den beiden Teilbereichen «Zeichnen» und «Kategorien» nehmen die Fähigkeiten mit dem Alter stark zu.

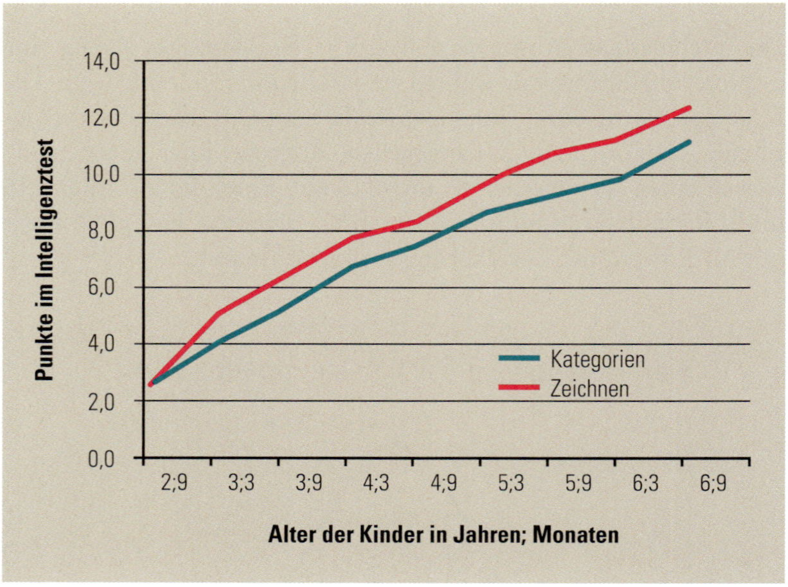

Entwicklungen der Intelligenzleistung im Alter zwischen drei und sechs Jahren am Beispiel von zwei Untertests des Snijders-Oomen Nicht-verbalen Intelligenztests

Im Alter von drei Jahren und drei Monaten findet ein Kind mit mittlerer Intelligenz (vgl. Grafik S. 139) ungefähr fünf richtige Kategorien. Ein Jahr später sind es fast acht und drei Jahre später etwa elf. Beim Weitsprung beispielsweise muss ein Kind mit jedem Lebensjahr weiter springen, um noch dieselbe gute Zensur zu bekommen. In diesem Sinne gibt es auch veränderte Richtwerte (d. h. Normen) im kognitiven Bereich. Im Alter zwischen drei und sieben Jahren gelten alle drei Monate andere Normen. So schnell schreitet die kognitive Entwicklung in diesem Lebensabschnitt voran.

Von Beginn der Kindergartenzeit bis zum 20. Lebensjahr steigt die fluide Intelligenz (vgl. S. 139) mit dem Alter. Allerdings wird das nicht am IQ sichtbar. Bei einem Kind mit mittlerer Intelligenz wird immer ein IQ von 100 gemessen, egal ob es drei oder sechs Jahre alt ist. Der IQ bezieht sich auf die jeweilige Altersgruppe. Das erleichtert den Vergleich zwischen den Kindern unabhängig von ihrem Alter.

Welche Faktoren beeinflussen die Entwicklung der Intelligenz? Natürlich wird auch sie sowohl von genetischen Faktoren wie auch von Umweltfaktoren beeinflusst. Das überrascht niemanden. Bemerkenswert wird es aber, wenn man den Umweltfaktor genauer unter die Lupe nimmt: Studien haben ergeben, dass der Umwelteinfluss des Elternhauses, also der Familie, in der ein Kind aufwächst, vernachlässigbar gering ist. Woher weiß man das? Es wurden Geschwister in Bezug auf ihre Intelligenz verglichen. Wuchsen sie im selben Haushalt auf, waren sie sich nicht ähnlicher, als wenn sie nach der Geburt getrennt wurden. Dennoch sind aber nicht alle Aspekte der Intelligenz nur auf das Individuum und seine Gene zurückzuführen. Selbst eineiige Zwillinge mit identischen Genen, die gemeinsam in derselben Umgebung aufwachsen, unterscheiden sich hinsichtlich ihrer Intelligenz. Hierin zeigt sich der Einfluss der Umwelt – jedoch der Umwelt außerhalb des gemeinsamen Elternhauses. Für die Unterschiede werden Prozesse der Sozialisation verantwortlich gemacht. Freunde, an denen sich die Kinder orientieren, und übernommene Rollen innerhalb des Freundeskreises scheinen hier einen großen Einfluss auszuüben.

Eineiige Zwillinge entstehen aus derselben Eizelle und besitzen daher identische Gene.

Sozialisation geschieht, wenn wir in die Gesellschaft hineinwachsen und deren Werte und Verhalten übernehmen.

Rein rechnerisch verändert sich mit dem Lebensalter der Einfluss, den die Gene auf die Intelligenz haben. Die Umwelt scheint im Kindergartenalter die Intelligenz noch mehr zu beeinflussen als im Jugend- oder gar Erwachsenenalter. Bei Erwachsenen lassen sich bis zu 80 Prozent der Unterschiede in der Intelligenz auf Gene zurückführen. Eine mögliche Erklärung dafür ist die Fremdbestimmung im Kindesalter: Unter welchen Umständen ein Kind lebt, welchen Kindergarten es besucht und aus welchen Kindern es deshalb seine Freunde aussucht, bestimmen die Eltern. In der Jugend steigt dann der Grad der Selbstbestimmung. Auf Beruf, Wohnung und Lebenspartner haben die Eltern nun kaum noch Einfluss. Es scheint, als suchten sich die Gene eine ihnen angenehme Umwelt aus. So könnte sich der errechnete Einfluss der Gene über das Lebensalter hinweg vergrößern.

Welche Faktoren beeinflussen die Intelligenz?

Biologie	Elternhaus/Familie	Familienunabhängige Umwelt
• Alter • Andere genetische Anlagen	*Studien finden kaum einen Einfluss der Eltern über den ihrer Gene hinaus.*	• Freunde • Hobbys

Prüfen Sie Ihr Wissen:

1. Was ist Intelligenz?
2. Woher weiß man, dass der Einfluss der Eltern auf die Intelligenz der Kinder über ihre Gene hinaus vernachlässigbar klein ist?
3. Nennen Sie ein Beispiel für die Nützlichkeit der Messung des IQ und ein Beispiel, bei dem sie überflüssig ist.

Vertiefung und Transfer

1. Sammeln Sie mindestens fünf Äußerungen von Kindergartenkindern, die auf den Entwicklungsstand im Zählen oder auf die Art des Begründens und Argumentierens schließen lassen.
2. Begleiten Sie ein Kind durch den vierteiligen Zyklus des Erkenntnisprozesses und dokumentieren Sie Ihr Vorgehen sowie Ihre Beobachtungen.
3. Beschreiben Sie ein Ihnen bekanntes Kindergartenprogramm zur Förderung von Mathematik oder Naturwissenschaften und analysieren Sie, inwieweit es dem siebenstufigen Erkenntnisprozess gerecht wird.

Weiterführende Literatur & Links

Grenzsteine der Entwicklung

- Sonderdruck «Grenzsteine der Entwicklung» mit Fragen und Antworten zum Instrument von Hans-Joachim Laewen, bereitgestellt vom Land Brandenburg: http://www.mbjs.brandenburg.de/media_fast/4113/Sonderdruck_Grenzsteine.pdf
- Elterninformation zu den Grenzsteinen der Entwicklung vom Land Brandenburg: http://www.mbjs.brandenburg.de/media/lbm1.c.327022.de

Mathematik und Naturwissenschaften im Kindergarten

Mathe-Kings

Hoenisch, N. & Niggemeyer, E. (2004). *Mathe-Kings: Junge Kinder fassen Mathematik an*. Weimar: verlag das netz.

- Ein Buch, das mit vielen einladenden Bildern von Kindern und Materialien Lust auf Mathematik macht, auf Kindergarten und ganz besonders die Kombination von beiden.
- Das Buch deckt auf, wo überall Mathematik im Kindergartenalltag zu finden ist, wenn man nur genau hinschaut. Es beschreibt, wie Mathematik für Kindergartenkinder erlebbar und anfassbar gemacht werden kann – zum Beispiel durch Spiele, die gezielt die einzelnen «Pfeiler»-Kompetenzen aufbauen.

MINT-Atlas

TransferZentrum für Neurowissenschaften und Lernen (2012). MINT-Atlas 3–10 für Deutschland, http://www.znl-mintatlas3-10.de

- Es gibt zahlreiche Projekte und Initiativen, die MINT-Themen (Mathematik – Informatik – Naturwissenschaften – Technik) für den Kindergarten aufbereiten und pädagogische Fachkräfte bei der Gestaltung sinnvoller Angebote unterstützen.
- Der «MINT-Atlas» ist eine Datenbank, die Erzieherinnen hilft, aus der Fülle der Projekte das geeignete für sich und ihre Einrichtung auszusuchen.

LiteraSci

Educational Enterprises (2013). LiteraSci – Language, Literacy & Math Powered by Science, from http://literasci.com

- Diese Webseite beschreibt den im Kapitel erwähnten Zyklus aus vier Schritten, der den Erkenntnisprozess nachbildet.
- Auf der Webseite finden sich Beispiele und Fotos, wie Erzieherinnen den Erkenntnisprozess anregen können. Siehe dazu auch: http://literasci.com/teachers_daycare_preK-K.asp

Psychologie der kognitiven Entwicklung

Goswami, U. (2001). *So denken Kinder: Einführung in die Psychologie der kognitiven Entwicklung.* Bern: Huber.

- Das Buch beschreibt die kognitive Entwicklung von Kindern bis zehn Jahren.
- Es werden nicht nur die Erkenntnisse, sondern auch die Wege der Wissenschaftler dorthin geschildert.
- Ein fundierter Einblick für alle, die auch das Dahinter, z. B. die durchgeführten Experimente, verstehen wollen.
- Anders als bei Aufsatzsammlungen von mehreren Autoren besteht das Buch aus einem Guss und enthält gute Querverweise.
- Die deutsche Ausgabe ist nicht mehr die neueste. Wer aber vor Englisch nicht zurückschreckt, kann sich über eine aktualisierte Ausgabe von 2008 freuen.

Fröhlich-Gildhoff, K., Mischo, Ch., Castello, A. (2011). *Grundlagen der Frühpädagogik, Bd. 2: Entwicklungspsychologie für Fachkräfte in der Frühpädagogik.* Köln, Kronach: Link.

- Ein kompaktes Buch rund um die Entwicklungspsychologie.
- Piaget wird kritisch gewürdigt; sein Ansatz wird im Lichte heutiger Erkenntnisse eingeordnet.

7

Sozio-emotionale Entwicklung

Chris kann alles, weiß alles, hat vor nichts Angst und ist überhaupt der Coolste im Kindergarten. Andere Kinder, auch Nilla, bewundern ihn dafür. Am Schul-Schnuppertag sind die Kita-Kinder in die große Aula eingeladen, wo der Schulleiter eine festliche Rede hält und die künftigen Lehrerinnen vorstellt. Nun werden sie einzeln aufgerufen und gebeten, nach vorn zu «ihrer» Lehrerin zu kommen.
Als Chris seinen Namen hört, bricht er in Tränen aus, verkriecht sich hinter seiner Mutter und weigert sich, zu gehen. Alle sind bestürzt. Nilla meint zu ihrer Mutter: «Ich probier' mal was.» Sie steht auf und schlängelt sich zwischen den vielen Erwachsenen bis zu Chris durch. Sie nimmt seine Hand: «Komm, ich geh mit dir nach vorne.» Chris, völlig verdutzt, steht auf und lässt sich, noch halb schluchzend aber bereitwillig, von Nilla nach vorne begleiten.
Später meint Nilla zu ihrer Mutter: «Chris hat meine Hand so fest gedrückt, dass es wehtat. Aber ich wollte nichts sagen, sonst hätte er wieder angefangen zu weinen.»

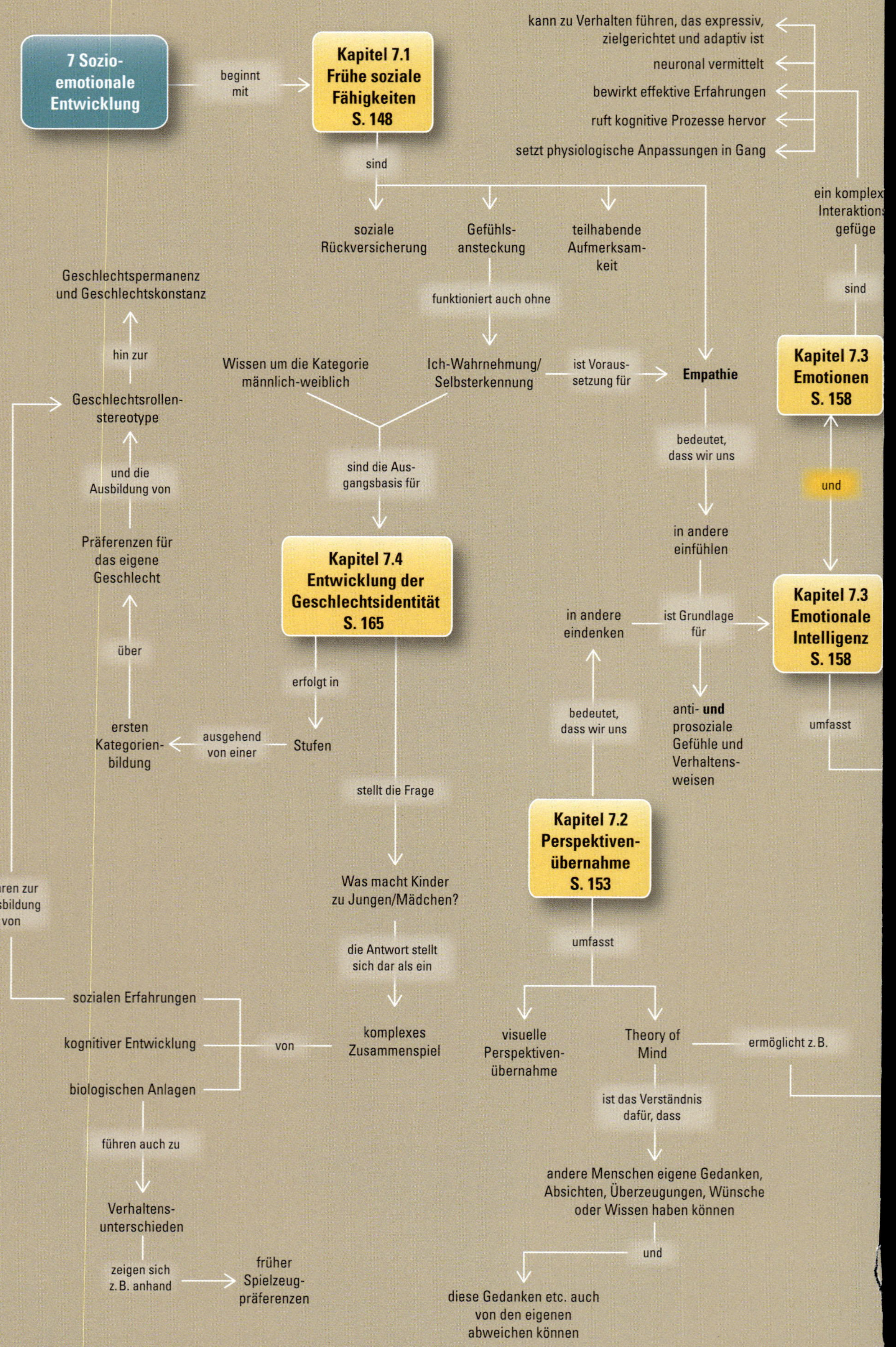
7 Sozio-emotionale Entwicklung
beginnt mit
Kapitel 7.1 Frühe soziale Fähigkeiten S. 148
sind
soziale Rückversicherung
Gefühls-ansteckung
teilhabende Aufmerksam-keit
funktioniert auch ohne
Ich-Wahrnehmung/ Selbsterkennung
ist Voraus-setzung für
Empathie
bedeutet, dass wir uns
in andere einfühlen
ist Grundlage für
in andere eindenken
anti- und prosoziale Gefühle und Verhaltens-weisen
bedeutet, dass wir uns
kann zu Verhalten führen, das expressiv, zielgerichtet und adaptiv ist
neuronal vermittelt
bewirkt effektive Erfahrungen
ruft kognitive Prozesse hervor
setzt physiologische Anpassungen in Gang
ein komplex Interaktion gefüge
sind
Kapitel 7.3 Emotionen S. 158
und
Kapitel 7.3 Emotionale Intelligenz S. 158
umfasst
Geschlechtspermanenz und Geschlechtskonstanz
hin zur
Geschlechtsrollen-stereotype
und die Ausbildung von
Präferenzen für das eigene Geschlecht
über
ersten Kategorien-bildung
ausgehend von einer
Stufen
Wissen um die Kategorie männlich-weiblich
sind die Aus-gangsbasis für
Kapitel 7.4 Entwicklung der Geschlechtsidentität S. 165
erfolgt in
stellt die Frage
Was macht Kinder zu Jungen/Mädchen?
die Antwort stellt sich dar als ein
komplexes Zusammenspiel
von
sozialen Erfahrungen
kognitiver Entwicklung
biologischen Anlagen
führen zur Ausbildung von
führen auch zu
Verhaltens-unterschieden
zeigen sich z. B. anhand
früher Spielzeug-präferenzen
Kapitel 7.2 Perspektiven-übernahme S. 153
umfasst
visuelle Perspektiven-übernahme
Theory of Mind
ermöglicht z. B.
ist das Verständnis dafür, dass
andere Menschen eigene Gedanken, Absichten, Überzeugungen, Wünsche oder Wissen haben können
und
diese Gedanken etc. auch von den eigenen abweichen können

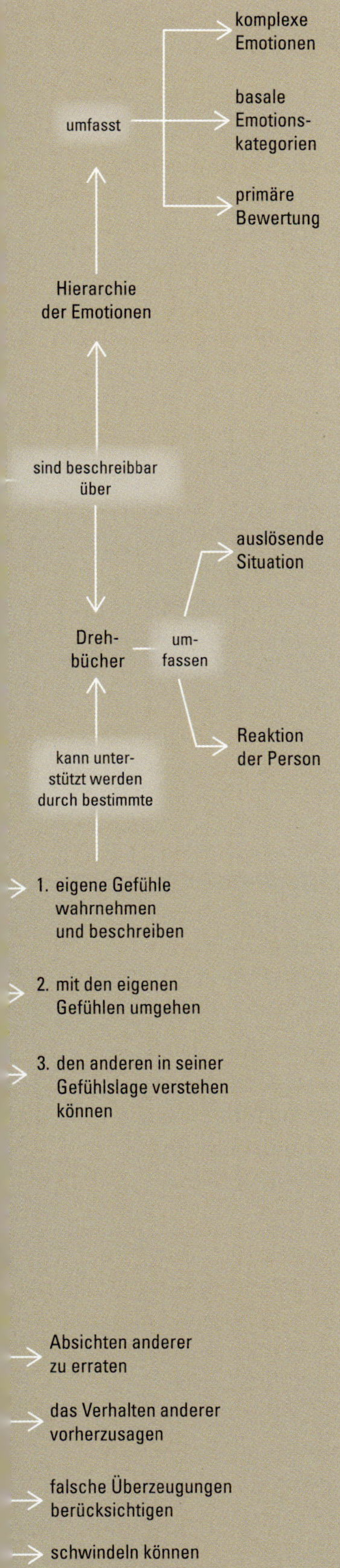

In diesem Kapitel erfahren Sie:

- welche sozialen Fähigkeiten wir bereits früh erlernen
- was Perspektivenübernahme bedeutet und wie sie sich entwickelt
- was Emotionen sind und wozu wir sie haben
- was emotionale Intelligenz ist und wie sie sich entwickelt
- etwas über die Sexualität im Kindesalter
- wie es zur Entwicklung der Geschlechtsidentität kommt

7.1 Frühe soziale Fähigkeiten

Menschen sind Weltmeister im Lernen. Das wurde in Kapitel 1 beschrieben. Aber unsere nächsten Verwandten, die Schimpansen, sind auch nicht so schlecht darin. Vergleicht man die kognitiven Fähigkeiten erwachsener Affen mit denen von zweieinhalbjährigen Kindern, so zeigen sich neben vielen Gemeinsamkeiten einige kleinere Unterschiede, die zugunsten der Kinder und auch der Schimpansen ausfallen. Jedoch lässt sich auch ein gewaltiger Unterschied beschreiben. Es gibt bestimmte Aufgaben, die Kinder mühelos bewältigen, woran Affen jedoch kläglich scheitern: Diese Aufgaben erfordern soziales Lernen. Ein Versuchsleiter zeigt einem Affen und einem Kind, wie eine Belohnung aus einem Rohr herausgeklopft werden kann. Beide wurden nun aufgefordert, sich die Belohnung selbst zu holen. Der Affe verhält sich, als hätte er die Lösung nie gesehen. Das Kind hingegen ahmt den Versuchsleiter wie selbstverständlich nach. Wir Menschen sind Weltmeister im Lernen, wobei unsere besondere Stärke das soziale Lernen ist. Dazu bekommen wir quasi ein Set sozialer Anlagen mit in die Wiege gelegt. Daraus entwickeln sich schon zeitig jene Fähigkeiten, die uns den Zugang und die Verbindung zu anderen ermöglichen und die somit den Austausch von Wissen und Fertigkeiten unterstützen. In diesem Zusammenhang lohnt es sich auch, einen kurzen Blick auf unter Dreijährige zu werfen.

Soziales oder beobachtendes Lernen geschieht durch das Beobachten des Verhaltens anderer.

«Die Menschheit, die fast einzigartig ist in ihrer Fähigkeit, von den Erfahrungen anderer zu lernen, ist auch bemerkenswert für ihre offensichtliche Abneigung, es zu tun.» *(Douglas Adams)*

«Ein Boot kommt nicht voran, wenn jeder auf seine Art rudert.» *(Afrikanisches Sprichwort)*

Schon Neugeborene lassen sich vom Geschrei anderer anstecken. Man spricht in diesem Zusammenhang von Gefühlsansteckung. Babys nehmen die emotionale Verfassung einer anderen Person auf, ohne dass sie unbedingt die Quelle der Mitempfindung wahrnehmen. Gefühlsansteckung gibt es jedoch nicht nur bei Babys und kleinen Kindern: Eine Gruppe junger Leute sitzt in der U-Bahn. Eine Person erzählt von einer lustigen Begebenheit und lacht dabei immer wieder. Es dauert nicht lange, da ist die ganze Gruppe am Lachen. Doch nicht nur die jungen Leute haben sich anstecken lassen. Auch unbeteiligte Mitreisende beginnen zu schmunzeln und manche sogar richtig zu lachen. Der «Lachfunke» ist einfach übergesprungen!

Auch das ist Gefühlsansteckung:

Ich war als Mädchen schon immer sehr mutig und traute mich, in den dunklen Keller oder in unbekannte leer stehende Gebäude zu gehen. Nicht so meine jüngere Schwester! Als wir einmal in den Keller der Nachbarin sollten, packte meine Schwester mich am Arm – «Ich hab Angst! Da! Hast du den Schatten gesehen?» Sie ließ einfach nicht nach mit ihren Angstäußerungen, sodass ich schließlich auch Angst bekam und mir ein kalter Schauer über den Rücken lief!

Ab dem Alter von ungefähr neun Monaten kann man bei Kindern **soziale Rückversicherung** («social referencing») beobachten: In einer neuen, unklaren Situation schauen sie zur Mutter oder Bezugsperson. Sie bewerten die aktuelle Situation, indem sie die Einschätzung der Mutter einholen. Lacht sie und ist sie entspannt oder schaut sie irritiert und ängstlich? Ihr mimischer Ausdruck dient als Hinweis auf die Beurteilung der Situation. Diese Rückversicherung ist kein kognitiver Prozess. Die dafür nötige Gedankenkette «Hier kommt eine Person, die ich nicht kenne. Ich weiß nicht, was sie gleich machen wird und was die von mir will. Wie soll ich mich ihr gegenüber verhalten? Wie verhält sich denn meine Mutter?» überfordert die kognitiven Möglichkeiten eines Kleinkindes. Vielmehr spürt das Kind in solchen Situationen einfach einen unwiderstehlichen Drang, sich bei der Mutter zu vergewissern. Dabei muss es gar nicht selbst bemerken, dass es sich unsicher fühlt.

Ebenfalls ab ungefähr dem neunten Lebensmonat kann man **teilhabende Aufmerksamkeit** («joint attention») beobachten. Wenn die Mutter oder eine andere Bezugsperson auf ein bestimmtes Objekt schaut, lenkt sie damit die Aufmerksamkeit des Kindes in dieselbe Richtung. Das Kind beobachtet nun auch den Gegenstand und hat an der Aufmerksamkeit teil. Mehr noch: Auch wenn das Kind etwas will und darauf zeigt, ist es in der Lage zu erkennen, ob der andere jetzt auch auf diesen Gegenstand blickt. Das Kind kann somit erfassen, ob der andere auch wirklich sein Interesse auf diese Sache richtet.

Im zweiten Lebensjahr beginnen die Kinder, Empathie zu entwickeln. Diese Fähigkeit, sich in andere einzufühlen, ist nicht leicht beobachtbar, wenn sie nicht mit Handlungen verknüpft ist. Forscher haben durch clevere Experimente in kindgerechten Situationen Empathie sichtbar gemacht. In einem Experiment spielte ein Kind mit einer erwachsenen Spielpartnerin. Plötzlich geht der (präparierte) Teddy der Spielpartnerin kaputt und sie ist ganz offensichtlich traurig. In einer anderen Situation essen ein Kind und die Spielpartnerin Quarkspeise mit Plastiklöffeln. Da bricht plötzlich der (präparierte) Löffel der Spielpartnerin ab. Sie hört auf zu essen

Empathie: die Fähigkeit, sich in andere einzufühlen und ihre Gefühle dadurch zu verstehen

und ist ganz offensichtlich traurig. Zum Glück liegt ein Ersatzlöffel auf dem Tisch.
Wie verhalten sich jeweils Kinder, die noch nicht ganz zwei Jahre alt sind? Zeigen sie schon Empathie, d. h. die Fähigkeit, unmittelbar an der Gefühlslage eines anderen teilzuhaben und sie dadurch zu verstehen, ohne dabei in erster Linie selbst dasselbe Gefühl zu empfinden? Würden sie die Traurigkeit der Spielpartnerin über den zerbrochenen Löffel und den lädierten Teddy begreifen? Gemäß ihrem Verhalten wurden die Kinder in vier unterschiedliche Gruppen eingeteilt: Die einen, die «Unbeteiligten», orientierten sich kurz und spielten oder aßen dann weiter. Kinder der zweiten Gruppe, die «Gefühlsangesteckten», weinten selbst und suchten Trost bei der Mutter. Ihre Reaktion war selbstbezogen und «gefühlsangesteckt»: Ihre eigene Trauer stand im Mittelpunkt ihres Verhaltens. Die dritte Gruppe, die «Ratlos Verwirrten», unternahm nichts. Diese Kinder schauten betroffen oder so, als würden sie nicht verstehen, was passiert. Die vierte Gruppe, die «Helfer», hörte auf zu spielen oder zu essen. Kinder dieser Gruppe zeigten sich betroffen und besorgt. Sie unternahmen etwas oder versuchten es zumindest. Beispielsweise wurde Ersatzspielzeug angeboten oder die Mutter zu Hilfe geholt. Diese Kinder kamen nicht von der Situation der Spielpartnerin los, bis das Problem gelöst war. Dann erst zeigten sie sich erleichtert. Die Kinder der vierten Gruppe, ein Drittel aller getesteten Kinder zwischen 15 und 24 Monaten, wurden als empathisch eingestuft. Sie haben die Gefühlslage der Spielpartnerin wahrgenommen, haben sie verstanden und entsprechend reagiert.
Empathie als die Fähigkeit, sich in andere einzufühlen, setzt voraus, sich als eigenständig fühlendes Wesen erkannt zu haben. Ich fühle mit dem anderen mit, weiß aber, dass es das Gefühl des anderen ist. Die Kinder, die sich in den Experimenten empathisch zeigten, hatten bereits ein eigenes Ich entwickelt: Sie erkennen sich im Spiegel, d. h., sie bestehen den Rouge-Test.

Beim Rouge-Test wird dem Kind heimlich ein roter Punkt auf das Gesicht gemalt. Dann wird seine Reaktion vor einem Spiegel beobachtet. Mit einem Jahr sieht das Kind einen netten Spielgefährten. Mit zwei Jahren versuchen schon viele Kinder, den Fleck an sich selbst wegzuwischen. Sie haben sich erkannt. Sie haben ein eigenes Ich entwickelt.

Empathie braucht Selbsterkennung. Gefühlsansteckung hingegen geht auch ohne. Bei der Gefühlsansteckung ergreift ein Gefühl vom Beobachter selbst Besitz und wird dadurch zum eigenen Gefühl. Unter Umständen merkt der Beobachter gar nicht, dass der Andere der Auslöser, die Quelle für das Gefühl ist.
Empathie kann auf verschiedene Arten ausgelöst werden. So kann der Gesichtsausdruck einer anderen Person, z. B. das traurige Gesicht und das Wehklagen der Spielpartnerin, Empathie hervorrufen. Ebenso kann es eine wahrgenommene Situation, in der sich die andere Person befindet, sein: Das Kind hat z. B. miterlebt, dass der Teddy der Spielpartnerin kaputtgegangen ist. Dabei ist es nicht ausschlaggebend, ob das Kind diese oder eine ähnliche Situation schon einmal selbst erlebt hat oder nicht. Mit fortschreitendem Alter der Kinder wird Empathie auch bereits durch Berichte und Erzählungen zum Gesichtsausdruck oder zur Situation anderer ausgelöst: «… und dann ist Tim mit dem Roller hingefallen und hat ganz doll geweint!»

Die Fähigkeit, empathisch zu reagieren, ist die Basis einer Reihe von sozialen Emotionen:

Prosozial: förderlich für das soziale Miteinander
Antisozial: schädlich für das soziale Miteinander

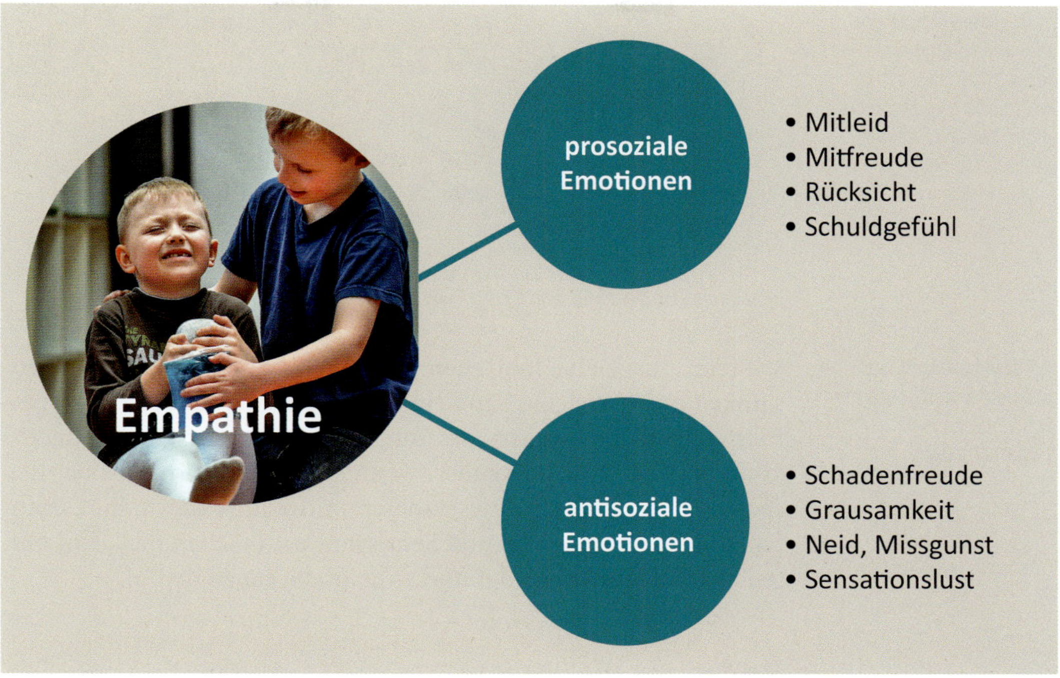

Empathie als Startpunkt für soziale Emotionen

Empathie gilt als Basis einerseits für prosoziale Emotionen, die von der Gesellschaft im Allgemeinen positiv bewertet werden, weil sie anderen zugutekommen. Mitleid funktioniert als Auslöser für prosoziale Interventionen mit dem Ziel, der bemitleideten Person zu helfen. Prosozial verhält sich die sechsjährige Nilla, wenn sie gemeinsam mit Chris am Schul-Schnuppertag nach vorn geht. Prosozial verhält sich auch ein dreijähriges Kind, wenn es dem Familienhund die ausgekämmten Haare mit Pflaster wieder anklebt. Weitere prosoziale Emotionen sind Mitfreude (wenn ein Kind sich über den Erfolg oder das Glück eines anderen mitfreut), Rücksicht (wenn ein Kind auf die Traurigkeit oder die Verletzung reagiert, indem es sein normales Verhalten einfühlsam ändert) oder auch Schuldgefühle, die dazu führen, dass etwas nicht wiederholt wird.

Geteiltes Leid ist halbes Leid. Geteilte Freude ist doppelte Freude.

Andererseits ist Empathie aber auch die Grundlage für Gefühle, die niemand mag, schon gar nicht, wenn sie uns in anderen begegnen. Dazu gehört die Schadenfreude, also das Vergnügen am mitempfundenen Kummer eines anderen, vorzugsweise eines anderen, der eine besondere Stellung innehat oder diese sich anmaßt.

In der Teddystudie unterbrach ein Anderthalbjähriger sogar seinen Trotzanfall, um der Spielpartnerin zu helfen. Nachdem sie nicht mehr traurig war, ließ er sich wieder auf den Boden fallen und trotzte weiter.

Schadenfreude heißt auf Englisch «schadenfreude». Es ist neben «Kindergarten» und «Zeitgeist» eines der wenigen deutschen Worte, die Eingang in den englischen Wortschatz gefunden haben.

Schadenfreude bei «Max und Moritz» von Wilhelm Busch

«Mitleid bekommt man geschenkt, Neid muss man sich verdienen.» *(Robert Lembke)*

Weitere antisoziale Emotionen, die Empathie benötigen, sind Grausamkeit (wenn sich ein Kind empathisch in eine andere Person einfühlt und dann bewusst das tut, was sie am tiefsten schmerzen könnte), Neid und Missgunst (wenn sich das Kind nicht über den Erfolg oder das Glück eines anderen mitfreut, sondern, im Gegenteil, es ihm nicht gönnt) und Sensationslust («Schau mal, Tim bluten das Knie und der Kopf und er heult die ganze Zeit!»).

Prüfen Sie Ihr Wissen:

1. Was ist unter dem Konzept der teilhabenden Aufmerksamkeit («joint attention») zu verstehen? Beschreiben Sie eine Szene, in der ein Kind diese Fähigkeit zeigt.
2. Mit welchen Experimenten wurde überprüft, ob Kinder bereits Empathie zeigen? Wie verhielten sich die empathischen Kinder in diesen Situationen?
3. Nennen Sie je zwei sozial positive und negative Konsequenzen der Empathie und finden Sie jeweils Beispiele dazu.
4. Prosoziale Emotionen sind gut für die Gemeinschaft. Erläutern Sie an zwei Emotionen, in welcher Weise sich diese positiv auf die Gemeinschaft auswirken.

7.2 Perspektivenübernahme

Empathie, also das Nachempfinden der Gefühlslage eines anderen, stellt bei Weitem noch nicht das gesamte Spektrum der sozialen Fähigkeiten dar. Einfühlen in die Gefühlswelt eines anderen ist das eine – Eindenken in dessen Gedankenwelt das andere. Im Zusammenhang mit dem Eindenken wird auch von Perspektivenübernahme oder «Theory of Mind» (ToM) gesprochen.

«Das Geheimnis des Erfolges ist, den Standpunkt des anderen zu verstehen.» *(Henry Ford)*

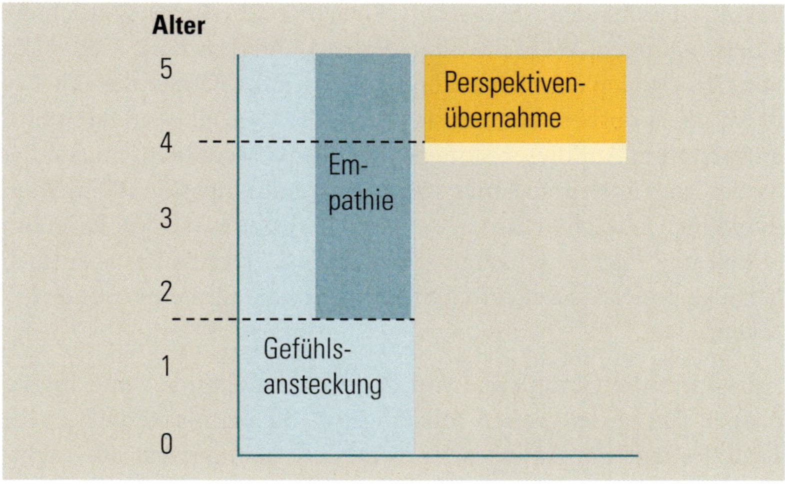

Auftreten von Gefühlsansteckung, Empathie und Perspektivenübernahme im Lebensalter

Eine einfache Form, sich in einen anderen Menschen einzudenken, besteht darin, die Welt von seiner Perspektive aus betrachten zu können. Nachfolgende Grafik zeigt das Bild eines Schweins auf den Füßen stehend und das einer Schildkröte auf dem Rücken liegend. Wie sieht jemand, der Ihnen gegenüber sitzt, die Tiere? Liegt die Schildkröte für den anderen auf dem Rücken oder steht sie auf den Beinen? Mit ungefähr vier Jahren antworten Kinder richtig, so wie Sie. Kleinere Kinder können sich hingegen noch nicht von ihrer eigenen Perspektive lösen. Im vierten Lebensjahr erwerben die Kinder die Fähigkeit, sich in die visuelle Perspektive eines anderen einzudenken.

Visuelle Perspektivenübernahme: die Fähigkeit, sich in den Blickwinkel einer anderen Person einzudenken.

Frage an ein Kind gegenüber: Wenn ich das Schwein/die Schildkröte anschaue, sehe ich es dann auf den Füßen stehend oder auf dem Rücken liegend?

Es ist eine Leistung, sich in eine andere Perspektive einzudenken und zu erkennen, dass ich die Schildkröte auf dem Rücken liegend sehe, mein Gegenüber sie aber auf den Füßen stehend sieht. Noch eine größere Leistung ist es, sich in eine Perspektive des anderen einzudenken, die man gar nicht sehen kann: eine Perspektive, die von Gedanken und anderen mentalen Zuständen wie Absichten, Überzeugungen, Wünschen oder Wissen ausgeht. Diese Leistung, die «geistige» Perspektivenübernahme, wird als «Theory of Mind» (ToM) bezeichnet. «Theory of Mind» beschreibt das Verständnis davon, dass andere Menschen Gedanken besitzen (Absichten, Überzeugungen, Wünsche oder Wissen) und dass diese Gedanken von den eigenen abweichen können. Haben die Kinder die «Theory of Mind» erworben, können sie sich in die Lage eines anderen hineinversetzen. Auf dieser Stufe gelingt es uns Menschen, noch edler – oder auch noch grausamer – zu sein als mit Empathie allein. Wem es möglich ist, sich in die Lage eines anderen zu versetzen, kann ihn gezielt und effektiv schädigen oder quälen; er kann ihn aber auch genauso gezielt und effektiv unterstützen oder ihm eine Freude bereiten.

«Theory of Mind» ist die Fähigkeit, Bewusstseinsinhalte als Ergebnis mentaler Akte und somit als subjektiv zu erkennen.

Nilla kann die Gefühlslage von Chris nachempfinden und merkt, dass er sich in der großen Aula ängstigt. Sie kann sich auch in die Lage der anderen Anwesenden versetzen, denn sie hat offensichtlich erkannt, dass Chris trotzdem zu der Lehrerin gehen sollte. Deshalb denkt sie sich eine Lösung für die Situation aus: Nilla greift seine Hand und geht mit ihm nach vorne. Sie verschweigt, dass er ihr beim Zudrücken weh tut. Würde sie aufschreien und ihre Hand entziehen, so, vermutet sie, würde er nicht mehr weitergehen.

«Urteile nie über einen anderen, bevor du nicht einen Mond lang in seinen Mokassins gegangen bist.» *(Indianische Redensart)*

Eine funktionierende «Theory of Mind» erlaubt das Verhalten anderer vorherzusagen und zu erklären. Sie erlaubt das Erraten der Absichten anderer Menschen. Der Bauplan für die «Theory of Mind» ist uns in die Wiege gelegt. Allerdings sind kognitive Voraussetzungen und soziale Erfahrungen nötig, damit sie sich vollständig entwickelt.

Ob ein Kind über die «Theory of Mind» verfügt, also ToM-kompetent ist, lässt sich nicht direkt beobachten oder messen wie beispielsweise die Körpergröße. Um diese Frage zu untersuchen, behelfen sich Forscher deshalb mit verschiedenen experimentellen Situationen. Eine davon ist der Schlüssel-Versuch: Ein Kind sitzt mit einer Versuchsleiterin am Tisch, auf dem eine grüne und eine gelbe Dose stehen. Eine dritte Person kommt in den Raum, lässt ihren Schlüssel in die gelbe Dose legen und geht wieder aus dem Raum. Die Versuchsleiterin nimmt nun den Schlüssel aus der gelben Dose und legt ihn in die grüne. Sie fragt das Kind, wo die Person nach dem Schlüssel suchen wird, wenn sie zurückkommt. Die meisten Dreijährigen zeigen auf die grüne Dose: Sie meinen, die Person suche am neuen Ort. Dabei beachten sie nicht, dass die andere Person gar nicht wissen kann, was sie selbst wissen. Vierjährige dagegen zeigen auf die gelbe Dose: Die Person suche am alten Ort. Vierjährige berücksichtigen bereits, dass die andere Person fälschlicherweise glaubt, der Schlüssel sei noch in der gelben Dose. Ihr fehlt ja die bedeutsame Information, dass der Schüssel in die grüne Dose gesteckt wurde.

Ein weiteres Experiment zur Erfassung der «Theory of Mind» ist der Stofftier-Versuch: eine Bildergeschichte von einem blau und einem rot angezogenen Kind, die beide in den Kindergarten gehen. Eines Morgens bleibt das rote Kind krank im Bett und nur das blaue kommt in den Kindergarten. Dort wird gesagt, dass die Kinder am nächsten Tag ihr liebstes Stofftier mitbringen dürfen. Am nächsten Tag ist das rote Kind wieder gesund. Beide Kinder kommen in den Kindergarten. Welches Kind bringt sein Stofftier mit? Die meisten Vierjährigen meinen, dass nur das blaue Kind sein Stofftier dabei hat – sie verhalten sich ToM-kompetent. Die Mehrheit der Dreijährigen dagegen ist noch nicht so weit. Diese Kinder haben nicht berücksichtigt, dass das kranke Kind gar nicht wissen konnte, dass es ein Stofftier mitbringen durfte.

Die «Theory of Mind», also das Verständnis dafür, dass andere Menschen ihre eigenen Gedanken, Absichten, Überzeugungen, Wünsche oder Wissen haben und dies alles auch von den eigenen Gedanken usw. abweichen kann – und auch falsch sein kann –, entwickelt sich im Kindergartenalter. Die folgende Grafik zeigt diese Entwicklung anhand der Leistungen im Schlüssel- und Stofftier-Versuch. Es zeigt sich, dass der Schlüsselversuch den Kindern im Allgemeinen leichter fällt.

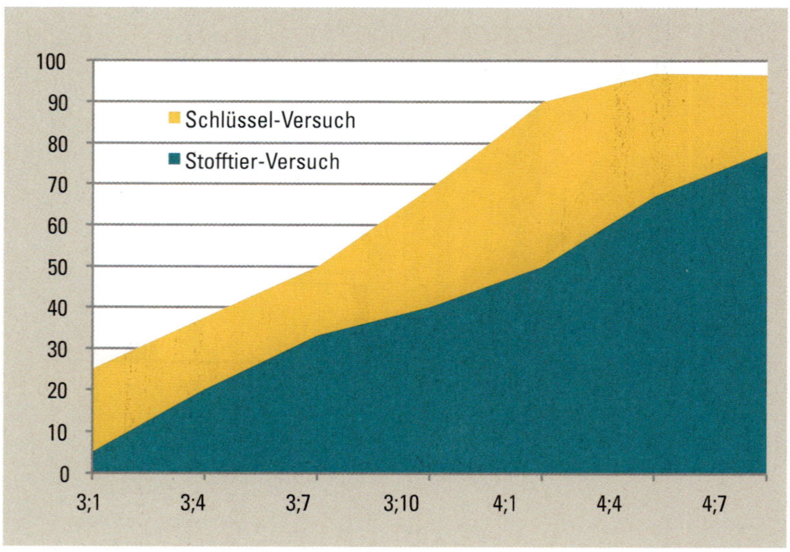

Altersverlauf und prozentualer Anteil der ToM-kompetenten Kinder

Meistert ein Kind Aufgaben wie im Schlüssel-Versuch, in denen Akteure falsche Überzeugungen («false belief») haben, so meistern sie auch die visuelle Perspektivenübernahme (siehe Abb. mit Schwein und Schildkröte, S. 153). Dann sind sie auch nicht weit entfernt von der Beherrschung einer weiteren sozialen Fähigkeit: dem Schwindeln und Täuschen.

Ein Experiment mit drei Handpuppen hat das Schwindeln genauer untersucht. Das Mädchen Susi, der gute König und der böse Räuber sind die Akteure der Geschichte, die das Kind beobachtet. Susi hat einen Schokotaler, den sie unter einem von drei Bechern versteckt.

Sie möchte dem guten König helfen, den Taler zu finden. Aber sie will auch den bösen Räuber hinter das Licht führen und ihn auf die falsche Stelle verweisen. Das Kind hat die Aufgabe, Susi zu sagen, auf welchen Becher sie zeigen soll, um dem König zu helfen oder um den Räuber zu täuschen. Das ist für Kinder zwischen drei und vier Jahren nicht einfach. Kinder unter drei Jahren können bereits Verhalten abstreiten, um Missbilligung, Bestrafung oder Schuldzuweisung zu umgehen. Aber für den gezielten Einsatz von Schwindeln und Täuschen ist die erworbene «Theory of Mind» nötig. Dafür ist das Verständnis nötig, dass falsche Ansichten anderer Menschen auch aufgrund täuschender Kommunikation herbeigeführt werden können. Diese Schwindelkompetenz, das gezielte Auswählen, wer hinter das Licht geführt werden soll (der Räuber) und wer nicht (der König), entwickelt sich bis zum Ende des Kindergartenalters. Zwischen drei und fünf Jahren gebrauchen und verstehen Kinder vermehrt Täuschungen.

Prüfen Sie Ihr Wissen:

1. Nennen Sie zwei Fähigkeiten, die mit der Entwicklung der «Theory of Mind» einhergehen.
2. Beschreiben Sie mit eigenen Worten, was man unter «Theory of Mind» versteht.
3. Es wurden der Schlüssel- und der Stofftier-Versuch vorgestellt. Welcher Versuch fällt den Kindern leichter? Warum könnte das so sein?

7.3 Emotionen und emotionale Intelligenz

Lukas hatte immer schon Schwierigkeiten, seinen Ärger zu kontrollieren. Er lag immer wieder schreiend und um sich schlagend im Supermarkt, wenn er nichts Süßes bekam. Einmal passierte es, dass er im Kindergarten beim Abholen total außer sich geriet. Was war passiert? Er wartete an der Schaukel, bis das Mädchen vor ihm zu Ende geschaukelt hat. Doch nach dem vereinbarten Zeichen wollte sie die Schaukel trotzdem nicht für ihn frei machen. Daraufhin schmiss sich Lukas zu Boden und schlug mit den Fäusten auf den Untergrund. Als seine Mutter ihn aufhob, ging er mit den Fäusten auf das Holzgerüst los und schrie wie am Spieß. Kein Wort der Beruhigung drang an sein Ohr. Es war zu diesem Zeitpunkt noch nicht einmal herauszubekommen, was ihn so wild hat werden lassen.

Was sind Emotionen? Jeder, der sich schon einmal geärgert hat, weiß es. Und jeder hat sich schon einmal geärgert. Nicht nur Lukas. Aber Wissenschaftler mühen sich mit einer exakten Erklärung der Emotionen ab und definieren:

«Fast jeder – außer den Psychologen – weiß, was Emotionen sind.» *(Paul T. Young)*

Eine Emotion ist ein komplexes Interaktionsgefüge subjektiver und objektiver Faktoren, das
- neuronal vermittelt wird,
- affektive Erfahrungen bewirkt,
- kognitive Prozesse wie Wahrnehmungseffekte oder Bewertungen hervorruft,
- physiologische Anpassungen in Gang setzt und
- zu Verhalten führen kann, das oft expressiv, zielgerichtet und adaptiv ist.

«Jeder kann wütend werden, das ist einfach. Aber wütend auf den Richtigen zu sein, im richtigen Maß, zur richtigen Zeit, zum richtigen Zweck und auf die richtige Art, das ist schwer.» *(Aristoteles)*

Lukas‘ Ärger ist also eine Emotion: In seinem Gehirn laufen Prozesse ab (neuronal vermittelt), die dazu führen, dass er sich schlecht fühlt (affektive Erfahrung) und vielleicht denkt, «die dumme Kuh ist so gemein» (Wahrnehmung und Bewertung). Dieser Ärger setzt physiologische Anpassungen in Gang, indem er puterrot wird und sich expressiv verhält (er heult und wirft sich zu Boden), was zumindest teilweise zielführend ist (Erwachsene werden auf seine Situation aufmerksam).

Emotionen werden auch als «Drehbücher» für ein bestimmtes emotionstypisches Verhalten mit typischen auslösenden Situationen beschrieben. Jede Emotion hat damit ihr eigenes typisches «Drehbuch» (vgl. Tab. unten). Wenn eine Emotion auftritt, verändert sie das Verhalten der Person hin zu einem Verhalten, das von der Emotion bestimmt wird. Zum Beispiel wartet Lukas ruhig, bis die vereinbarte Zeit verstrichen ist. Als das Mädchen trotzdem nicht aufhören will zu schaukeln, wird er ärgerlich und ändert sein Verhalten: Er heult und schmeißt sich auf den Boden. Emotionen haben ihre Bedeutung und sind im Allgemeinen gut für uns. Sie lenken unser Verhalten in eine bestimmte Richtung bzw. auf eine bestimmte Art.

	Ärger	Freude
Auslösende Situation	**Ungerechtfertigte Unterbrechung, Verletzung oder Schädigung:** Etwas oder jemand verletzt die Person, ihre Wünsche oder Erwartungen. Diese Störung oder Schädigung wird als ungerechtfertigt empfunden.	**Glück, Erfolg, Zuneigung, Wertschätzung:** Die Person erhält oder erreicht etwas, das sie sich gewünscht oder angestrebt hat. Sie erhält Wertschätzung, Lob oder Zuneigung. Sie hat überraschend Glück oder bekommt etwas, das ihre Erwartungen übertrifft.
Reaktion der Person	**Protest oder Angriff:** Die Person schimpft, protestiert oder schlägt um sich. Die Person klingt und sieht böse aus (z. B. gerötetes Gesicht, laute Stimme). Sie kommt nicht von der Situation los.	**Lächeln, lachen, anderen von der Freude erzählen:** Die Person lächelt oder lacht, ist warmherzig und gesellig, erzählt von ihrer Freude. Sie ist optimistisch und fühlt sich erregt oder aufgeregt. Die Person hüpft hin und her. Sie ist freundlich und großzügig gegenüber anderen.

«Drehbücher» für die Emotionen Ärger und Freude mit ihren typischen auslösenden Situationen und typischen Reaktionen der betroffenen Personen

Ärger und Freude gehören zu den basalen Emotionskategorien (vgl. Abb. S. 160). Diese treten in allen Kulturen auf. Es konnte noch kein Stamm oder Volk gefunden werden, dessen Mitglieder sich nicht ärgern, freuen, zuweilen auch Angst haben oder traurig sind. Diese basalen Emotionskategorien zeigen sich auch schon im Gesichtsausdruck von Babys. Schon einen Monat alte Babys können ihr Gesicht ärgerlich verziehen. In ihrem zweiten Lebensmonat lächeln sie bekannte Gesichter an. Im ersten Lebensjahr zeigen Säuglinge Gesichtsausdrücke und Verhaltensmuster, die Eltern und Erzieherinnen mit den Worten Freude, Zuneigung, Ärger, Traurigkeit und Furcht bezeichnen. Diese Begriffe der basalen Emotionskategorien kennen Kindergartenkinder rund um die Welt.

«Das Herz hat seine Gründe, die der Verstand nicht kennt.»
(Französisches Sprichwort)

Jede Emotionskategorie enthält verschiedene Emotionen, die sich erst später bei den Kindern entwickeln. Diese Emotionen werden durch einfache Situationsbewertungen ausgelöst. Dafür braucht ein Kind kaum kognitive Fähigkeiten. Doch schon Mitgefühl (vgl. Kap. 7.1, S. 151) erfordert mehr: nämlich Empathie. Das Kind trennt zwischen der eigenen Gefühlswahrnehmung und der des Gegenübers. Es fühlt mit und hat dabei bereits einen Perspektivenwechsel vorgenommen. Je komplexer eine Emotion, desto mehr kognitive Fähigkeiten setzt sie voraus. Bei Nostalgie z. B., der wehmütigen Hinwendung zu vergangenen Zeiten, übersteigt die notwendige vorausgehende Situationsbewertung normalerweise die kognitiven Fähigkeiten der Kinder. Nostalgie setzt voraus, dass man sich in einer aktuellen Situation an eine ähnliche aus vergangenen Zeiten erinnert, sie idealisiert zusammenfasst und deshalb besser findet. Das schaffen Kinder (noch) nicht. Komplexe Emotionen sind auch eher von der jeweiligen Kultur abhängig als einfache Emotionen. Freude und Ärger findet man überall auf der Welt. Nostalgie ist nicht überall leicht zu finden.

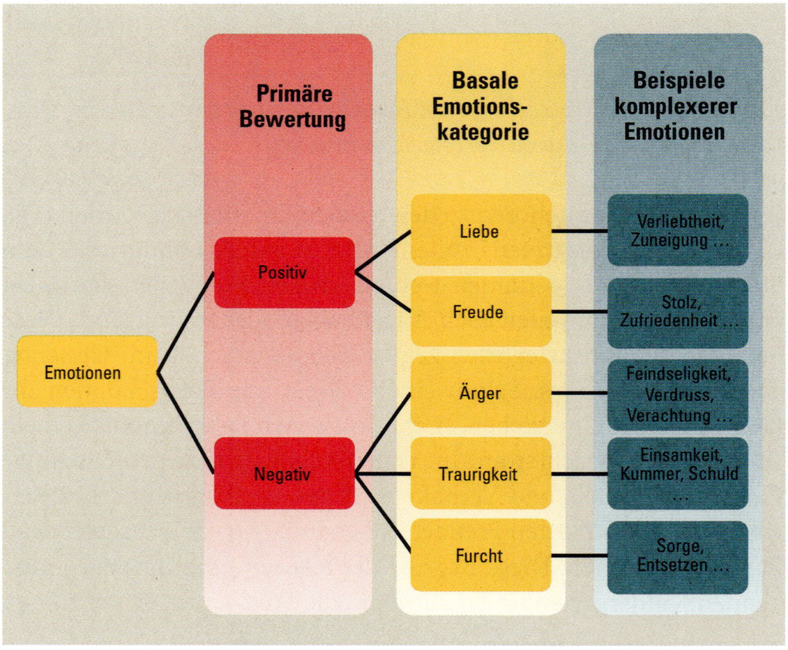

Hierarchie der Emotionen mit der primären Bewertung gut oder schlecht (pink), mit basalen Emotionskategorien (gelb) und Beispielen für komplexere Emotionen (türkis)

Emotionen gehören zum Leben dazu und der Umgang mit ihnen will gelernt sein. Mit dieser Fähigkeit wird niemand geboren. Genauso wie ein Kind lernen muss, auf zwei Beinen zu stehen, muss es lernen, mit seinen Gefühlen umzugehen und deren «Drehbücher» sozial verträglich zu verändern. Kinder verlieren sehr leicht die Kontrolle über sich selbst, sobald heftige Emotionen im Spiel sind. Rund um die Gefühle gibt es daher drei wesentliche Fähigkeiten, die im Rahmen der emotionalen Intelligenz postuliert werden. Alle drei Bereiche sind Entwicklungsaufgaben für das Kindergartenkind:

1. Die eigenen Gefühle wahrnehmen und beschreiben können
2. Mit den eigenen Gefühlen umgehen können
3. Den anderen in seiner Gefühlslage verstehen können

Zur ersten Entwicklungsaufgabe gehört, dass ein Kind merkt, wenn ein Gefühl von ihm Besitz ergreift. Wer lernen will, mit seinen Emotionen umzugehen, muss sie erst einmal benennen können: *Welches Gefühl ist das gerade, das mich überkommt? Wie fühlt es sich an? Wo in meinem Körper spüre ich es? Wie heißt dieses Gefühl?* Das Kind kann so ein Bewusstsein für die eigenen Emotionen erwerben. Fragt man vier- bis fünfjährige Kinder, woher sie wissen, dass sie gerade glücklich (traurig, ärgerlich oder ängstlich) sind, antworten nur wenige von ihnen: «Ich weiß nicht.» Die Mehrheit gibt Situationen an («wenn ich eine Party habe») oder äußerlich Sichtbares («wenn ich lache»). Acht- bis neunjährige Kinder nennen überwiegend mindestens die Situation und wie sie sich fühlen («Ich schau in den Spiegel und sehe mich lächeln.» «Ich lache.» «Mein Gehirn sagt es mir.»)

Sie möchten mit Kindern darüber sprechen, wie sich Traurigkeit oder Ärger anfühlen? Fragen Sie nach und geben Sie den Kindern z. B. die folgenden Antwortmöglichkeiten zur Auswahl:

Wenn ich traurig bin, bin ich wie …	**Wenn ich mich ärgere, bin ich wie …**
• ein schwerer Stein. • ein Clown, der nicht mehr lachen kann. • eine Pflanze, die Wasser braucht. • eine Maus, die sich vor der Katze versteckt.	• Wackelpudding. • ein Luftballon, der gleich platzt. • ein Hamster in seinem Laufrad. • eine große, schöne Blume.

Eine zweite Entwicklungsaufgabe ist der angemessene Umgang mit den Emotionen. Emotional intelligente Menschen lassen ihre Emotionen zu, vermögen es aber, sie in sozialverträgliche Bahnen zu lenken. Das gelingt, wenn man einem Handlungsimpuls, den ein Gefühl mit sich bringt, nicht wehrlos ausgeliefert ist (siehe auch Kap. 2.1, S. 42 Exekutive Funktionen, Inhibition). Kinder wählen nicht immer die besten Strategien im Umgang mit ihren Emotionen. Sie wählen meist überhaupt keine Strategien. Ihr Verhalten folgt dem Reiz-Reaktions-Prinzip. Nur wenn es ihm gelingt, in seinem Verhalten innezuhalten, hat ein Kind die Möglichkeit, seine Reaktionen zu steuern und sein Verhalten zu wählen.

Reiz-Reaktions-Prinzip: Ein bestimmter Reiz löst fast automatisch ein bestimmtes Verhalten aus.

Sie möchten mit Kindern darüber sprechen, was man bei Langeweile oder Angst machen kann? Fragen Sie nach und geben Sie den Kindern z. B. die folgenden Antwortmöglichkeiten zur Auswahl:

Wenn ich mich langweile, dann …	**Wenn ich Angst habe, dann …**
• muss jemand mit mir spielen. • schaue ich meine Spielsachen an. • nörgele ich an allem herum. • versuche ich, etwas Interessantes zu finden.	• weine oder schreie ich. • verstecke ich mich hinter einem Erwachsenen. • halte ich mir die Augen zu. • erzähle ich jemandem, wovor ich Angst habe.

Es gibt mehr oder weniger gute Strategien im Umgang mit den eigenen Emotionen. Kinder mit schlechten Strategien machen nicht nur sich das Leben schwer. Hätte Lukas nicht auf das Gerüst eingeschlagen, sondern auf das Mädchen auf der Schaukel, hätte er Schwierigkeiten bekommen – ganz gleich ob er im Recht gewesen wäre oder nicht. Man kann zwar bei Kindergartenkindern nicht denselben Grad an Verantwortungsbewusstsein und Disziplin wie bei Erwachsenen erwarten, aber trotzdem können auch sie schon einen sozial verträglichen Umgang mit den eigenen Emotionen erlernen.
Besonders Kinder, die ihren Ärger aggressiv ausleben, zwingen die pädagogischen Fachkräfte zum Handeln. Das Geschehene zu bestrafen, ist die eine Seite. Um jedoch dieses Verhalten in der Zukunft zu verhindern, ist es vor allem nötig, Kindern zu helfen, Kontrolle über ihre eigenen Emotionen zu bekommen.
Eine nützliche Methode, seine Emotionen in den Griff zu bekommen, ist «eine Schildkröte machen». Dabei wird Kindern gezeigt, dass sie sich beruhigen können, indem sie ihr Verhalten stoppen, sich unter ihren Panzer flüchten (ihren Kopf auf die Brust legen und die Arme an sich heranziehen) und einmal tief durchatmen. Dann formulieren sie das Problem und ergänzen, wie sie sich fühlen. Erzieherinnen, die ein Kind in der Entwicklung seiner emotionalen Intelligenz unterstützen wollen, erarbeiten mit ihm hilfreiche Ideen, wie es seine Emotionen kennenlernen, erleben und so steuern lernen kann, dass es selbst und andere keinen Schaden nehmen.

Zur dritten Entwicklungsaufgabe: Emotional intelligent verhält man sich nicht nur, wenn man seine Emotionen kennt und günstige Mechanismen für den Umgang mit ihnen besitzt, sondern auch, wenn man die Emotionen anderer wahrnehmen kann und angemessen darauf reagiert. Das gelingt mithilfe der Fähigkeit zur Empathie, die oben (S. 151) bereits dargestellt wurde.

Sie möchten mit Kindern darüber sprechen, wie man bei Angst oder Ärger helfen kann? Fragen Sie nach und geben Sie den Kindern z. B. die folgenden Antwortmöglichkeiten zur Auswahl:

Wenn jemand Angst hat und ich helfen will, dann …	**Wenn sich jemand ärgert und ich helfen will, dann …**
• lass ich ihn allein. • mach ich ihm Mut. • frage ich, was passiert ist, und höre zu. • erzähle ich lustige Sachen.	• mache ich etwas, was das Problem löst. • haue ich den, der geärgert hat. • frage ich, was passiert ist, und höre zu. • erzähle ich, dass es mir einmal so ähnlich ging und wie das war.

Damit unser soziales Miteinander gelingt, müssen wir also einerseits in der Lage sein, Emotionen bei uns und bei anderen Menschen richtig wahrzunehmen, und andererseits, mit unseren eigenen Emotionen und denen anderer Menschen umzugehen. Sprich: Wir brauchen emotionale Intelligenz.

	Was ich bemerke	Was ich tue
Bei mir	1) Bewusstsein für die eigenen Emotionen: eigene Gefühle wahrnehmen, erkennen und benennen können	2) Umgang mit den eigenen Emotionen: die eigenen Gefühle in sozial verträgliche Bahnen lenken können
Bei anderen	3) Bewusstsein für die Emotionen anderer: die Gefühle anderer wahrnehmen, erkennen und benennen können	4) Umgang mit den Emotionen anderer: mit den Gefühlen anderer zum Vorteil beider Seiten umgehen können

Fähigkeiten der emotionalen Intelligenz

Kindliche Sexualität: Lustempfinden und Sinnlichkeit

Mit Sigmund Freud lenkte sich der Blick erstmals auf die kindliche Sexualität. Sein Modell zur Entwicklung des Sexualtriebs ist aus heutiger Sicht jedoch nicht mehr haltbar. Allerdings gilt auch heute noch, dass die sexuelle Entwicklung mit Beginn des Lebens einsetzt, dass sie ein hochkomplexer Interaktionsprozess zwischen körperlichen Reifungsprozessen, psychischen Entwicklungsschritten und Lernprozessen ist und dass sie durch kultur- und geschlechtsrollenspezifische Sozialisationsprozesse beeinflusst wird.

Unter Sexualität versteht man grundsätzlich das Entdecken und Erleben von Lustempfinden und Sinnlichkeit. Es geht also um ganz basale emotionale Erfahrungen, die Kinder von Beginn ihres Lebens an machen. So gesehen gehören das Saugen an der mütterlichen Brust oder dem Fläschchen, das Baden in warmem Wasser sowie das Daumenlutschen zu den ersten sinnlichen Erfahrungen. Kinder begeben sich in ihrer Entwicklung auf eine große Entdeckungsreise und sind mit all ihren Sinnen dabei. Was Lust macht und anregt, erfährt mehr Aufmerksamkeit. Das ist eine grundsätzliche Triebkraft. Lustempfinden und Erregungen sind nicht auf den genitalen Bereich beschränkt. In ihrer Neugier und Unbefangenheit entdecken Kinder gleichermaßen ihre Umgebung und ihren eigenen Körper. Sie trennen nicht zwischen Zärtlichkeit, Sinnlichkeit und genitaler Sexualität. In ihrer spielerischen Auseinandersetzung mit sich und anderen erleben sie schöne Gefühle, Erregungen und Wohlbefinden. Die Suche nach solch sinnlichem Erleben ist sowohl Antrieb als auch Teil der Entwicklung einer eigenen Identität. Erwachsene reagieren oftmals verunsichert oder tabuisieren das Geschehen – geleitet von der Erwachsenensicht auf das Thema Sexualität. Kinder lieben körperlichen Kontakt; viele entdecken irgendwann auch, dass das Berühren der Genitalien eine zusätzliche Erregung auslöst, die sie dann gerne immer wieder erleben wollen. Das gehört zur Autonomieerfahrung dazu: Ich kann in mir selbst Lustgefühle erzeugen. Über die Entdeckung des eigenen Körpers entsteht auch die Neugier auf den Körper der anderen Kinder. Ausdruck der kindlichen Erkundungen sind die berühmten Doktorspiele: Was habe ich, was hast du; welche Körperöffnungen gibt es; wie fühlt es sich an, sich an verschiedenen Stellen zu berühren? Den Kindern geht es nicht um Sex im Sinne von Geschlechtsverkehr. Sie sind einfach neugierig und wollen verstehen. Und solange sie diese Erkundungen untereinander als gleichberechtigte Spielpartner unternehmen, sind diese Teil ihres kindlichen Spiels. Wenn Kinder älter werden, spielen sie möglicherweise auch Sexszenen von Erwachsenen nach. Auch das wäre kein Grund zur Sorge. Es ist ein Ausprobieren der Erwachsenenrolle, genauso wie Kinder in Berufe schlüpfen oder andere Verhaltensweisen von Erwachsenen imitieren. Eine nachgestellte Bettszene von Mama und Papa hat dieselbe Bedeutung wie eine Szene beim Einkaufen. Es sind die Reaktionen der Erwachsenen, die die Situation emotional aufladen, z. B. durch Verbote, Beschämung oder verstärkte Kontrolle. Das wiederum verstärkt natürlich die Neugier.

Verhaltensweisen, die zur kindlichen Entdeckungsreise gehören:

- Spontan geleitete Berührungen am ganzen Körper: tasten, greifen, streicheln, reiben
- Saugen, lutschen, in den Mund nehmen
- Gezielte Berührungen und Erkundungen am eigenen und am Körper des anderen Kindes
- Mit dem Entdecken der Geschlechtsteile einhergehend verstärktes Reiben
- Gemeinsame Besuche der Toilette
- Gezielte Untersuchungen der verschiedenen Körperöffnungen
- Imitieren von Erwachsenen-Sexualverhalten im Rollenspiel
- Verknüpfen der Handlungen mit sprachlichen Äußerungen aus dem Sexual- und Fäkalbereich

Die Ausführungen sind aus Expertisen des Instituts für Sexualpädagogik (ISP: www.isp-dortmund.de) zusammengestellt.

Prüfen Sie Ihr Wissen:

1. Wozu sind Emotionen gut?
2. Was versteht man unter dem «Drehbuch» für eine Emotion?
3. Emotionale Intelligenz umfasst drei Fähigkeiten in Bezug auf Emotionen. Nennen und beschreiben Sie mindestens zwei.
4. Demonstrieren Sie ein Beispiel, wie Kinder sich in emotionalen Situationen selbst beruhigen können.

7.4 Entwicklung der Geschlechtsidentität

Wenn ein Kind die Welt beobachtet, erfährt es nicht nur etwas über Stühle, auf denen es sitzen kann oder Fleischtheken, an denen es eine Scheibe Wurst bekommt. Es beobachtet auch, dass es verschiedene Menschen gibt: große (die Erwachsenen) und kleine (die Kinder), Männer und Jungen bzw. Frauen und Mädchen. Und das Kind ordnet sich selbst einem Geschlecht zu. Mit Eintritt in das Kindergartenalter wird es für das Kind zunehmend bedeutsamer, ob es ein Junge oder ein Mädchen ist. In der Literatur findet man häufig die Kategorien *sex* – damit ist das biologische Geschlecht gemeint – und *gender* – die Bezeichnung für das soziale Geschlecht. Beide Aspekte, die biologische Veranlagung und der Einfluss des sozialen Umfeldes, machen die Ausbildung einer Geschlechtsidentität aus.

Geschlechtsidentität: Geschlechtsbezogene Selbstdefinition aufgrund von körperlichen Merkmalen, aber auch von Erfahrungen. Die Zugehörigkeit zu einem Geschlecht wird Teil der eigenen Identität.

Fragt die Nachbarin die junge Mutter, die mit ihrem Neugeborenen im Kinderwagen vorbeiläuft: «Na, was ist es denn?» Die stolze Mutter: «Ein Mädchen!» – Die Nachbarin zögert kurz und meint dann: «Ah, ja, …, na, Hauptsache gesund …»

«Während die Natur bestimmt, ob wir männlich oder weiblich sind, legt die Kultur fest, was es bedeutet, weiblich oder männlich zu sein.» *(Hanns Martin Trautner)*

Das ist kein Witz, sondern ein kurzer Dialog, wie er sich noch vor gar nicht allzu langer Zeit in einem kleinen Ort im Südwesten Deutschlands zugetragen hat.

Zwei Themen sind hier zu erkennen. Erstens: Der junge Mensch wird von Beginn an der Kategorie Junge oder Mädchen zugeordnet. So müssen z. B. Eltern, wenn der Vorname ihres Kindes sowohl männlich als auch weiblich sein kann, einen zweiten, eindeutig zuordenbaren Namen für das Kind wählen. Und zweitens: Dem biologischen Geschlecht wird eine soziale Bedeutung und damit Bewertung zugewiesen. Die Entwicklung der Geschlechtsidentität begleitet uns also von Anfang an und ist stark beeinflusst von sozialen Lernprozessen.

Bereits Säuglinge wissen, dass es Frauen und Männer gibt. Sie erkennen dies an der Stimme oder den Gesichtern der Erwachsenen. Allerdings bringen sie das noch nicht mit sich selbst in Verbindung. Im Alter von zweieinhalb bis drei Jahren können sie sich selbst dem einen oder anderen Geschlecht zuordnen. Im Laufe der Kindergartenzeit gewinnen die Kategorien männlich/weiblich zunehmend an Bedeutung. In Kapitel 1.2 und 1.3 (S. 25 ff.) wurde bereits beschrieben, wie das Gehirn aus vielen Erfahrungen Muster extrahiert und Regeln ableitet. Dies gilt auch für das Ableiten von «typisch Junge» oder «typisch Mädchen», womit schließlich Geschlechtsstereotype entstehen: Die Kinder ordnen Verhaltensweisen, Gegenstände oder Eigenschaften einem Geschlecht zu. Nach den kindlichen Vorstellungen zieht ein Junge z. B. eher Hosen an, Mädchen tragen eher eine Haarspange. Jungen machen mehr Quatsch. Mädchen spielen lieber ruhigere Spiele. Von nun an wird es immer wichtiger, welchem Geschlecht man selbst angehört. Das eigene Spielverhalten

Geschlechtsstereotype: Mehr oder weniger gerechtfertigte Zusammenfassung von Eigenschaften oder Verhaltensweisen, die typisch für das Geschlecht sind; Mädchen sind …, Jungen sind …

und das eigene Äußere werden an dem ausgerichtet, was als geschlechtsangemessen bewertet wird.

Die Entwicklung der Geschlechtsidentität ist also ein Prozess mit aufeinander aufbauenden Stufen. Das hat auch mit der kognitiven Entwicklung des Kindes zu tun: Es erkennt Unterschiede zunehmend bewusster und steuert auch sein Verhalten mehr und mehr zielgerichtet. Ausgangspunkt für die Entwicklung der Geschlechtsidentität ist die Selbsterkennung (siehe dazu Kap. 7.1, S. 150, die Beschreibung des Rouge-Tests) und die Erkenntnis, dass es zwei Geschlechter gibt.

Zeichnung eines knapp fünfjährigen Jungen in einer Phase, in der er sich intensiv mit körperlichen Unterschieden auseinandersetzte

Stufe	Beschreibung	Alter
Erste Katego-rienbildung	Kind erkennt, dass es zwei Geschlechter gibt	unter 1;0
Präferenzen für das eigene Geschlecht	Kind entwickelt Interessen für bestimmte Spielsachen und Aktivitäten	ab 1;0
	Kind orientiert sich verstärkt am gleichgeschlechtlichen Elternteil → wahrscheinlich Basis für die eigene Identifikation	ab 1;3–2;0
	Kind sucht verstärkt gleichgeschlechtliche Spielpartner → Basis für Ausbildung und Verstärkung geschlechtstypischen Verhaltens	ab 2;2–2;9
Geschlechts-rollen-stereotype	In Bezug auf Erwachsene («Der Vater liest Zeitung und trinkt Bier, die Mutter geht einkaufen.»)	ab 2;2 fast alle um 3;0
	In Bezug auf Kinder («Mädchen sind braver, Jungen sind stärker.»)	manche ab 2;7 viele erst um 3;8
Geschlechts-bestimmung	Bei Erwachsenen («Frau Müller ist eine Frau.»)	ab 2;2–2;7
	Zuordnung des eigenen Geschlechts («Ich bin ein Junge/ein Mädchen.»)	ab 2;2–3;4
Geschlechts-permanenz	Kind erkennt, dass das Geschlecht zeitlich überdauernd ist (Jonas weiß, dass er später einmal selbst Papa sein kann.)	ab 4;6
Geschlechts-konstanz	Erhaltung der Identität trotz Veränderung der äußeren Erscheinung (Lisa weiß, dass sie immer ein Mädchen bleibt, auch wenn sie ab und zu gern einen Prinzen spielt oder an der Werkbank arbeitet.)	ab 4;6–5;6

Stufenweise Entwicklung der Geschlechtsidentität (erweitertes Kohlberg-Modell)

Wie wird ein Junge zu einem Jungen und ein Mädchen zu einem Mädchen?

Woher kommen die Typisierungen und Verhaltensunterschiede? Sind sie «gelernt», also abhängig von der Umwelt und den Erfahrungen der Kinder? Oder sind die Unterschiede bereits in den Genen enthalten und damit angeboren?

Die Entstehung der körperlichen Unterschiede, das ist unbestritten, hängen mit den Geschlechtschromosomen (XX vs. XY) und mit der Hormonausschüttung während der Schwangerschaft der Mutter zusammen.

Wie es zu unterschiedlichem Verhalten bei Mädchen und Jungen kommt, das versucht man auch über lerntheoretische Ansätze zu erklären: Kinder nehmen Geschlechtstypisierungen aufgrund ihrer Erfahrungen und den vorgelebten Rollenmodellen in ihrer Umgebung vor. In der Vielfalt der Erfahrungen und vorgelebten Rollenmodelle stecken aber auch Widersprüche: Nicht alles, was die Kinder an Mädchen und Frauen erleben, ist typisch weiblich, und nicht alles, was sie an Jungen und Männern beobachten, ist typisch männlich. Daher kann man davon ausgehen, dass geschlechtstypisches Verhalten eben nicht nur erlernt ist. Das konnte Kohlberg in seinen Untersuchungen belegen: Das Kind strebt selbst danach, sich eindeutig einer Kategorie zuordnen zu können. Äußere Einflüsse wirken dabei erleichternd und unterstützend, sind aber nicht die Ursache.

Der Papa «rockt»

Der fünfjährige Sohn von Nils trägt gerne Röcke. Noch vor gut hundert Jahren hätte das niemanden sonderlich erstaunt. Und heute? Die Kinder in der Kita jedenfalls machten sich über den Jungen lustig, und auch die Erwachsenen in der kleinstädtischen Umgebung waren mindestens irritiert bis kritisch bewertend. Papa Nils aber wollte seinem Sohn nicht verbieten, sich so anzuziehen, wie es ihm zumute war. Und da er wusste, dass Kinder immer auch auf der Suche nach Rollenmodellen sind, entschloss er sich, seinem Sohn ein Vorbild zu sein. Er zog selbst Röcke an und ging mit seinem Sohn durch die Stadt spazieren. Sein Sohn traute sich daraufhin, auch in der Kita wieder Röcke anzuziehen. Und wenn eines der anderen Kinder, meistens die Jungen, sich über ihn lächerlich machen will, stellt er sich mutig hin und sagt: «Ihr traut euch ja bloß nicht, Röcke zu tragen, weil eure Väter sich nicht trauen!»

Übrigens hat er jetzt das Nägellackieren für sich entdeckt und findet, das stünde seinem Papa auch gut …

Die Geschichte von Nils und seinem Sohn mit einem ausführlichen Interview ist zu finden unter: http://www.freshdads.com (Suchbegriff: Nils Pickert)

Typische Bekleidung für Jungen am Ende des 19. Jahrhunderts

Was ist eigentlich «typisch Junge» oder «typisch Mädchen»?

Kinder selbst ordnen schon sehr zeitig dem eigenen oder anderen Geschlecht typisches Verhalten zu.

	Mädchen …	Jungen …
♀ über →	küssen, streiten nie, nähen gern, spielen im Haus, sehen hübsch aus, sagen: «Ich kann das am besten machen.»	weinen nie, sind gemein, streiten gern, klettern gern auf Bäume, sagen, dass sie etwas falsch gemacht haben
♂ über →	sagen, dass man sie nicht mitspielen lässt, fühlen sich beleidigt, weinen manchmal, sind langsam	bringen andere zum Weinen, spielen mit der Eisenbahn, sind laut und eklig
beide über →	reden viel, helfen der Mutter beim Saubermachen und Kochen, sagen, dass sie Hilfe brauchen, spielen mit Puppen	spielen mit Autos, sagen, dass sie einen hauen, helfen dem Vater, bauen gerne

Stereotype Ansichten von Kindern über Kinder, Untersuchungen bei der Altersgruppe über zwei Jahre

Auch hinsichtlich der Rollenzuschreibung bei Erwachsenen nehmen Kinder sehr früh Stereotypisierungen vor, und das unabhängig von ihren Erfahrungen in der eigenen Familie. In einer Studie wurden Kinder aus Familien mit traditioneller Rollenverteilung mit Kindern verglichen, die in «modernen» Familien aufwuchsen. Das traditionelle Rollenverständnis von Mann und Frau war auch bei den modern aufwachsenden Kindern stark vertreten. Die Vorstellung, dass die Frau überwiegend für den Haushalt zuständig ist und sich um die Kinderbetreuung kümmert, während der Vater das Geld verdient und der Strengere ist, hatten auch jene Kinder, die von ihren Eltern zu Hause ein anderes Rollenverhalten vorgelebt bekamen.

Würde man davon ausgehen, dass geschlechtstypisches Verhalten vor allem gelernt ist und auf Basis der kognitiven Entwicklung als Stereotyp erkannt wurde, dürften sich bei Babys und Kleinstkindern noch keine unterschiedlichen Verhaltensweisen zeigen, denn unter Zweijährige sind aufgrund ihrer kognitiven Entwicklung noch nicht in der Lage, komplexe Verhaltensschemata zu erkennen und eindeutig zuzuordnen. Tatsächlich aber gibt es Untersuchungen, die zeigen, dass Jungen und Mädchen bereits vor ihrem zweiten Geburtstag geschlechtstypisches Spielzeug bevorzugen.

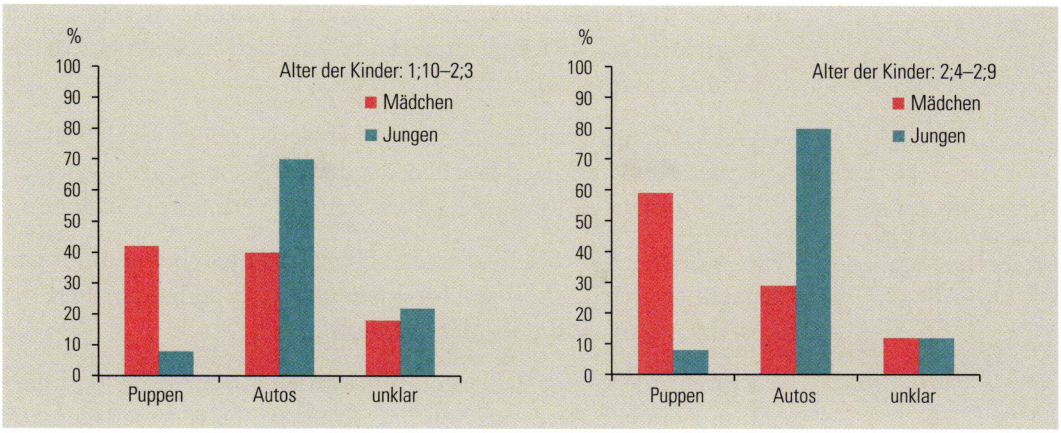

Spielzeugpräferenz von Kleinstkindern in einer Studie von Dannhauer (1973)

Aspekt	**Jungen**	**Mädchen**	**Alter der Kinder**
Spielzeugwahl	Roboter, Autos, Transportmittel	Plüschtiere, Puppen, Puppengeschirr	1;10–2;9
Spielverhalten	Körpermotorische Aktivitäten, Herumwerfen von Gegenständen, Schlagen, Bearbeiten/Manipulieren von «neutralen» Gegenständen (Türklinke, Videogerät), spielerisches Raufen	Feinmotorisches Geschick, verkleiden, künstlerisch-kreative Tätigkeiten (kneten, malen, ausschneiden)	2–3 Jahre
Konfliktlösungsstrategien	Durchsetzen der eigenen Position, auch mit Gewalt oder Drohungen	Kompromisssuche im Rollenspiel durch Überreden oder Bitten	4–5 Jahre

Zusammenfassende Übersicht aus verschiedenen Studienergebnissen (aus Bischof-Köhler 2011)

Gerade der Umgang mit Konflikten und das Wettbewerbsverhalten erklären, warum Kinder im Kindergartenalter vermehrt Spielpartner des eigenen Geschlechts wählen. Meist fühlen sich Mädchen unter Jungen unwohl, weil sie deren Art, mit Unstimmigkeiten umzugehen, nicht mögen. Jungen wiederum suchen oft das Ausfechten von Kämpfen und den Wettbewerb. Sie bauen innerhalb der Gruppe Hierarchien auf und steigen in kleinere und größere Wettkämpfe ein, um die Rangfolgen innerhalb der Gruppe immer wieder neu auszuhandeln. Mädchen empfinden daher das Spiel der Jungen oft als grob und wild. Jungen erleben dagegen die Verhandlungsbemühungen und Kompromisssuche der Mädchen als anstrengend.

Eltern antworten unterschiedlich auf Verhaltensweisen der Kinder, d. h., Kinder fordern ihre Eltern zu unterschiedlichen Reaktionen heraus. Und Kinder antworten ganz verschieden auf die Verhaltensweisen der Eltern:

- In einem strengen Elternhaus reagieren Jungen mit vermehrter Aggressivität. Mädchen hingegen passen sich in solch einem Elternhaus stärker an.

- Werden Jungen früh unterstützend versorgt, zeigen sie sich später explorationsfreudig. Mädchen dagegen neigen aufgrund derselben Situation zu weniger Exploration und vermehrter Scheue.

Explorationsverhalten: neugierig-forschendes Erkunden der Umgebung, Offenheit für Neues

Das bedeutet: Obwohl Eltern versuchen, sich Mädchen und Jungen gegenüber gleich, also «geschlechtsneutral» zu verhalten, sind die Auswirkungen auf die Kinder unterschiedlich.

Nachfolgende Grafik stellt die Einflussgrößen in der direkten Interaktion zwischen Bezugsperson und Kind dar. Dass diese Interaktion nicht im luftleeren Raum geschieht, ist über den farbigen Rahmen «Sozialer Kontext» dargestellt. Gemeint sind damit z. B. andere Personen, die Situation oder kulturelle Aspekte.

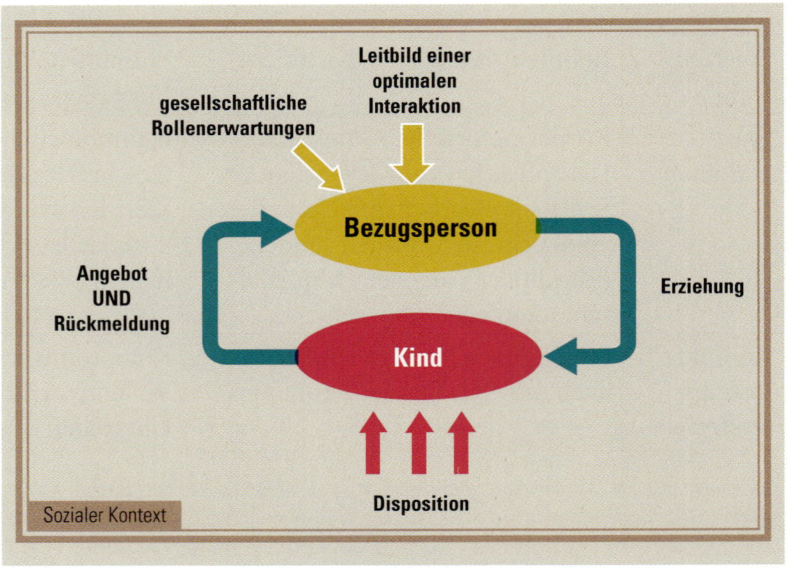

Systemische Betrachtung der Geschlechtsidentitätsentwicklung (Grafik nach Bischof-Köhler 2011); der Fokus liegt hier auf der direkten Interaktion zwischen Bezugsperson und Kind

Disposition: Veranlagung, Anlage, die zur Entfaltung kommen kann, aber nicht immer muss

Silva läuft vor den Augen der Eltern zielstrebig auf eine Pfütze zu. Kurz vor der Pfütze schaut sie verschmitzt zu den Eltern, um zu sehen, wie sie reagieren, um dann mit einem Juchzer voller Schwung hineinzuspringen.

Die Mutter schaut entsetzt, denn Silva hat ein neues Kleid an. Der Vater schaut sich peinlich berührt um, ob jemand die Situation beobachtet hat, dann schnappt er seine Tochter mit einem mahnenden Kommentar und hebt sie aus der Pfütze. Silva schaut zunächst verunsichert, strahlt dann aber, weil die Eltern offensichtlich nicht weiter schimpfen.

Es ist also nicht hilfreich, einfach nur nach isolierten Bezügen zu suchen und die Herkunft der Unterschiede anhand eines Entweder-oder-Prinzips zu erklären. Die Entwicklung der Geschlechtsidentität muss letztlich stärker systemorientiert betrachtet werden. Kinder bringen von Natur aus (in ihren Anlagen) geschlechtsspezifische Verhaltensdispositionen mit, die die Eltern und auch später die pädagogischen Fachkräfte zu Reaktionen herausfordern. Das Kind bietet der Bezugsperson sein Verhalten quasi an. Deutlich wird das z. B. am sozialen Referenzieren, wie in Kapitel 7.1, S. 148 beschrieben. *(Im Beispiel oben Silvas verschmitzter Blick, bevor sie in die Pfütze springt.)* Auf die Reaktion der Bezugsperson *(entsetzter Blick der Mutter, Vater, der sie herauszieht)* antwortet das Kind *(kurze Verunsicherung bei Silva, dann strahlendes Lächeln)*, und gibt ihr dadurch eine Rückmeldung, wie deren Verhalten bei ihr angekommen ist. Bezugspersonen reagieren natürlich nicht nur reflexhaft und unbewusst, sondern ihre Interaktion und damit ihre Erziehung ist auch davon beeinflusst, welche Erwartungen die Gesellschaft an die Geschlechtsrolle hat *(Vater, der sich umschaut, ob andere Leute zusehen)*, und davon, was nach Vorstellung der Bezugsperson die angemessene und optimale Interaktion ist *(mit einem neuen Kleid springt man nicht in die Pfütze)*.

Prüfen Sie Ihr Wissen:

1. Ab welchem Alter können sich Kinder bereits einem Geschlecht zuordnen?
2. Was versteht man unter einem Geschlechtsrollenstereotyp und wie bildet es sich aus?
3. Warum kann man nicht behaupten, dass die Wahl des Spielzeugs nur von den gemachten Erfahrungen abhängig ist?
4. Erläutern Sie die zusammenfassende Grafik «Systemische Betrachtung der Geschlechtsidentitätsentwicklung» anhand eines Beispiels mit eigenen Worten.
5. Diskutieren und begründen Sie: Eine geschlechtssensible Pädagogik nimmt die persönlichen Neigungen der Kinder ernst, ohne ihnen die vielfältigen Erfahrungen zu nehmen.

Vertiefung und Transfer

1. Welche emotionalen Situationen bei Kindern haben Sie schon miterlebt? Erinnern Sie sich und finden Sie Beispiele für mehr oder weniger emotionale Intelligenz der Kinder.
2. Welche Handlungs- oder Unterstützungsmöglichkeiten hat es in diesen emotionalen Situationen für die Erwachsenen gegeben, um die Emotionen der Kinder in sozial verträgliche Bahnen zu lenken?
3. Das Konzept der «Theory of Mind» wurde in diesem Buch unter dem Kapitel der sozioemotionalen Entwicklung betrachtet. In welches andere Kapitel hätte es auch noch gepasst und warum?

4. Wenn man Kindern Spielzeug anbietet und dazu den Hinweis gibt, das sei «für Mädchen» oder «für Jungen», wählen die Kinder lieber das ihrem eigenen Geschlecht zugeordnete Spielzeug. Wie erklären Sie sich dieses Verhalten, und was würden Sie als Erzieherin tun?
5. Die Expertisen des Instituts für Sexualpädagogik, herausgegeben von der BzgA (Bundeszentrale für gesundheitliche Aufklärung), riefen nach ihrem Erscheinen (2007) große Diskussionen nach sich. Manche Publikationen («Körper, Liebe, Doktorspiele ...») wurden wieder zurückgezogen, obwohl sie fachlich von anerkannten Wissenschaftlern als korrekt bestätigt wurden. Erörtern Sie: Warum gelingt die gesellschaftliche Auseinandersetzung mit kindlicher Sexualität so schwer?

Weiterführende Literatur & Links

Soziale Entwicklung

Bischof-Köhler, D. (2011). *Soziale Entwicklung in Kindheit und Jugend*. Stuttgart: Kohlhammer

- Das Buch beschreibt die Entwicklung der sozialen Fähigkeiten von Kindern umfassend, fundiert und detailliert.
- Die soziale Entwicklung wird in einen breiten wissenschaftlichen Kontext eingeordnet.
- Wer sich mit dem Thema weiterbeschäftigen möchte, findet hier alles, was er braucht, und noch ein bisschen mehr.

Entwicklung der Geschlechtsidentität

Bischof-Köhler, D. (2011). *Von Natur aus anders*. Stuttgart: Kohlhammer.

- Das Buch greift die aktuellen Diskussionen um Entstehung und auch gesellschaftliche Wirkung der Geschlechterunterschiede auf. Dabei wird der Bogen sehr weit aufgespannt, gleichzeitig aber auch wissenschaftlich sehr fundiert erörtert.
- Wer sich jenseits populistischer Sätze des nicht Einparken-Könnens der Frauen und des nicht Zuhörens der Männer dem Thema seriös nähern möchte, findet hier ausgewogene Darstellungen.
- Reich an Studien, die beim Sortieren helfen.

Kindliche Sexualität

http://www.isp-dortmund.de

- Das Institut für Sexualpädagogik in Dortmund erstellt Expertisen, bietet Weiterbildungen an und bündelt den breiten gesellschaftlichen Diskurs zum Thema Sexualität mit verschiedenen Beiträgen.

- Im Zuge des Bekanntwerdens der Missbrauchsfälle in sozialen Institutionen nahm das Institut hierzu ausführlich Stellung.
- Die Seiten des isp bieten wertvolle Impulse für den pädagogischen Diskurs.

Emotionale Intelligenz

Gaschler F. & Gaschler, G. (2007). ***Ich will verstehen, was Du wirklich brauchst. Gewaltfreie Kommunikation mit Kindern. Das Projekt Giraffentraum.*** **München: Kösel.**
- Das Buch zeigt auf, wie die Beziehungen innerhalb von Familien und Kindergärten auf einer wertschätzenden und lebendigen Basis stehen können.
- Das Konzept der Gewaltfreien Kommunikation nach Marshall Rosenberg wird hier auf die Kommunikation mit Kindern im Kindergartenalter sehr praxisorientiert übertragen.
- Schließlich stellt das Projekt «Giraffentraum» einen Weg vor, wie gewaltfreie Kommunikation in Kindergärten eingeführt werden kann. Bezüge zu den Anforderungen der aktuellen Bildungs- und Erziehungspläne werden verdeutlicht.

Rieger, A.(2009). ***Lachen, weinen, glücklich sein – was sind Gefühle?*** **Stuttgart: Kosmos**
- Ein Buch mit kleinen Texten und farbigen Illustrationen.
- Zentrale Gefühle wie Freude, Angst oder Wut werden anhand alltagsnaher Situationen erläutert.
- Texte sind zum Vorlesen als Einstieg ins Gespräch geeignet.

Brenifier, O. (2010). ***ICH. Was ist das?*** **Köln: Boje**
Brenifier, O. (2010). ***GEFÜHLE. Was ist das?*** **Köln: Boje**
- Beide Bücher gehören zu der Reihe *Philosophieren mit Kindern.*
- Wunderbare Fragen, die zum Nachdenken anregen und zum Dialog mit dem Kind einladen.
- Ein Begriff (z. B. Unterschiede) wird mit einer Ja/Nein-Frage konkretisiert (Bist du wie die anderen?). Die Antwort erfolgt zunächst als Behauptung. Es folgen dann offene Fragen, die den Kindern helfen, die Behauptung zu überprüfen.
- Anschauliche Illustrationen unterstreichen die konkrete kindgemäße Ebene und machen Lust, sich darüber zu unterhalten.

Hout, M. van (2012). ***Heute bin ich.*** **Baar (CH): Aracari**
- Farbenfrohe Fische drücken auf humorvolle Weise menschliche Gefühle aus: Einsamkeit, Zorn, Nervosität, Neid, Glück, Zufriedenheit … auf jeder Doppelseite ist ein Fisch abgebildet und das dazu passende Wort aufgeführt.
- Das Bilderbuch regt an, über Empfindungen zu reden, sie zu benennen und besser zu verstehen.
- Es animiert Kinder dazu, selbst den Stift in die Hand zu nehmen und dadurch Gefühlen einen Ausdruck zu verleihen.
- Es wurde für den Deutschen Jugendliteraturpreis 2013 in der Kategorie Sachbuch nominiert.

Brücken-
schlag
zur
Pädagogik

8

Entwicklungen begleiten

Im Nachkriegs-Deutschland gab es in den Waisenhäusern nur wenig zu essen.
Doch trotz gleicher Ration nahmen die Kinder unterschiedlich zu: im Waisenhaus «Vogelnest» beinahe dreimal so viel wie im „Bienenhaus" innerhalb eines halben Jahres.
Als Teil einer Studie bekamen nun nur die Vogelnestkinder ein halbes Jahr so viel zu essen, wie sie wollten. Trotzdem nahmen sie kaum noch zu. Aber die Bienenhauskinder!
An der Essensration konnte es also nicht liegen.
Während der Studie, also in der Zeit, als das Essen umgestellt wurde, fand in den Waisenhäusern ein Leitungswechsel statt: Frau Schwarz, die das Bienenhaus bis dahin mit einem „eisernen Besen" führte, nicht nachvollziehbare Regeln aufstellte und die Essenzeiten für öffentlichen Tadel nutzte, wechselte als Leiterin zum Vogelnest.
Und prompt holten die Kinder im Bienenhaus, das nun von einer neuen, warmherzigen Leitung geführt wurde, in ihrer körperlichen Entwicklung auf. Die Kinder im Vogelnest wurden trotz der zusätzlichen Essensrationen nicht viel größer und dicker.
Der Mensch lebt eben nicht nur vom Brot allein!

Widdowson, E. M. (1951), 1316–1318.

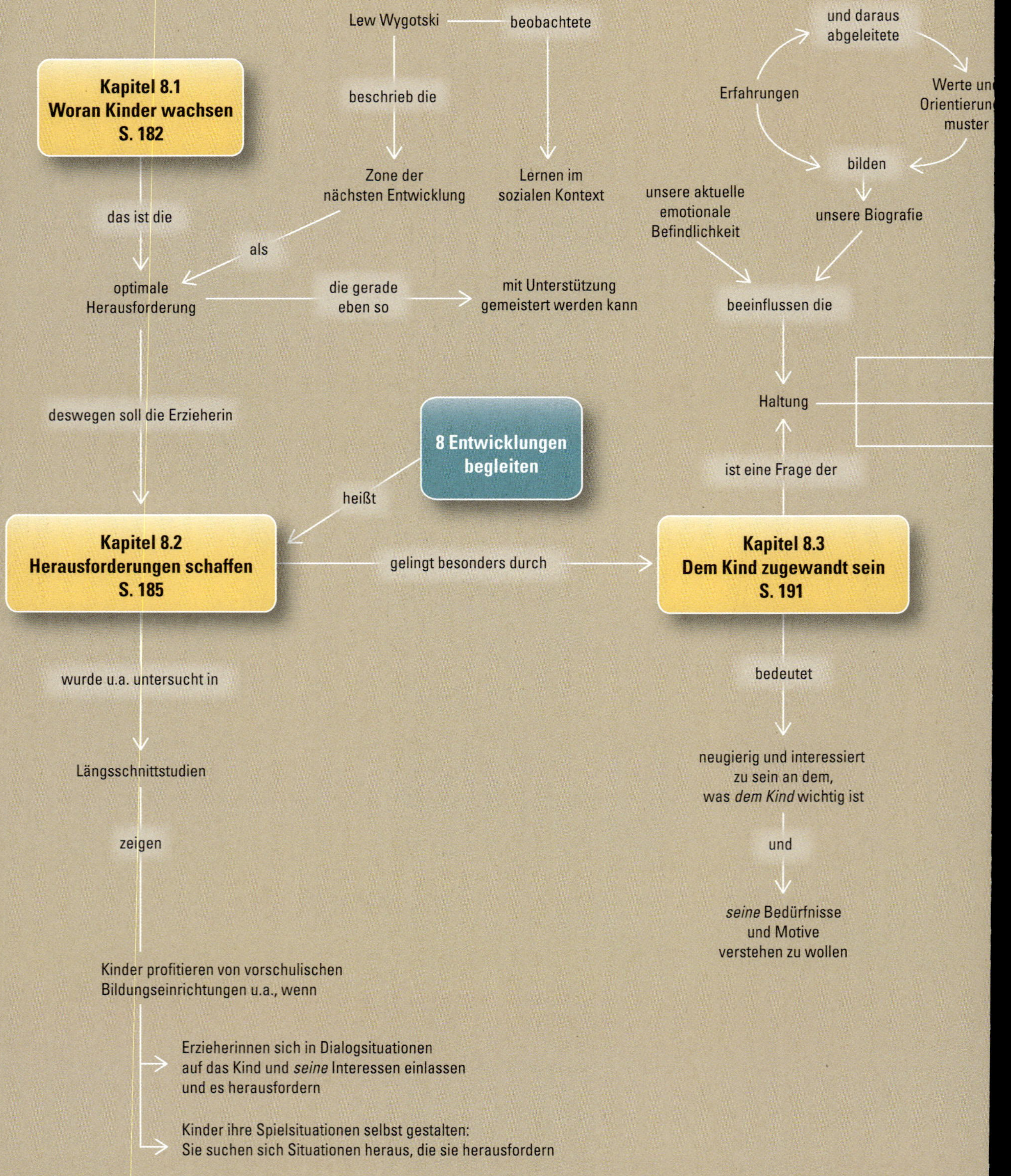
8 Entwicklungen begleiten
heißt
Kapitel 8.1 Woran Kinder wachsen S. 182
das ist die
optimale Herausforderung
Lew Wygotski
beschrieb die
Zone der nächsten Entwicklung
als
beobachtete
Lernen im sozialen Kontext
die gerade eben so
mit Unterstützung gemeistert werden kann
deswegen soll die Erzieherin
Kapitel 8.2 Herausforderungen schaffen S. 185
gelingt besonders durch
wurde u.a. untersucht in
Längsschnittstudien
zeigen
Kinder profitieren von vorschulischen Bildungseinrichtungen u.a., wenn
Erzieherinnen sich in Dialogsituationen auf das Kind und *seine* Interessen einlassen und es herausfordern
Kinder ihre Spielsituationen selbst gestalten: Sie suchen sich Situationen heraus, die sie herausfordern
Kapitel 8.3 Dem Kind zugewandt sein S. 191
ist eine Frage der
Haltung
beeinflussen die
unsere aktuelle emotionale Befindlichkeit
unsere Biografie
bilden
Erfahrungen
und daraus abgeleitete
Werte un
Orientierun
muster
bedeutet
neugierig und interessiert zu sein an dem, was *dem Kind* wichtig ist
und
seine Bedürfnisse und Motive verstehen zu wollen

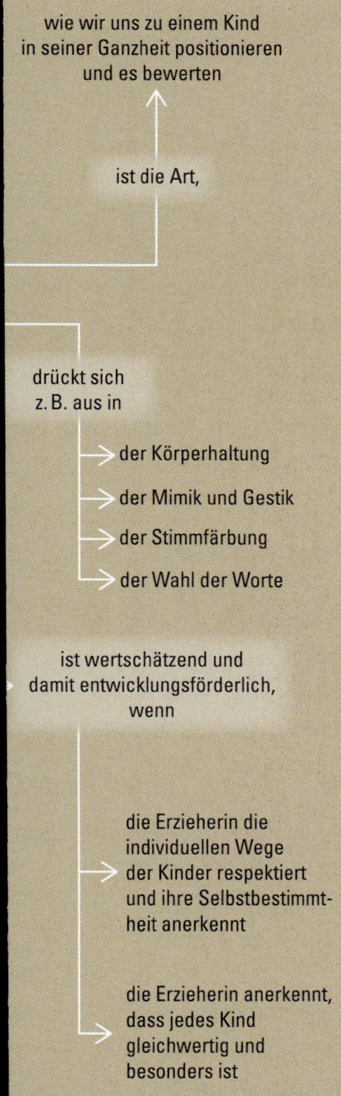

In diesem Kapitel erfahren Sie:

- welche Rolle optimale Herausforderungen für die kindliche Entwicklung spielen
- welche Rolle die Erzieherin beim Schaffen optimaler Herausforderungen spielt
- wie eine wertschätzende Haltung aussieht, die kindliche Entwicklungsprozesse unterstützt

8.1 Woran Kinder wachsen

«Manchmal zeigt sich der Weg erst, wenn man anfängt ihn zu gehen.» *(Paulo Coelho)*

Mira (4;0) ist richtig stolz auf sich. Sie schwingt den Hammer locker und trifft den Nagel meistens auf den Kopf. Kein Wunder: Seit sie drei Jahre alt ist, steht sie regelmäßig an der Werkbank und nagelt Bretter zusammen. Ihre Erzieherin Claudia registriert das und macht einen Vermerk im Beobachtungsbogen zur Auge-Hand-Koordination. Es ist also alles prima. Mira kann etwas und die Erzieherin hat es schriftlich erfasst. Doch wie geht es weiter? Welche Entwicklungsschritte wird Mira als nächstes unternehmen? Und welche Impulse helfen ihr dabei?

> «Was das Kind heute in Zusammenarbeit und unter Anleitung vollbringt, wird es morgen selbstständig ausführen können. Und das bedeutet: Indem wir die Möglichkeiten eines Kindes in der Zusammenarbeit ermitteln, bestimmen wir das Gebiet der reifenden geistigen Funktionen, die im allernächsten Entwicklungsstadium sicherlich Früchte tragen und folglich zum realen geistigen Entwicklungsniveau des Kindes werden. Wenn wir also untersuchen, wozu das Kind selbstständig fähig ist, untersuchen wir den gestrigen Tag. Erkunden wir jedoch, was das Kind in Zusammenarbeit zu leisten vermag, dann ermitteln wir damit seine morgige Entwicklung.»

Dieses Zitat stammt von Lew Wygotski (1896–1934), einem russischen Psychologen, der leider zu früh starb, um seine psychologischen Konzepte empirisch vertiefen zu können. Oft fragen wir danach, was ein Kind schon kann, und bleiben dabei stehen. Aus der Feststellung des bereits Erreichten allein ergeben sich aber noch keine Informationen über die nächsten Schritte, die das Kind gehen wird, und über die Anregungen, die von der Pädagogin ausgehen sollten. Wygotski lenkt in seinen Arbeiten den Blick genau auf den Weg, den ein Kind einschlägt. Die spannende Frage lautet daher immer wieder: Was braucht ein Kind an Unterstützung und Impulsen, um sich weiterentwickeln zu können? Wie groß dürfen Herausforderungen sein, damit sie weder eine Über- noch eine Unterforderung darstellen?

Wygotski spricht hier von der **Zone der nächsten Entwicklung**. Er meint damit jene Tätigkeiten, die ein Kind gerade so mit Unterstützung bewältigen kann. Diese stellen für das Kind die optimale Herausforderung dar: Das Kind bewegt sich in der Zone der nächsten Entwicklung. Es besitzt bereits Grundfertigkeiten, auf die es aufbauen kann, und schafft die nächsten Schritte mit behutsamer Begleitung. In dieser Phase wird es sich so lange darin üben, bis es die entsprechende Fertigkeit für sich erarbeitet hat und ohne Unterstützung meistert.

In der Zone der nächsten Entwicklung befindet sich ein Kind mit dem, was es noch nicht selbstständig, aber mit Unterstützung von Erwachsenen oder in Zusammenarbeit mit anderen Kindern zu tun vermag. In der Literatur findet man häufig die englische Bezeichnung «zone of proximal development», abgekürzt mit ZPD.

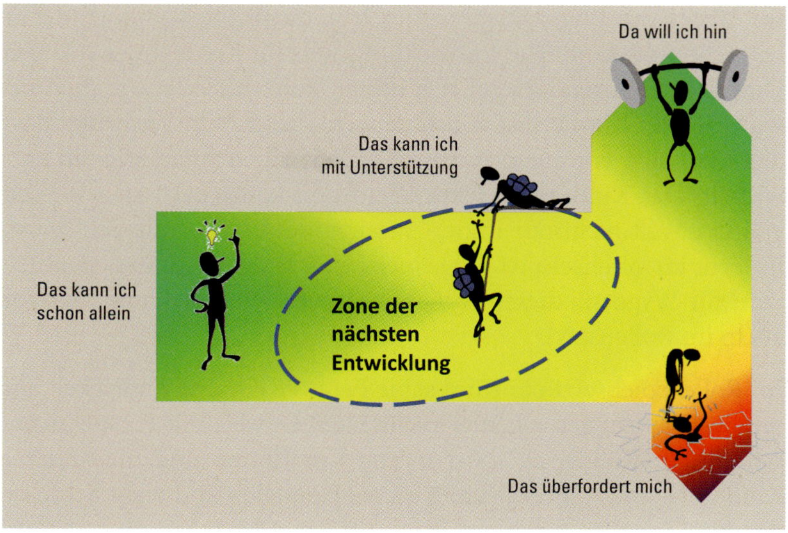

In der Zone der nächsten Entwicklung liegt die optimale Herausforderung

Mira (4;0) steht an der Werkbank. Sie will ihr Holzstück mit der Säge kürzen. Claudia, die Erzieherin, hat ihr einfach eine Säge in die Hand gegeben. Bisher hatte Mira nur mit dem Hammer gearbeitet, aber immer wieder neugierig anderen Kindern beim Sägen zugeschaut. Dabei hatte sie beobachtet, wie diese das Holz «schneiden». Es erinnert sie an das Brotschneiden, und das kann sie schon gut. Sie setzt die Säge an, versucht eine Vorwärtsbewegung – nichts passiert, die Säge hakt sich im Holz fest. Sie will es aber unbedingt können. Claudia könnte ihr jetzt die Säge aus der Hand nehmen und sagen: «Komm, ich zeig dir schnell mal, wie das geht.» Genau das macht sie nicht. Sie ermutigt sie: «Versuche, die Säge ein paar Mal nur zu deinem Körper hinzuziehen.» Mira probiert die Bewegung aus. Es entsteht eine leichte Furche im Holz. Claudia kommentiert nun wieder: «Wenn du jetzt die Säge auch nach vorne von deinem Körper weg bewegst, drück etwas weniger als beim Heranziehen.» Mira sägt weiter. Ab und zu bleibt sie hängen, dann setzt sie die Säge am Griff-Ende an und zieht sie nur zu sich hin. Mit der Zeit kommt sie in eine gleichmäßige Zug- und Druckbewegung. Miras Augen leuchten, denn sie sieht Fortschritte: Die Furche wird immer tiefer, das Sägemehl rieselt herunter. Mira bewegt sich in ihrer Zone der nächsten Entwicklung und es wird nicht lange dauern, dann kann sie das Holz nach ihren Vorstellungen bearbeiten.

«Wir vermögen mehr, als wir glauben. Wenn wir das erleben, werden wir uns nicht mehr mit weniger zufrieden geben.» *(Kurt Hahn)*

Im Ansatz von Wygotski gibt es noch eine zentrale Komponente: Er betrachtet die kindliche Entwicklung stets im Kontext des sozialen Umfeldes. Während Piaget sich darauf konzentrierte, wie die Entwicklung im Kind selbst vonstattengeht, beschreibt Wygotski, dass das Kind sich vor allem in sozial bedeutsamen Interaktionen entwickelt: Das Kind agiert nicht allein und konstruiert sein Wissen von der Welt nicht nur in der Auseinandersetzung mit sich selbst. Es lernt im Wechselspiel mit seiner Umgebung. Besonders deutlich wird für Wygotski dieses Lernen im kindlichen Spiel, und hier vor allem im Rollenspiel.

Im Rollenspiel setzt ein Kind seine Fantasie ein und entwickelt aus seinen Erfahrungen eigene Geschichten. Es wechselt Perspektiven, schlüpft in Rollen, es spürt eigene Emotionen und die anderer Kinder. Es erlebt die Wirkung seines Handelns und zieht Schlüsse daraus. Das alles geschieht im geschützten Rahmen eines Spiels, denn hier kann sich das Kind in mögliche zukünftige Situationen hineinversetzen. Es probiert aus, wie es sich anfühlt, einen Beruf zu haben, wie es sich anfühlt, Auto fahren zu können, wie es wäre, der große Bruder oder selbst schon Papa zu sein.

Im Spiel und in den verschiedenen Interaktionen mit Erwachsenen oder mit anderen Kindern lassen sich also Hinweise finden, womit ein Kind sich aktuell beschäftigt, welches seine relevanten Themen sind und welche Entwicklungsaufgabe sich ihm gerade stellt.

Prüfen Sie Ihr Wissen:

1. Was ist mit der Zone der nächsten Entwicklung gemeint?
2. Welche zwei für die Pädagogik wichtigen Aspekte stecken in dem Ansatz von Wygotski?
3. Was vermuten Sie: Warum entschied sich die Erzieherin Claudia dafür, Mira «nur» verbale Hinweise zu geben, anstatt ihr das richtige Sägen einfach zu zeigen?

8.2 Herausforderungen schaffen

Der Ansatzpunkt für den pädagogischen Hebel findet sich in der Zone der nächsten Entwicklung: Es gilt, die Kinder so zu begleiten, dass Impulse und Unterstützungen seitens der Erzieherin zu Herausforderungen werden. Was Claudia Mira anbietet, sollte ihrer Entwicklung ein wenig voraus sein. Die Säge war eine neue Herausforderung für Mira. Claudia war aufgefallen, dass Mira anderen Kindern sehr neugierig beim Sägen zuschaut, und hielt das für einen geeigneten Impuls. Und Claudia forderte sie durch ihre verbalen Ermutigungen heraus, nicht aufzugeben.

Wenn Erzieherinnen Kinder optimal unterstützen wollen, setzt das voraus, dass sie die einzelnen Kinder sehr gut kennen, sie genau beobachten und ihre derzeitige Entwicklung, insbesondere hinsichtlich der Zone der nächsten Entwicklung, richtig einschätzen können. Hinweise darauf lassen sich im Spiel der Kinder untereinander, vor allem wenn sie unterschiedlichen Alters sind, finden. Die jüngeren Kinder orientieren sich an den älteren und versuchen, Dinge nachzumachen. Die Fertigkeiten der Älteren wirken sehr anregend auf die Jüngeren. Dabei können die älteren Kinder die nötige Unterstützung leisten oder aber die Erzieherin bietet ihre Hilfe an.

Das meiste Lernen ist nicht das Ergebnis von Unterweisung. Es ist vielmehr das Ergebnis unbehinderter Interaktion in sinnvoller Umgebung.
(Ivan Illich, 1973)

Erzieherinnen, die im Gespräch mit Kindern sind und mit ihnen gemeinsame Projekte durchführen, bemerken, was für die Kinder von Interesse ist. Sie wissen, womit die Kinder sich aktuell auseinandersetzen und welche Versuche sie machen, Fertigkeiten für sich zu erarbeiten. Sie setzen herausfordernde Impulse und achten darauf, ob das Kind ihre Impulse aufgreift oder ob es etwas anderes verfolgt. Und genau das gilt es, dabei zu erfassen: Nicht die Erzieherin zwingt den Kindern ihr Thema auf, sondern die Kinder zeigen der Erzieherin durch ihr Interesse die Spur, auf der sie sich gerade befinden. Sie lässt sich darauf ein und hilft den Kindern dabei, diese Spur zu vertiefen und zu erweitern.

Claudia führt mit einer Gruppe von vier Kindern naturwissenschaftliche Experimente durch. Es geht um das Thema *Schwimmen und Sinken*. Dazu hat sie zuvor mit den Kindern verschiedene Materialien gesammelt – und nun sitzen sie vor ihren Wassergefäßen. Claudia erläutert den Kindern, dass sie jetzt verschiedene Dinge ins Wasser geben und beobachten sollen, was passiert.
Die Kinder werfen einen Stein, ein Stück Holz, ein kleines Plastikauto und Papier ins Glas; sie folgen Claudias Ausführungen. Nur David (5;3) ist mit anderem beschäftigt: Er probiert es mit Sand. Er ist ganz still und schaut nachdenklich in sein Glas.

Claudia: «David, was meinst du, schwimmt der Sand oder sinkt er?»

David: «Ich will schauen, ob der Sand verschwindet.»

Claudia: «Na ja, er ist ja da. Ist er oben auf der Wasseroberfläche oder unten?»

David: «Vielleicht muss ich nur lange warten.»

Claudia: «Dann schau halt noch eine Weile zu. Wir anderen machen inzwischen weiter.»

Nach einer Weile sagt David mehr zu sich selbst: «Komisch, der Zucker in meinem Tee ist doch auch verschwunden. Ganz von allein. Das hat gar nicht so lang gedauert.»

In diesem kurzen Ausschnitt wird deutlich, dass Claudia die Lernspur von David nicht erkannt hat. Sie hatte das Thema *Schwimmen und Sinken* vorbereitet und auch sicher alles korrekt durchgeführt – so wie es in der Experimentieranleitung stand. David war aber einem anderen Phänomen auf der Spur. Und es hätte ihm geholfen, wenn Claudia ihn begleitet hätte. Der Dialog hätte sich auch so fortsetzen können:

Claudia: «Wieso glaubst du, dass der Sand verschwinden muss?»

David: «Na, der hat doch auch so kleine Körner wie der Zucker.»

Claudia: «Stimmt, das sieht so ähnlich aus, nur dass Zucker weiß ist.»

David: «Nein, ich habe gestern braunen Zucker in meinen Tee getan. Und der war gleich weg. Ich hab nur ein bisschen gerührt.»

Claudia: «Meinst du, Rühren hilft vielleicht?»

David: «Oh ja, ich hol schnell einen Löffel.»

Inzwischen haben auch die anderen drei Kinder ihren Blick auf Davids Glas gerichtet und stellen Vermutungen an. Can weiß z. B., dass der Zucker vor allem in heißem Tee schnell verschwindet. Sein Vater trinkt nämlich gerne Tee und daher hat er das schon einige Male beobachtet. So geben sich die Kinder gegenseitig Anregungen und Claudia begleitet mit Fragen und eigenen Gedanken dieses sich neu entfaltende Thema: wasserlösliche Stoffe.

Die Kunst des Lehrens ist die Kunst, entdecken zu helfen.

Entlang dieser Dialogsituation wird deutlich, dass die in Kapitel 6.4 (S. 133 ff.) erläuterten Erkenntnisprozesse durch die Erzieherin in Gang gebracht werden können.

Was wirkt? Was unterstützt die Kinder?

Um einigermaßen sicher feststellen zu können, welche pädagogischen Impulse die Kinder in ihrer Entwicklung fördern, sind begleitende Untersuchungen über einen längeren Zeitraum nützlich, sogenannte Längsschnittstudien. Folgende zwei Untersuchungen beispielsweise nehmen die Auswirkungen bestimmter pädagogischer Konzepte in den Blick:

EPPE steht für «Effective Provision of Pre-School Education (EPPE) Project» und meint ein Forschungsprojekt (wörtlich übersetzt: effektive Versorgung mit vorschulischer Bildung).

Die EPPE-Studie in Großbritannien begleitete Kinder, die zu Beginn der Studie drei bis vier Jahre alt waren, über einen Zeitraum von vier Jahren hinweg. Neben Daten zur kognitiven und sozialen Entwicklung sammelte die Forschungsgruppe auch Informationen zum familiären Hintergrund sowie zur Art der Bildungs- bzw. Betreuungseinrichtung. Dabei verglichen sie die Entwicklung von Kindern, die vor ihrem Schuleintritt eine Einrichtung besucht hatten, mit der von Kindern, die vor der Schule keine Einrichtung besucht hatten.

Im Hinblick auf die Beziehungsgestaltung konnte die Forschungsgruppe herausfinden, was die Entwicklung der Kinder unterstützt. Kinder profitieren, wenn

- die Erzieherinnen in einer wertschätzenden Art und Weise mit den Kindern umgehen,
- Erzieherinnen mit offenen Fragen und differenzierten Rückmeldungen die Kinder zur vertieften Auseinandersetzung anregen,
- sie in Eins-zu-eins-Situationen (ein Kind – eine Erzieherin) oder Kleingruppen in einem gemeinsamen Gedankenaustausch stehen, sie ihre Aktivitäten selbst bestimmen können und die Erzieherinnen ihre Angebote dazu auf die kindlichen Interessen abstimmen; das führt dazu, dass selbsttätiges Spiel und von Erzieherinnen initiierte Aktivitäten in einer ausgewogenen Balance sind,
- die Erzieherinnen und die Eltern einen guten Kontakt pflegen, sich über die Bedarfe der Kinder austauschen und die Erziehungsziele abstimmen.

Sustained shared thinking: Dialoge, die zum Denken anregen

Sustained shared thinking: Ein Begriff, der für die anregenden Dialoge steht. Manchmal wird er wörtlich übersetzt mit «anhaltend geteiltes Denken». Das trifft aber nicht den Sinn. Es geht darum, am Denken der Kinder teilzuhaben. Deshalb findet man in der deutschen Literatur oft den englischen Ausdruck, der dann umschrieben ist.

Gemeint ist die Teilhabe an den Gedankengängen der Kinder: Die Erzieherin geht auf Äußerungen der Kinder ein, sie versucht nachzuvollziehen, welche Überlegungen das Kind anstellt. Und sie regt durch Fragen und Kommentare das Weiterdenken und Nach-Denken an. Sie bringt einen Perspektivenwechsel ein, verknüpft das momentan Beobachtbare mit Vergangenem und ermuntert das Kind, den Blick in die Zukunft zu richten.

Beispiele für anregende Fragen und Gesprächsimpulse (siehe auch die anregenden Fragen in Kap. 5.3, S. 107 ff. und Kap. 6.4, S. 133):

- Woran erinnert dich das?
- Bei wem hast du so etwas schon einmal beobachtet/gesehen?
- Was wäre, wenn …?
- Was meinst du, sollen wir mal Folgendes ausprobieren?
- Was, meinst du, könnte dann passieren?
- Mir fällt dazu folgende Geschichte ein, die ich erlebt habe …
- Kennst du so etwas auch?
- Wie bist du darauf gekommen?
- Meinst du, dass das vielleicht auch anders geht?
- Was könntest du daheim von deinem Erlebten erzählen?

Das IEA Preprimary Project war ebenfalls eine Längsschnittstudie, die in zehn Ländern der OECD durchgeführt wurde. Hier ging man den Fragen nach, wie die Kinder sich in der Altersphase zwischen vier und sieben Jahren kognitiv und sprachlich entwickeln, sowie ob und in welchem Maß diese Entwicklung mit den Strukturen und Prozessen der verschiedenen Bildungseinrichtungen zusammenhängt.

IEA: International Association for the Evaluation of Educational Achievement: ein internationaler Verband für Bildungsforschung

OECD: Organization of economic cooperation and development; die Organisation für wirtschaftliche Zusammenarbeit und Entwicklung initiiert immer wieder große internationale Forschungsprojekte. Zum Beispiel wurde die Vergleichsstudie PISA im Auftrag der OECD durchgeführt.

Die Untersuchung hat gezeigt, dass diejenigen Faktoren den größten Einfluss auf die kognitiven Leistungen haben, die im Kind selbst bzw. in seiner Familie liegen. Das könnte z. B. der IQ, das Maß der Ausbildung an exekutiven Funktionen oder auch der sozioökonomische Status sein. 66 % der Unterschiede in den kognitiven Leistungen lassen sich auf solche kindbezogenen Faktoren zurückführen. Bei den sprachlichen Leistungen sind es immer noch 55 %. (Siehe dazu auch die Ausführungen in Kap. 1.3, S. 29 in der Box: Zuschauer oder Akteur.)

Doch ca. ein Viertel der Unterschiede (26 % im Bereich der Kognitionen, 23 % im Bereich der Sprache) liegen in den Bildungseinrichtungen und ihrer Arbeitsweise begründet. Es ist also nicht egal, womit sich Kinder beschäftigen und wie die Erzieherinnen den Alltag mit ihnen gestalten. Inhalte und Formen der Arbeit stehen im Zusammenhang mit der Entwicklung im kognitiven und sprachlichen Bereich.

Die Kinder entwickelten sich besser, wenn
- sie in Einrichtungen waren, in denen sie selbst ihre Aktivitäten bestimmen konnten,
- in ihren Einrichtungen weniger Angebote für die ganze Gruppe gemacht wurden.

Die Wissenschaftler interpretierten die Effekte folgendermaßen: Wenn Kinder die Art ihrer Beschäftigung selbst wählen, machen sie das, was sie wirklich interessiert, und der Schwierigkeitsgrad der Tätigkeit ist ihrem Entwicklungsstand angemessen. Selbst gewählte

Aktivitäten sorgen dafür, dass sich die Kinder stärker verbal untereinander verständigen, vor allem in kleinen Gruppen oder Eins-zu-eins-Situationen: Sie sprechen Regeln ab, erklären sich gegenseitig, was sie vorhaben, stimmen sich ab, handeln untereinander aus etc.

Fasst man die Ergebnisse beider Studien zusammen, ergibt sich folgendes Bild:

Pädagogische Einrichtungen sind wertvoll für die kindliche Entwicklung. Wenn Kinder in ihrer Einrichtung selbstbestimmt und viel miteinander spielen können, beeinflusst das ihre sprachliche und kognitive Entwicklung positiv. Vor allem eine ausgewogene Mischung aus von Kindern frei gestalteten Spielsituationen und passenden Angeboten der Erzieherinnen bestimmen den qualitativen Unterschied. Erzieherinnen entscheiden darüber, wie viel Raum sie den Kindern für ihre individuelle Entwicklung lassen, und sie unterstützen die Kinder gezielt entlang deren Zone der nächsten Entwicklung.

Besonders wertvoll für die kindliche Entwicklung sind Erzieherinnen, die sich in Dialogsituationen auf das Kind und *seine* Interessen einlassen und es bei *seinen* Themen unterstützen und herausfordern. Diese Situationen zu erkennen und sie zu nutzen, ist auch eine Frage der Haltung.

Prüfen Sie Ihr Wissen:

1. Wie kann eine Erzieherin erkennen, worin die Zone der nächsten Entwicklung für ein bestimmtes Kind besteht?
2. Warum ist es wichtig, herausfordernde Situationen zu schaffen?
3. Was bedeutet «sustained shared thinking»?
4. Was macht die Fragen im Dialog herausfordernd und anregend?
5. Nennen Sie drei Faktoren, die in der Kita der kindlichen Entwicklung förderlich sind.

8.3 Dem Kind zugewandt sein

Der Haltung auf der Spur

«Auf die Haltung kommt es an.» Diesen Satz hört man immer wieder im pädagogischen Kontext – und er hat ein schnelles Kopfnicken zur Folge. Alle sind sich darüber einig, dass die beste pädagogische Methode nicht zum Ziel führt, wenn die Haltung nicht stimmt. Aber was macht *die Haltung* aus? Was bedeutet sie und woher kommt sie?

Haltung: «Bei Personen bezeichnet es die Art und Weise des sich Verhaltens, das Gebahren jemandes; und zwar sowohl körperlich (der Soldat zeigt eine stramme Haltung) als auch das Widerspiegeln einer seelischen und geistigen Thätigkeit.» *(Auszug aus dem Wörterbuch der Gebrüder Grimm)*

Zwei Kinder toben ausgelassen in der Ecke miteinander. Die Erzieherin Saskia sieht, dass sie lachen, es geht körperlich robust zu. Die Kinder bewerfen sich mit Kissen. Saskia beschäftigt die Situation, sie will reagieren. Die Art, wie sie reagiert, wird von ihrer Bewertung der Situation abhängen: Ist es ihr zu laut? Hat sie Angst, dass sich jemand verletzt? Möchten andere Kinder in den Raum? Stehen Eltern dabei und beobachten Saskia? Sie analysiert in Bruchteilen von Sekunden den Kontext und ihre eigenen Empfindungen und kommt so zu einer Entscheidung. Wie sich Saskia nun verhält, hängt davon ab, welche Gewichtung sie den verschiedenen Bewertungsaspekten gibt. Wenn sie beispielsweise dem Beisein der Eltern eine hohe Bedeutung beimisst und vermutet, dass diese ein Eingreifen Saskias erwarten, wird sie es wahrscheinlich auch tun und das Spiel der Kinder unterbrechen. Die Gewichtung von bestimmten Aspekten hängt mit ihren eigenen Erfahrungen zusammen: Wenn sie schon häufiger ähnliche Situationen erlebt hat, die dann eskaliert sind, neigt sie eventuell dazu, früher einzugreifen. Wenn Saskia in vorhergehenden Arbeitskontexten erlebt hat, dass es üblich war, sich eher ruhig in Räumen zu verhalten, trägt sie dieses Muster in sich und setzt es vielleicht als normativ, also allgemeingültig an, auch wenn sie sich dessen nicht bewusst ist.

In diesem Eingreifen oder Nichteingreifen drückt sich Saskias innere Haltung nach außen sichtbar aus.
Eigene Werte und Orientierungsmuster, die Saskia im Laufe ihrer Biografie aus Erfahrungen generiert hat – denn unser Gehirn arbeitet als eine Art Regelextraktor, wie in Kapitel 1.2 erläutert –, geben ihrer Bewertung einer Situation eine entsprechende Färbung. Hinzu kommt ihre momentane emotionale Verfassung: Ist sie gestresst, verärgert oder aber entspannt und fröhlich? Beeinflusst von diesen handlungsleitenden Komponenten schaut sie nun auf die Situation. Sie nimmt das Kind in der aktuellen Situation mit dessen aktuellem Verhalten wahr. Darüber hinaus spielen aber ihr Wissen um die persönliche Geschichte des Kindes genauso eine Rolle wie Saskias bisherige Erfahrungen mit dem Kind. Das Ergebnis dieses Bewertungsprozesses ist das von außen sichtbare Handeln. Die Haltung ist gewissermaßen die verkörperte Bewertung: In der Art, wie Saskia sich dem Kind gegenüber verhält, drückt sich ihre Haltung aus.

Sichtbar und spürbar wird die Haltung anhand

- der Körper-Haltung,
- der Mimik und Gestik,
- der Stimmfärbung und
- der Wahl der Worte.

Dieser Bewertung gilt es immer wieder, auf die Spur zu kommen: Warum empfinde ich in bestimmten Situationen bestimmte Emotionen? Welche eigenen Erfahrungen führe ich hier bislang unbewusst ins Feld? Welche eigenen Motive spielen mit hinein? Was erwarten andere von mir? Welches innere Bild vom Kind trage ich in mir? Was leite ich aus meinem Wissen über das Kind ab?

Damit stellt sich die Frage nach der «richtigen» Haltung: Was meint die Pädagogik, wenn es heißt, es käme auf die Haltung an? Wie sollten Erzieherinnen Kindern begegnen, um sie in ihrer Entwicklung unterstützen und begleiten zu können?

Der achtende und wertschätzende Blick, oder: Beim Kind sein

Saskia weiß, dass es ihr schwerfällt, Kinder wild toben zu lassen. Sie wurde zu Hause als Kind immer wieder gebremst und hörte Ermahnungen wie «ein Mädchen schreit nicht so» oder «sei nicht so wild, sonst verletzt du dich». Wie auch immer sie jetzt reagiert – ob zeitig eingreifend, später oder gar nicht: In ihrer Reaktion wird sich zeigen, ob sie dem Kind gegenüber wertschätzend bleibt und die Situation aus dessen Perspektive sehen kann – denn darauf kommt es an. Saskia nimmt wahr, was das Toben für die Kinder bedeutet, und erkennt deren Motive zunächst an. Sie greift ein, weil es ihr selbst zu viel ist. Die Situation zu unterbinden heißt aber nicht zwangsläufig, das Kind in seinen Bedürfnissen nicht mehr ernst zu nehmen. Da die Erzieherin als Erwachsene einen größeren

Überblick hat und somit auch die Interessenlage anderer kennt, kann es sinnvoll sein, den Kindern hier ein Stopp-Signal zu geben. Dies in einer respektvollen Weise zu tun, ist die Kunst: Der innere leitende Gedanke ist dann: «Ich vermute, ihr habt einen Riesenspaß hier, das kann ich nachvollziehen. Und trotzdem muss ich hier Stopp sagen.» Die Kinder bekommen zwar eine Grenze aufgezeigt, aber sie werden dabei nicht als Personen abgewertet und nicht willkürlich behandelt.

Würde die Erzieherin das Toben unterbinden, ohne ihnen transparent zu machen, was sie dazu bewegt, und würde sie den Kindern nicht signalisieren, dass sie ihre Motive versteht, wäre das ihnen gegenüber nicht wertschätzend.

«Jede Jeck is anders! Jeder Narr ist anders!» *(Et rheinisch Jrundjeset/ Rheinisches Grundgesetz)*

Dem Kind zugewandt zu sein bedeutet, neugierig und interessiert an dem zu sein, was dem Kind wichtig ist, und seine Bedürfnisse und Motive verstehen zu wollen, auch wenn sie den eigenen Bedürfnissen und Motiven widersprechen. Eine wertschätzende Haltung zeichnet sich dadurch aus, dass die Erzieherin anerkennt, dass jedes Kind ganz besonders und einmalig ist und dass alle Kinder gleichwertig sind. Sie respektiert die individuellen Wege der Kinder, erkennt ihre Selbstbestimmtheit an. In ihrer wertschätzenden Haltung begibt sie sich auf die Denk- und Lernspuren der Kinder und versucht, deren Handeln nachzuvollziehen.

Eine typische Alltagssituation in der Kita: Die Kinder ziehen sich an, weil gleich alle miteinander in den Garten gehen wollen. Lisa ist noch nicht so weit. Sie schaut verträumt ihrer Freundin beim Schuheanziehen zu, hat ihre Jacke in der Hand, will noch einmal in den Gruppenraum, wird von einem anderen Kind fast umgestoßen und bleibt dann etwas unentschlossen stehen.

Saskia, die Erzieherin, könnte sich jetzt so verhalten: Sie nimmt Lisa an die Hand und führt sie zu ihren Schuhen, hält ihr die Jacke hin und fordert sie auf, diese schnell anzuziehen. Dabei geht Saskia selbst sehr resolut vor, schließlich ist die Zeit begrenzt und außerdem trödelt Lisa oft.

Die Situation könnte sich aber auch so abspielen: Saskia sieht, dass Lisa wieder einmal sehr lange braucht. Sie geht zu ihr, kniet sich hin, um direkten Blickkontakt mit Lisa zu haben. Dann spricht sie in leisem, ruhigem Ton: «Lisa, brauchst du Hilfe oder kommst du mit deiner Jacke alleine klar?» Sie bleibt bei Lisa, die langsam ihre Jacke anzieht; Lisas Freundin kommt hinzu. Saskia kann die beiden Mädchen nun allein lassen, denn die Freundin unterstützt Lisa dabei, sich nicht wieder selbst abzulenken.

Ja, es kommt auf die Haltung an. Genauso, wie der Ton die Musik macht. Wenn Erzieherinnen sich ihrer eigenen Emotionen, Einstellungen und Wertorientierungen bewusst sind und diese in ihre Reflexionen miteinbeziehen, werden sie sensibel dafür, Situationen stärker aus der Perspektive des Kindes wahrzunehmen und es verstehen zu wollen.

Prüfen Sie Ihr Wissen:

1. Warum spielt die eigene Erfahrung eine Rolle bei der Bewertung einer Situation?
2. Was heißt, das Kind in seiner Ganzheit wahrzunehmen?
3. Was heißt es, eine wertschätzende Haltung einzunehmen?

Vertiefung und Transfer

1. Beobachten Sie ein Kind in Ihrer Umgebung oder in Ihrer Kita, während es mit anderen Kindern oder mit einer Erzieherin etwas ausprobiert: Was könnte seine Zone der nächsten Entwicklung sein und wie könnten Sie es darin unterstützen?
2. Den Dialog üben: Suchen Sie sich in Ihrem Kollegenkreis einen Gesprächspartner, der in die Rolle eines Kindes schlüpft und einem Naturphänomen auf der Spur ist. Entwickeln Sie zusammen ein Gespräch, bei dem Sie sich auf die Gedankengänge des Kindes einlassen. Reflektieren Sie anschließend gemeinsam: Welche Fragen und Äußerungen waren hilfreich? Was hat den Gesprächspartner in seiner Rolle als Kind weitergebracht?
3. Gehen Sie Ihrer Haltung auf die Spur und tauschen Sie sich mit einer Kollegin aus: Erinnern Sie sich an eine Situation mit Freunden, in der Sie von einer Person ziemlich genervt waren: Wie haben Sie sich verhalten? Was haben Sie gesagt? Und was meinen Sie: Konnten Sie wertschätzend bleiben?

Weiterführende Literatur

Nentwig-Gesemann, I., Fröhlich-Gildhoff, K., Harms, H., Richter, S. (2011). ***Professionelle Haltung – Identität der Fachkraft für die Arbeit mit Kindern in den ersten drei Lebensjahren.*** **München: Deutsches Jugendinstitut e. V. Weiterbildungsinitiative Frühpädagogische Fachkräfte (WiFF).**

- Diese Expertise setzt sich mit dem Haltungsbegriff in Bezug auf die Professionalität auseinander.
- Die Autorengruppe entwickelt darin auch ein Kompetenzmodell. Zwar ist es auf die Arbeit mit unter Dreijährigen ausgerichtet, die grundsätzlichen Aussagen gelten aber auch für die Arbeit mit älteren Kindern.

Rodner, M., Greine, R. (2012). ***Die Haltung macht's!*** **Berlin: Cornelsen Scriptor.**

- Von erfahrenen Pädagoginnen geschrieben.
- Das Buch regt an, Abstand von vorgefertigten Plänen zu nehmen und sich auf seine persönlichen Einstellungen und individuellen Stärken zu berufen.
- Geschichten aus Kindersicht laden zum Schmunzeln, Nachdenken und den Blick nach innen ein.
- Man stolpert beim Lesen über die vielen Facetten der Haltung, die alltäglich und durchaus übertragbar sind, oder – wie die Autorinnen sagen – uns zeigen, was wir Erwachsenen im Alltag von Kindern lernen können.

Sylva, K., Taggart, B., Melhuish, E., Simmons, P., Siraj-Blatchford, I. (2010): ***Frühe Bildung zählt. Das Effective Pre-school and Primary Education Project (EPPE) und das Sure Start Programm.*** **Berlin: Dohrmann Verlag.**

- Wer sich genauer über die Längsschnittstudie EPPE informieren möchte, kann das sehr gut mit diesem Buch. Eine Rezension ist zu finden unter: http://www.socialnet.de/rezensionen/10290.php

Quellenverzeichnis

Kids Marshmallow Experiment. (2009). Verfügbar unter: http://www.youtube.com/watch?v=6EjJsPylEOY [11. Januar 2012].

Ahnert, J. & Schneider, W. (2007). Entwicklung und Stabilität motorischer Fähigkeiten vom Vorschul- bis ins frühe Erwachsenenalter. *Zeitschrift für Entwicklungspsychologie und Pädagogische Psychologie, 39*(1), 12–24.

Alexander, G. M. & Hines, M. (2002). Sex differences in response to children's toys in nonhuman primates. *Evolution and Human Behavior, 23*(6), 467–479.

Anders, Y., Hardy, I., Pauen, S. & Steffensky, M. (2012). *Zieldimensionen frühe naturwissenschaftliche Bildung und ihre Messung. Eine Expertise im Auftrag der Stiftung «Haus der kleinen Forscher».* Berlin: Stiftung Haus der kleinen Forscher.

Andres, B. & Laewen, H.-J. (2002). *Bildung und Erziehung in der frühen Kindheit: Bausteine zum Bildungsauftrag von Kindertageseinrichtungen.* Berlin: Cornelsen Scriptor.

Bandura, A. (1965). Influence of models' reinforcement contingencies on the acquisition of imitative responses. *Journal of Personality and Social Psychology, 1*(6), 589.

Barinaga, M. (2000). A critical issue for the brain. *Science, 288*(5474), 2116–2119.

Behrend, D. A., Rosengren, K. & Perlmutter, M. (1989). A new look at children's private speech: The effects of age, task difficulty, and parent presence. *International Journal of Behavioral Development, 12*(3), 305–320.

Bialystok, E., Craik, F. I. M., Green, D. W. & Gollan, T. H. (2009). Bilingual minds. *Psychological Science in the Public Interest, 10*(3), 89–129.

Bialystok, E., Luk, G., Peets, K. F. & Yang, S. (2010). Receptive vocabulary differences in monolingual and bilingual children. *Bilingualism: Language and Cognition, 13*(4), 525–531.

Bierman, K. L., Nix, R. L., Greenberg, M. T., Blair, C. & Domitrovich, C. E. (2008). Executive functions and school readiness intervention: Impact, moderation, and mediation in the Head Start REDI program. *Development and Psychopathology, 20*(3), 821–843.

Bigelow, A. E. & Dugas, K. (2008). Relations among preschool children's understanding of visual perspective taking, false belief, and lying. *Journal of Cognition and Development, 9*(4), 411–433.

Bischof–Köhler, D. (2011). *Soziale Entwicklung in Kindheit und Jugend.* Stuttgart: Kohlhammer.

Bischof-Köhler, D. (2011). *Von Natur aus anders: Die Psychologie der Geschlechtsunterschiede* (4. überarbeitete und erweiterte Auflage). Stuttgart: Kohlhammer Verlag.

Bonawitz, E., Shafto, P., Gweon, H., Goodman, N. D., Spelke, E. & Schulz, L. (2011). The double-edged sword of pedagogy: Instruction limits spontaneous exploration and discovery. Cognition, 120(3), 322–330.

Borgstein, J. & Grootendorst, C. (2002). Half a brain. *The Lancet, 359*(9305), 473.
Bös, K. & Ulmer, J. (2003). Motorische Entwicklung im Kindesalter. *Monatsschrift Kinderheilkunde, 151*(1), 14–21.
Boyke, J., Driemeyer, J., Gaser, C., Büchel, C. & May, A. (2008). Training-induced brain structure changes in the elderly. *The Journal of Neuroscience, 28*(28), 7031–7035.
Braun, A. K. (2012). *Früh übt sich, wer ein Meister werden will – Neurobiologie des kindlichen Lernens*. München: Deutsches Jugendinstitut.
Breitenstein, C. (2012). Lernen aus neurowissenschaftlicher Sicht: Von der Assoziation zur Kognition. *Diskurs Kindheits- und Jugendforschung, 7*(4), 405–418.
Brenifier, O. (2010). *Gefühle – Was ist das? Philosophieren mit neugierigen Kindern*. Köln: Boje.
Brenifier, O. (2010). *ICH – Was ist das? Philosophieren mit neugierigen Kindern*. Köln: Boje.
Brown, N. J. S., Furtak, E. M., Timms, M., Nagashima, S. O. & Wilson, M. (2010). The Evidence-Based Reasoning Framework: Assessing Scientific Reasoning. *Educational Assessment, 15*(3–4), 123–141.
Brownell, C. A., Zerwas, S. & Ramani, G. B. (2007). «So Big»: The Development of Body Self-Awareness in Toddlers. *Child Development, 78*(5), 1426–1440.
Bruck, M. & Ceci, S. J. (1999). The suggestibility of children's memory. *Annual review of psychology, 50*(1), 419–439.
Carroll, J. J. & Steward, M. S. (1984). The role of cognitive development in children's understandings of their own feelings. *Child Development, 55*(4), 1486–1492.
Ceci, S. J., Huffman, M. L. C., Smith, E. & Loftus, E. F. (1994). Repeatedly thinking about a non-event: Source misattributions among preschoolers. *Consciousness and Cognition, 3*(3–4), 388–407.
Curlik, D. & Shors, T. (2013). Training your brain: Do mental and physical (MAP) training enhance cognition through the process of neurogenesis in the hippocampus? *Neuropharmacology, 64*, 506–514.
Deci, E. L. & Ryan, R. M. (1993). Die Selbstbestimmungstheorie der Motivation und ihre Bedeutung für die Pädagogik. *Zeitschrift für Pädagogik, 39*(2), 223–238.
Draganski, B., Gaser, C., Busch, V., Schuierer, G., Bogdahn, U. & May, A. (2004). Neuroplasticity: changes in grey matter induced by training. *Nature, 427*(6972), 311–312.
Duckworth, A. L. & Seligman, M. E. P. (2005). Self-discipline outdoes IQ in predicting academic performance of adolescents. *Psychological Science, 16*(12), 939–944.
Educational Enterprises. (2013). *LiteraSci – Language, Literacy & Math Powered by Science* Verfügbar unter: http://literasci.com
Espy, K. A., McDiarmid, M. M., Cwik, M. F., Stalets, M. M., Hamby, A. & Senn, T. E. (2004). The Contribution of Executive Func-

tions in Emergent Mathematic Skills in Preschool Children. *Developmental Neuropsychology, 26*(1), 465–486.
Fischer, K. W., Shaver, P. R. & Carnochan, P. (1990). How emotions develop and how they organise development. *Cognition and Emotion, 4*(2), 81–127.
Fivush, R. (2011). The development of autobiographical memory. *Annual review of psychology, 62*, 559–582.
French, L. (2004). Science as the center of a coherent, integrated early childhood curriculum. *Early Childhood Research Quarterly, 19*(1), 138–149.
Frey, A., Duhm, E. & Althaus, D. (2008). *BBK 3–6 Beobachtungsbogen für 3- bis 6-jährige Kinder*. Göttingen: Hogrefe.
Fried, L. & Roux, S. (Hrsg.). (2006). *Pädagogik der frühen Kindheit*. Weinheim: Beltz.
Furtak, E. M., Hardy, I., Beinbrech, C., Shavelson, R. J. & Shemwell, J. T. (2010). A Framework for Analyzing Evidence-Based Reasoning in Science Classroom Discourse. *Educational Assessment, 15*(3–4), 175–196.
Gallahue, D. L. & Donnelly, F. C. (2003). *Developmental Physical Education for All Children* (4th). Champaign, II, USA: Human Kinetics.
Galloway, A. T., Fiorito, L. M., Francis, L. A. & Birch, L. L. (2006). Finish your soup: Counterproductive effects of pressuring children to eat on intake and affect. *Appetite, 46*(3), 318–323.
Gaschler, F. & Gaschler, G. (2007). *Ich will verstehen, was du wirklich brauchst: Gewaltfreie Kommunikation mit Kindern – Das Projekt Giraffentraum*. München: Kösel-Verlag.
Giannotti, F. & Cortesi, F. (2009). Family and cultural influences on sleep development. *Child and Adolescent Psychiatric Clinics of North America, 18*(4), 849–861.
Giannotti, F., Cortesi, F., Sebastiani, T. & Vagnoni, C. (2005). Sleeping habits in Italian children and adolescents. *Sleep and Biological Rhythms, 3*(1), 15–21.
Goldberg, E. (2007). *Die Weisheitsformel*. Reinbek: Rowohlt.
Goldberg, E. & Barr, W. B. (1992). Selective knowledge loss in activational and representational amnesias. In L. R. Squire & N. Butters (Hrsg.), *Neuropsychology of memory* (2nd ed., S. 72–80). New York: Guilford Press.
Goleman, D. (1997). *EQ. Emotionale Intelligenz*. München: Deutscher Taschenbuch Verlag.
Gopnik, A. & Graf, P. (1988). Knowing how you know: Young children's ability to identify and remember the sources of their beliefs. *Child Development, 59*(5), 1366–1371.
Goswami, U. (2001). *So denken Kinder: Einführung in die Psychologie der kognitiven Entwicklung*. Bern: Huber.
Goswami, U. (2008). *Cognitive development. The learning brain*. Hove: Psychology Press.
Gottfredson, L. S. (1998). *The general intelligence factor*: Scientific American.
Grosjean, F. *Myths about bilingualism* Verfügbar unter: http://www.francoisgrosjean.ch/myths_en.html [30.11.2012].

Hacke, A. & Sowa, M. (2004). *Der weiße Neger Wumbaba. Kleines Handbuch des Verhörens*. München: Verlag Antje Kunstmann.
Harris, J. R. (2007). *No two alike: Human nature and human individuality*. New York City: WW Norton.
Harris, J. R. & Liebert, R. M. (1991). *The child: a contemporary view of development* (3rd). Englewood Cliffs, New Jersey: Prentice-Hall.
Hassett, J. M., Siebert, E. R. & Wallen, K. (2008). Sex differences in rhesus monkey toy preferences parallel those of children. *Hormones and behavior, 54*(3), 359–364.
Herrmann, E., Call, J., Hernández-Lloreda, M. V., Hare, B. & Tomasello, M. (2007). Humans have evolved specialized skills of social cognition: The cultural intelligence hypothesis. *Science, 317*(5843), 1360–1366.
Hille, K., Evanschitzky, P. & Bauer, A. (2019). *Das Kind - die Entwicklung in den ersten drei Jahren: Psychologie für pädagogische Fachkräfte*. Hamburg: Handwerk und Technik.
Hoenisch, N. & Niggemeyer, E. (2004). *Mathe-Kings: Junge Kinder fassen Mathematik an*. Weimar: verlag das netz.
Immordino-Yang, M. H. (2007). A tale of two cases: Lessons for education from the study of two boys living with half their brains. *Mind, Brain, and Education, 1*(2), 66–83.
Jampert, K., Best, P., Guadatiello, A., Holler, D. & Zehnbauer, A. (2007). *Schlüsselkompetenz Sprache. Sprachliche Bildung und Förderung im Kindergarten. Konzepte, Projekte, Maßnahmen.* (2., erweiterte und überarbeitete Auflage). Weimar: verlag das netz.
Jampert, K., Zehnbauer, A., Best, P., Sens, A., Leuckefeld, K. & Laier, M. (Hrsg.). (2009). *Kindersprache stärken. Sprachliche Förderung in der Kita: das Praxismaterial*. Weimar: verlag das netz.
Jampert, K., Zehnbauer, A., Best, P., Sens, A., Leuckefeld, K. & Laier, M. (Hrsg.). (2011). *Wie kommt das Kind zur Sprache?* Weimar: verlag das netz.
Jenkins, W. M., Merzenich, M. M., Ochs, M. T., Allard, T. & Guic-Robles, E. (1990). Functional reorganization of primary somatosensory cortex in adult owl monkeys after behaviorally controlled tactile stimulation. *Journal of Neurophysiology, 63*(1), 82–104.
Kany, W. & Schöler, H. (2007). *Fokus: Sprachdiagnostik. Leitfaden zur Sprachstandsbestimmung im Kindergarten*. Berlin: Cornelsen.
Kauschke, C. (2012). *Kindlicher Spracherwerb im Deutschen. Verläufe, Forschungsmethoden, Erklärungsansätze*. Berlin: De Gruyter.
Kavšek, M. (2012). The comparator model of infant visual habituation and dishabituation: Recent insights. *Developmental Psychobiology*.
Kleinginna, P. R. & Kleinginna, A. M. (1981). A categorized list of emotion definitions, with suggestions for a consensual definition. *Motivation and Emotion, 5*(4), 345–379.
Kuhl, P. K. (2004). Early language acquisition: cracking the speech code. *Nature reviews neuroscience, 5*(11), 831–843.

Kuhl, P. K., Tsao, F. M. & Liu, H. M. (2003). Foreign-language experience in infancy: Effects of short-term exposure and social interaction on phonetic learning. *Proceedings of the National Academy of Sciences, 100*(15), 9096–9101.

Laewen, H.-J. (2008). Grenzsteine der Entwicklung als Grundlage eines Frühwarnsystems für Risikolagen in Kindertageseinrichtungen. In D. Diskowski & L. Pesch (Hrsg.), *Familien stützen – Kinder schützen. Was Kitas beitragen können* (S. 190–198). Weimar: verlag das netz.

Lepper, M. R., Greene, D. & Nisbett, R. E. (1973). Undermining children's intrinsic interest with extrinsic reward: A test of the «overjustification» hypothesis. *Journal of Personality and Social Psychology, 28*(1), 129.

Lind, E. (2003). *Mensch-Hund-Harmonie. Mit Spiel und Motivation zum lernfreudigen Hund.* Stuttgart: Franckh-Kosmos Verlag.

Lundborg, G. & Rosén, B. (2001). Sensory relearning after nerve repair. *The Lancet, 358*(9284), 809–810.

Maguire, E. A., Gadian, D. G., Johnsrude, I. S., Good, C. D., Ashburner, J., Frackowiak, R. S. J. et al. (2000). Navigation-related structural change in the hippocampi of taxi drivers. *Proceedings of the National Academy of Sciences, 97*(8), 4398.

Mayr, T., Hofbauer, C., Kofler, A. & Simic, M. (2012). *LiSKiT – Literacy und Sprache in Kindertageseinrichtungen.* Freiburg: Herder Verlag.

McClelland, M. M., Cameron, C. E., Connor, C. M., Farris, C. L., Jewkes, A. M. & Morrison, F. J. (2007). Links between behavioral regulation and preschoolers' literacy, vocabulary, and math skills. *Developmental Psychology, 43*(4), 947–959.

Merabet, L. B., Hamilton, R., Schlaug, G., Swisher, J. D., Kiriakopoulos, E. T., Pitskel, N. B. et al. (2008). Rapid and reversible recruitment of early visual cortex for touch. *PLOS ONE, 3*(8), e3046.

Ministerium für Kultus, Jugend und Sport Baden-Württemberg. (2006). *Orientierungsplan für Bildung und Erziehung für die baden-württembergischen Kindergärten.* Weinheim: Beltz.

Ministerium für Kultus, Jugend und Sport Baden-Württemberg. (2011). *Orientierungsplan für Bildung und Erziehung in baden-württembergischen Kindergärten und weiteren Kindertageseinrichtungen.* Freiburg: Herder.

Moffitt, T. E., Arseneault, L., Belsky, D., Dickson, N., Hancox, R. J., Harrington, H. et al. (2011). A gradient of childhood self-control predicts health, wealth, and public safety. *Proceedings of the National Academy of Sciences, 108*(7), 2693–2698.

Montie, J. E., Xiang, Z. & Schweinhart, L. J. (2006). Preschool experience in 10 countries: Cognitive and language performance at age 7. *Early Childhood Research Quarterly, 21*(3), 313–331.

Moser, U., Stamm, M. & Hollenweger, J. (Hrsg.). (2005). *Für die Schule bereit? Lesen, Wortschatz, Mathematik und soziale Kompetenzen beim Schuleintritt.* Oberentfelden: Sauerländer.

Myers, D. G. (2008). *Psychologie* (2., erweiterte und aktualisierte Auflage). Heidelberg: Springer.

Newcombe, N. & Fox, N. A. (1994). Infantile amnesia: Through a glass darkly. *Child Development, 65*(1), 31–40.
Newcombe, N. S., Drummey, A. B., Fox, N. A., Lie, E. & Ottinger-Alberts, W. (2000). Remembering Early Childhood How Much, How, and Why (or Why Not). *Current directions in psychological science, 9*(2), 55–58.
Oerter, R. (2012). Lernen en passant: Wie und warum Kinder spielend lernen. *Diskurs Kindheits- und Jugendforschung, 7*(4), 389–403.
Oerter, R. & Montada, L. (2008). *Entwicklungspsychologie* (6. Auflage). Weinheim: Beltz.
Paik, H. & Comstock, G. (1994). The effects of television violence on antisocial behavior: A meta-analysis1. *Communication Research, 21*(4), 516–546.
Pantev, C., Oostenveld, R., Engelien, A., Ross, B., Roberts, L. E. & Hoke, M. (1998). Increased auditory cortical representation in musicians. *Nature, 392*(6678), 811–814.
Parker-Pope, T. (2008, 15 September). 6 Food Mistakes Parents Make. *The New York Times.*
Pascual-Leone, A., Amedi, A., Fregni, F. & Merabet, L. B. (2005). The plastic human brain cortex. *Annual Reviews of Neuroscience, 28*, 377–401.
Pascual-Leone, A., Nguyet, D., Cohen, L. G., Brasil-Neto, J. P., Cammarota, A. & Hallett, M. (1995). Modulation of muscle responses evoked by transcranial magnetic stimulation during the acquisition of new fine motor skills. *Journal of Neurophysiology, 74*(3), 1037–1045.
Pauen, S. & Pahnke, J. (2006). Denkentwicklung und Begabungsförderung in der frühen Kindheit. *Journal für Begabtenförderung*(2), 12–16.
Petermann, F., Niebank, K. & Scheithauer, H. (Hrsg.). (2006). *Entwicklungswissenschaft.* Heidelberg: Springer.
Philipps, I.-M. (2001). Körper, Liebe, Doktorspiele. Ein Ratgeber für Eltern zur kindlichen Sexualentwicklung vom 1. bis zum 3. Lebensjahr. In Bundeszentrale für gesundheitliche Aufklärung (Hrsg.).
Philipps, I.-M. (2001). Körper, Liebe, Doktorspiele. Ein Ratgeber für Eltern zur kindlichen Sexualentwicklung vom 4. bis zum 6. Lebensjahr. In Bundeszentrale für gesundheitliche Aufklärung (Hrsg.).
Pinker, S. (2007). *The language instinct: How the mind creates language.* New York: Harper Perennial Modern Classics.
Preissing, C. (2009). Der Situationsansatz: Geschichte und Gegenwart. In C. Preissing & S. Boldaz-Hahn (Hrsg.), *Qualität von Anfang an.* Berlin: Cornelsen Scriptor.
Ratey, J. & Hagerman, E. (2009). *Superfaktor Bewegung.* Freiburg: VAK-Verlag.
Raver, C. C., Jones, S. M., Li-Grining, C., Zhai, F., Bub, K. & Pressler, E. (2011). CSRP's Impact on low-income preschoolers' preacademic skills: self-regulation as a mediating mechanism. *Child Development, 82*(1), 362–378.

Rieber, D. (2002). *Der Kultur der Kinder auf der Spur: Ein Vergleich von Reggio-Pädagogik und Situationsansatz.* Freiburg: Lambertus.

Rieger, A. (2009). *Lachen, weinen, glücklich sein – was sind Gefühle?* Stuttgart: Kosmos.

Rimm-Kaufman, S. E., Curby, T. W., Grimm, K. J., Nathanson, L. & Brock, L. L. (2009). The contribution of children's self-regulation and classroom quality to children's adaptive behaviors in the kindergarten classroom. *Developmental Psychology, 45*(4), 958–972.

Röthlisberger, M., Neuenschwander, R., Michel, E. & Roebers, C. M. (2010). Exekutive Funktionen: Zugrundeliegende kognitive Prozesse und deren Korrelate bei Kindern im späten Vorschulalter. *Zeitschrift für Entwicklungspsychologie und Pädagogische Psychologie, 42*(2), 99–110.

Rovee-Collier, C. (1997). Dissociations in infant memory: Rethinking the development of implicit and explicit memory. *Psychological Review, 104*(3), 467–498.

Ryser Eberstadt, G. (2005). Umfrage in Kindergärten zum Thema Mittagsschlaf. Auszug aus der Diplomarbeit. Bamberg: Fakultät Pädagogik, Otto-Friedrich-Universität Bamberg.

Schneider, R. U. (2009). Das lange Warten auf zwei Marshmallows. In R. U. Schneider (Hrsg.), *Das neue Buch der verrückten Experimente* (S. 153–156). München: Bertelsmann.

Schneider, R. U. (2009). Die ungleichen Zwillinge. In R. U. Schneider (Hrsg.), *Das neue Buch der verrückten Experimente* (S. 65–70). München: Bertelsmann.

Senatsverwaltung für Bildung, Jugend und Sport. (2004). *Berliner Bildungsprogramm für die Bildung, Erziehung und Betreuung von Kindern in Tageseinrichtungen bis zu ihrem Schuleintritt.* Berlin: verlag das netz.

Sluzenski, J., Newcombe, N. & Ottinger, W. (2004). Changes in reality monitoring and episodic memory in early childhood. *Developmental Science, 7*(2), 225–245.

Spelke, E. (1994). Initial knowledge: Six suggestions. *Cognition, 50*(1), 431–445.

Spitzer, M. (2002). *Lernen: Gehirnforschung und die Schule des Lebens.* Heidelberg: Spektrum.

Spitzer, M. (2005). Anlage und Umwelt: Von Krankheiten bis Meinungen. *Nervenheilkunde, 24*(7), 551–556.

Spitzer, M. (2008). Spielen und Lernen. Friedrich Schiller und der Wachstumsfaktor BDNF. *Nervenheilkunde, 27*(5), 458–462.

Spitzer, M. (2009). Selbstkontrolle. Die Rolle der Werte bei Entscheidungen. *Nervenheilkunde, 28*(7), 487–490.

Spitzer, M. (2010). *Medizin für die Bildung. Ein Weg aus der Krise.* Heidelberg: Spektrum Akademischer Verlag.

Spitzer, M. (2011). Geld und Glück, Karies und Kriminalität. Selbstkontrolle fürs Leben und Überleben. *Nervenheilkunde, 30*(9), 649–655.

Sprenger, R. K. (2009). Bestraft durch Belohnung. Zehn Überlegungen über Arbeitsfreude und Motivation in der Schule. *Pädagogik, 62*(10), 36–38.

Sylva, K., Melhuish, E., Sammons, P., Siraj-Blatchford, I. & Taggart, B. (2004). *The effective provision of pre-school education (EPPE) project: Final Report: A longitudinal study funded by the DfES 1997–2004*. London: Institute of Education, University of London.

Sylva, K., Melhuish, E., Sammons, P., Siraj-Blatchford, I. & Taggart, B. (2004). *The effective provision of pre-school education (EPPE) project: Findings from preschool to end of key stage 1*. London: Institute of Education, University of London.

Szagun, G. (2007). *Das Wunder des Spracherwerbs: So lernt Ihr Kind sprechen*. Weinheim: Beltz.

Tellegen, P. J., Laros, J. A. & Petermann, F. (2007). *SON-R 2 1/2–7 Non-verbaler Intelligenztest*. Göttingen: Hogrefe.

Tomasello, M., Carpenter, M., Call, J., Behne, T. & Moll, H. (2005). Understanding and sharing intentions: The origins of cultural cognition. *Behavioral and brain sciences, 28*(5), 675–690.

Transferzentrum für Neurowissenschaften und Lernen. (2012). *MINT-Atlas 3–10 für Deutschland* Verfügbar unter: http://www.znl-mintatlas3-10.de

Valentin, S. R. (2005). Commentary: sleep in German infants – the «cult» of independence. *Pediatrics, 115*(Supplement 1), 269–271.

van Hout, M. (2012). *Heute bin ich*. Baar: aracari verlag.

van Luit, J. E. H., van de Rijt, B. A. M. & Hasemann, K. (2001). *Osnabrücker Test zur Zahlbegriffsentwicklung*. Göttingen: Hogrefe.

Walk, L. M. & Evers, W. F. (2013). *Förderung exekutiver Funktionen: Wissenschaft, Praxis, Förderspiele*. Bad Rodach: Wehrfritz.

Wanless, S. B., McClelland, M. M., Acock, A. C., Ponitz, C. C., Son, S.-H., Lan, X. et al. (2011). Measuring behavioral regulation in four societies. *Psychological Assessment, 23*(2), 364–378.

Weiss, T., Miltner, W. H. R., Liepert, J., Meissner, W. & Taub, E. (2004). Rapid functional plasticity in the primary somatomotor cortex and perceptual changes after nerve block. *European Journal of Neuroscience, 20*(12), 3413–3423.

Welsh, J. A., Nix, R. L., Blair, C., Bierman, K. L. & Nelson, K. E. (2010). The Development of Cognitive Skills and Gains in Academic School Readiness for Children from Low-Income Families. *Journal of Educational Psychology, 102*(1), 43–53.

Wendlandt, W. (2010). *Sprachstörungen im Kindesalter* (6., aktualisierte Auflage). Stuttgart: Thieme.

Widdowson, E. M. (1951). Mental contentment and physical growth. *Lancet, 257*(6668), 1316–1318.

Wilson, R. S. (1979). Analysis of longitudinal twin data. Basic model and applications to physical growth measures. *Acta geneticae medicae et gemellologiae, 28*(2), 93–105.

Wimmer, H. & Perner, J. (1983). Beliefs about beliefs: Representation and constraining function of wrong beliefs in young children's understanding of deception. *Cognition, 13*(1), 103–128.

Winsler, A., Manfra, L. & Diaz, R. M. (2007). «Should I let them talk?»: Private speech and task performance among preschool children with and without behavior problems. *Early Childhood Research Quarterly, 22*(2), 215–231.

World Health Organization. (2010). *Global recommendations on physical activity for health*: World Health Organization.

Wygotski, L. S. (1980). Das Spiel und seine Bedeutung in der psychischen Entwicklung des Kindes. In D. Elkonin (Hrsg.), *Psychologie des Spiels* (S. 430–465). Köln: Pahl-Rugenstein.

Wygotski, L. S. (2005). Das Problem der Altersstufen. In J. Lompscher (Hrsg.), *Ausgewählte Schriften* (Bd. Band 2, S. 53–90). Berlin: Lehmanns Media.

Wynn, K. (1992). Addition and subtraction by human infants. *Nature, 358*(6389), 749–750.

Zimmerman, F. J., Christakis, D. A. & Meltzoff, A. N. (2007). Associations between media viewing and language development in children under age 2 years. *Pediatrics, 151*(4), 364–368.

Zmyj, N., Daum, M. M. & Aschersleben, G. (2009). The development of rational imitation in 9-and 12-month-old infants. *Infancy, 14*(1), 131–141.

Bildquellenverzeichnis

American Psychological Association, Psychological Review 1997: S. 124

Autorinnenfotos: S. 45, 50 (aufgenommen im Hipp Kampfkunstzentrum Ulm), 52

commons.wikimedia.org, Erik Lundström: S. 43

Deutsches Museum für Karikatur und Zeichenkunst: S. 152

Hannes Saxer, Bern (Illustrationen): S. 16, 22, 38, 54, 72, 77, 86, 120, 125, 144, 153, 155, 178

Heiko Grandel, Ulm (Fotos, aufgenommen in der Kindertagesstätte des Universitätsklinikums und der Universität Ulm): S. 21, 60

Martina Dach, Ulm (Fotos, aufgenommen in der Städtischen Kindertageseinrichtung Kinder-Welt-Entdecker Ruländerweg, Ulm): S. 25, 27, 31, 33, 58, 62, 64, 66, 67, 77, 78, 81, 83, 90, 93, 96, 98, 103, 109, 115, 130, 131, 133, 138, 149, 151, 154, 159, 168, 185, 187, 189, 192, 193

picture alliance: S. 26, 169

Privat (Zeichnung): S. 166

Renate Alf, Freiburg (Comic): S. 184

Stichwortverzeichnis